STUDENT ACTIVITIES MANUAL
Anastacia Kohl
The University of North Carolina at Chapel Hill

Experiential and Service Learning Activities
Sharon Robinson
Lynchburg College

Native Speaker Ancillary
Denise Cloonan Cortéz de Andersen
Northeastern Illinois University

for

Curso intermedio

Audrey L. Heining-Boynton
Jean W. LeLoup
Glynis S. Cowell

Prentice Hall
Upper Saddle River   London   Singapore
Toronto   Tokyo   Sydney   Hong Kong   Mexico City

Executive Editor: *Bob Hemmer*
Editorial Assistant: *Katie Spiegel*
Senior Marketing Manager: *Denise Miller*
Marketing Coordinator: *Bill Bliss*
Development Editor: *Janet García-Levitas*
Development Editor for Assessment: *Melissa Marolla Brown*
Senior Managing Editor (Production): *Mary Rottino*
Associate Managing Editor (Production): *Janice Stangel*
Production Supervision: *Nancy Stevenson*
Composition/Full-Service Project Management: *Natalie Hansen and Sue McKinnon, Black Dot Group*
Media/Supplements Editor: *Meriel Martínez*
Senior Media Editor: *Samantha Alducin*
Editorial Coordinator/Assistant Developmental Editor: *Jennifer Murphy*
Senior Operations Supervisor: *Brian Mackey*
Operations Specialist: *Cathleen Petersen*
Publisher: *Phil Miller*
Cover Image: *Pete Turner/Image Bank/Getty Images, Inc.*
Printer/Binder: *Bind-Rite Graphics*
Cover Printer: *Bind-Rite Graphics*

This book was set in 11/14 Janson Text.

10 9 8 7 6 5 4 3 2 1

DEDICATION

In loving memory of my mother,
Betty Dranias Riedel (1928–2008).
A.K.

Thanks to Dr. Pierina Beckman
at the University of North Texas
for her very careful native-
speaker edit of the
Student Activities Manual.

Prentice Hall
is an imprint of

www.prenticehall.com/anda

ISBN 10: 0-205-80068-8
ISBN 13: 978-0-205-80068-1

CONTENTS

Preliminar A

Para empezar

En este capítulo, vas a aprender de la vida universitaria de tu amigo, Carlos, y a veces, vas a ayudarlo. Vas a practicar las estructuras y la cultura que estudias en el **Capítulo Preliminar A** del libro de texto.

Repaso

1. El masculino y el femenino (TEXTBOOK P. 4)

A-1 Preparaciones. Tu amigo Carlos necesita arreglar sus cosas para su primer año de estudios en la universidad. Para ayudarlo, necesitas repasar el género de algunas palabras útiles. Escoge la **M** si la palabra es masculina o la **F** si es femenina.

1. mochila   M   F

2. lápiz   M   F

3. manta   M   F

4. sábana   M   F

5. toalla   M   F

6. estante para libros   M   F

7. mapa del campus   M   F

8. lámpara   M   F

9. cuaderno   M   F

10. bolígrafo   M   F

Repaso

2. El singular y el plural (Textbook p. 5)

A-2 Consejos. Ahora, Carlos te pide tus consejos sobre lo que va a llevar porque tú crees que no lleva bastantes cosas. Cambia las cosas en la lista siguiente al plural, y usa el artículo indefinido apropiado (**uno/una/unos/unas**).

COSAS PARA LLEVAR:

MODELO:

bolígrafo: _____*unos bolígrafos*_____

1. manta: _____
2. toalla: _____
3. cuaderno: _____
4. lápiz: _____
5. par de calcetines: _____

6. cartel _____
7. disco de Juanes _____
8. botella de champú _____
9. gorra de béisbol _____
10. revista de deportes _____

A-3 ¿Quieres traer *qué*? Carlos habla con su hermano mayor, Pablo, sobre lo que piensa llevar a la universidad. Pablo se graduó de la universidad hace cinco años y le da su opinión. Escucha la conversación y escoge **Sí** si Pablo cree que Carlos debe llevar la cosa, o **No** si Pablo no cree que debe llevarla.

1. almohada   Sí   No
2. carteles   Sí   No
3. fotos   Sí   No

4. despertador   Sí   No
5. reloj   Sí   No

Repaso

3. Los artículos definidos e indefinidos (TEXTBOOK P. 6)

A-4 El artículo correcto. Ahora, escoge el artículo definido correcto para cada cosa que Carlos menciona en el diálogo con su hermano.

1. el   la   los   las   carteles de Jessica Alba y Daddy Yankee

2. el   la   los   las   fotos de mi fiesta de graduación

3. el   la   los   las   almohada de mi cama en casa

4. el   la   los   las   reloj que mi abuelo me dio para la graduación

5. el   la   los   las   despertador que Mamá me compró

 A-5 ¿Quién lleva qué? Carlos llama a su compañero de cuarto, Kurt, para decidir quién va a llevar ciertas cosas para su dormitorio en la residencia. Escucha su conversación, y selecciona **C** si Carlos va a llevar la cosa, o **K** si Kurt va a llevarla.

1. refrigerador   C   K

2. tocador de DVD   C   K

3. televisor   C   K

4. microondas   C   K

5. alfombra   C   K

6. reproductor de CD   C   K

7. impresora   C   K

8. papel   C   K

A-6 Más artículos. Escribe el artículo indefinido y el artículo definido correctos para algunas cosas que Carlos y Kurt mencionan en su conversación.

Artículo indefinido   **Artículo definido**

MODELO:

_____*un*_____   _____*el*_____   refrigerador

1. _____   _____   tocador de DVD

2. _____   _____   televisor

3. _____   _____   microondas

4. _____   _____   alfombra

5. _____   _____   reproductor de CD

6. _____   _____   impresora

7. _____   _____   papel

Repaso

4. Los adjetivos descriptivos (TEXTBOOK P. 7)

A-7 Los amigos de Carlos. ¡Por fin! Carlos llega a la universidad. Después de su primera semana, habla con su hermano Pablo por teléfono y describe a sus nuevos amigos. Escucha su conversación y selecciona el adjetivo que usa para cada persona que describe.

1. _____ Ashley   a. amable

2. _____ Jorge   b. atlético/a

3. _____ Kurt   c. bonito/a

4. _____ Megan   d. cómico/a

5. _____ Rachel   e. divertido/a

A-8 Tus amigos. Ahora, describe a las siguientes personas en tu vida. Responde oralmente.

1. Tu compañero/a de cuarto o de casa

2. Tu novio/a o mejor amigo/a

3. Tu profesor/a favorito/a

4. Tu actor/actriz favorito/a

5. Tú

Notas culturales

El español: lengua de millones (Textbook p. 10)

A-9 La clase de historia. En su clase de historia, Carlos aprende de la presencia del idioma español en el mundo. Ayúdalo a estudiar contestando las siguientes preguntas. Usa la información de tu libro de texto y el mapa.

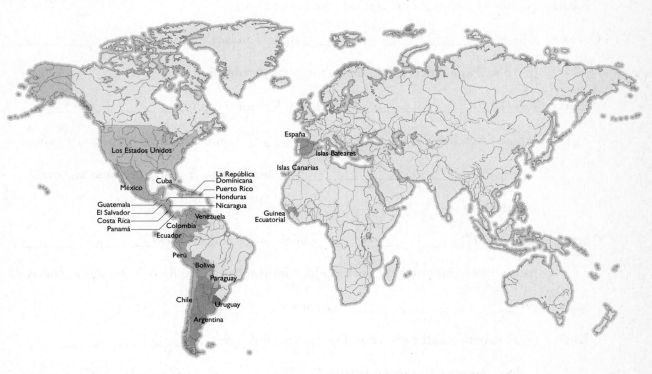

1. ¿Cuáles son los continentes donde hay países de habla hispana?

    _____

2. Nombra diez países que tienen español como un idioma oficial.

    _____

3. Además de los Estados Unidos, nombra los cinco países donde el español es importante (aún si no es el idioma oficial).

    _____

4. Explica a uno de tus amigos por qué puede ser importante aprender español en el mundo de hoy. Dale tres razones.

    _____

    _____

    _____

Repaso

5. Los adjetivos posesivos (Textbook p. 11)

A-10 Fotografías. Carlos y Kurt hablan de algunas fotos que tienen en su dormitorio. Completa el siguiente diálogo con los adjetivos posesivos correctos. ¡OJO! A veces tienes que usar la forma larga.

Kurt: ¿Quién es esta chica del vestido rosado con el perro?

Carlos: Ella es (1) _____ amiga Lindsey. (2) _____ perro se llama Snickers. ¿Quiénes son estas personas?

Kurt: Es (3) _____ hermano Kristofer con (4) _____ esposa Gretchen y (5) _____ hijo Kevin. Kevin tiene tres años. Yo soy (6) _____ tío favorito. Y ¿estas personas mayores? ¿Quiénes son?

Carlos: Ellos son (7) _____ abuelos—los padres de (8) _____ padre. Ellos vinieron a mi graduación. Viajaron de Puerto Rico. Y ¿son estas chicas (9) _____ hermanas?

Kurt: Sí, se llaman Kaitlin y Kristin. Puedes ver que a (*our*) (10) _____ padres, ¡les gustaba mucho la letra *k*!

Carlos: Pues, creo que (*your*) (11) _____ familia es menos rara que (12) _____. ¡(13) _____ no es puertorriqueña!

Kurt: No, pero somos de antepasados alemanes. Todas las familias tienen (14) _____ excentricidades (*quirks*), ¿verdad?

Nombre: _____ Fecha: _____

A-11 Un e-mail para Mamá. Carlos le manda un e-mail a su mamá. Escoge los adjetivos posesivos correctos según el contexto.

Hola, Mamá,

Muchísimas gracias por el paquete. ¿Sabes que (1. mis / tus / nuestras) galletas de chocochip ahora son famosas en la residencia Bronson? (2. Mi / Su / Nuestro) compañero de cuarto, Kurt, dice que son fenomenales. La familia de Kurt va a visitar la semana que viene. (3. Mi / Su / Sus) familia es de Missouri. Hablo con (4. mis / nuestros / sus) padres a veces cuando llaman. Son muy simpáticos.

Bueno, tengo que irme. (5. Nuestra / Su / Tu) residencia estrena películas los viernes por la tarde. Voy con Kurt, Ashley y Rachel, una amiga de Ashley que es muy amable.

Abrazos,

Carlos

Repaso

6. Presente indicativo de verbos regulares (TEXTBOOK P. 13)

A-12 La vida universitaria de Carlos. Por fin, Carlos te escribe un correo electrónico en que describe la vida universitaria. Completa su mensaje con la forma correcta de los verbos entre paréntesis en el presente indicativo.

¡Hola! ¿Qué tal? ¿Te gusta la vida universitaria hasta ahora? Tengo mucho que decirte sobre la mía. Todo me va muy bien aquí en la universidad. Yo (1. estudiar) _____ mucho en mis clases. Todos mis profesores son muy simpáticos y (2. enseñar) _____ bien. Yo (3. aprender) _____ mucho.

Mi compañero de cuarto (4. llamarse) _____ Kurt, y es muy simpático. Él siempre (5. compartir) _____ sus cosas conmigo. Kurt (6. estudiar) _____ español y negocios internacionales. Él (7. hablar) _____ español muy bien, pero a veces no (8. comprender) _____ mi acento puertorriqueño. Nosotros (9. escuchar) _____ mucha música juntos y (10. leer) _____ muchas revistas en español e inglés. ¡Nuestro dormitorio es verdaderamente bilingüe!

Nombre: _____ Fecha: _____

Bueno, tengo que irme a clase ahora. Rachel, una de mis amigas nuevas, me acompaña.

Te llamo pronto.

Tu amigo,

Carlos

A-13 Un mensaje textual. Después de escribirte, Carlos te manda un mensaje textual. Lee el mensaje, y selecciona todos los verbos regulares en el presente que ves.

¡Hola! Se me olvidó decirte que esta noche, Ashley, la novia de Kurt, y su amiga Rachel cocinan la cena para nosotros. Ashley y Rachel viven cerca de nosotros, y son muy amables, pero estudian mucho. Rachel es muy guapa y más divertida que Ashley. Después de comer, nosotros bailamos en un club cerca del campus. Pues, ¡hasta luego!

A-14 La respuesta. Ahora Carlos espera tu respuesta. Escríbele un correo electrónico en que describes tu vida y a tus amigos en la universidad. Usa los verbos regulares del libro de texto, y escribe **siete** oraciones.

Querido Carlos:

_____

_____

_____

_____

_____

_____

_____

_____

Hasta pronto,

_____

Repaso

7. Algunos verbos irregulares (TEXTBOOK P. 14)

A-15 Un mensaje de Carlos. Carlos te deja un mensaje en tu teléfono celular con buenas noticias. Escucha el mensaje, y selecciona de la lista los verbos que oyes.

conocer	poner
dar	saber
decir	ser
estar	tener
hacer	ver
ir	

A-16 Una carta de amor. Como ya probablemente sospechas (*suspect*), Carlos está enamorado de Rachel, la amiga de Ashley. Decide escribirle un e-mail para invitarle a salir. Quiere tu opinión; entonces te manda una copia. Completa su mensaje con los verbos apropiados.

conoces	dice	estoy	hace	salimos	sé	soy	tengo	tienes	veo

Querida Rachel:

Yo (1) _____ algo muy importante que decirte, y no

(2) _____ cómo empezar. Cuando yo te (3) _____,

a veces (4) _____ nervioso. Es que estar contigo me

(5) _____ muy alegre. Tú no me (6) _____

muy bien, pero (7) _____ un chico muy sincero. Kurt me

(8) _____ que tú no (9) _____ novio ahora. ¿Qué tal

si nosotros (10) _____ el viernes? Espero tu repuesta.

Cariñosamente,

Carlos

Perfiles (TEXTBOOK P. 18)

A-17 Unos hispanohablantes. Mientras esperas una respuesta de Carlos sobre los consejos que le diste, lees la sección **Perfiles** en tu libro de texto. Indica qué persona mejor corresponde con las siguientes oraciones.

1. Es de España.   Rubén Blades   Violeta Chamorro   Santiago Calatrava   America Ferrera

2. Es de Honduras.   Rubén Blades   Violeta Chamorro   Santiago Calatrava   America Ferrera

3. Es de Nicaragua.   Rubén Blades   Violeta Chamorro   Santiago Calatrava   America Ferrera

4. Es de Panamá.   Rubén Blades   Violeta Chamorro   Santiago Calatrava   America Ferrera

5. Es actor/actriz.   Rubén Blades   Violeta Chamorro   Santiago Calatrava   America Ferrera

6. Es arquitecto/a.   Rubén Blades   Violeta Chamorro   Santiago Calatrava   America Ferrera

7. Es músico/a.   Rubén Blades   Violeta Chamorro   Santiago Calatrava   America Ferrera

8. Es político/a.   Rubén Blades   Violeta Chamorro   Santiago Calatrava   America Ferrera

Repaso

8. Los verbos con cambio de raíz (Textbook p. 18)

A-18 Otra carta de amor. Carlos decide que no le gusta su primer borrador (*draft*), y te pide ayuda en escribir otro. Completa su segundo mensaje con la forma correcta de los verbos entre paréntesis en el presente de indicativo.

Querida Rachel:

Kurt me (1. recomendar) _____ que te hable cara a cara, pero yo no

(2. poder) _____ por estar tan nervioso.

Es que yo (3. pensar) _____ en ti todo el tiempo. No (4. dormir)

_____ bien porque pensamientos de ti me (5. perseguir)

_____ toda la noche. Me impresionas y me gustas mucho. Yo no te

(6. mentir) _____; es la verdad.

¿Tú (7. recordar) _____ el primer día que nos conocimos? Mañana nosotros

(8. almorzar) _____ juntos con Kurt y Ashley en el mismo lugar. Después del

almuerzo, ¿tú (9. poder) _____ darme alguna esperanza de poder salir contigo?

Si tú (10. preferir) _____ hablar conmigo antes del almuerzo, llámame o escríbeme.

Yo (11. entender) _____ que tú no (12. jugar) _____ con los

sentimientos de otras personas, entonces espero tu honesta respuesta.

Con mucho cariño,

Carlos

A-19 Consejos de Kurt. Carlos habla con Kurt sobre Rachel. Completa su conversación escogiendo el verbo correcto.

Kurt: Bueno, ¿cuál de los correos electrónicos (1. entiendes / piensas) mandarle a Rachel?

Carlos: No sé. (2. Cuesto / Quiero) mandarle el segundo, pero creo que es demasiado fuerte.

Kurt: Sí, creo que el primero es mejor. (3. Recomiendo / Recuerdo) que mandes el primero.

Carlos: ¿Cuándo debo mandarlo? Rachel, Ashley, tú y yo (4. almorzamos / encerramos) juntos mañana. ¿Debo mandarlo antes o después?

Kurt: Creo que (5. pides / puedes) mandarlo después. Vas a estar nervioso durante la comida entera si lo mandas antes.

Carlos: Buena idea. Lo mando después.

A-20 La respuesta de Rachel. Después del almuerzo, Carlos le manda el e-mail a Rachel. Ahora, imagina que tú eres Rachel. ¿Cómo vas a responderle a Carlos? ¿Vas a salir con él? Escríbele un e-mail corto (de **cinco** oraciones) con tu respuesta, para que el pobre amigo no tenga que esperar mucho tiempo. Usa los verbos del **Capítulo Preliminar A** en tu respuesta.

Querido Carlos:

_____

_____

_____

_____

_____

_____

_____

Rachel

A-21 El grupo. Carlos y Rachel quieren reunirse con Megan y Jorge este fin de semana para estudiar para el examen de historia. Mira la agenda, y lee lo que dicen los cuatro amigos sobre sus horarios. Escribe la letra C para Carlos, R para Rachel, J para Jorge y M para Megan en las horas cuando <u>no</u> pueden reunirse para estudiar. Pon una "D" para indicar cuando los cuatro amigos están disponibles (*available*) para reunirse.

1. **Carlos:** Oye, tengo clases a las ocho y a las nueve, los viernes. No tengo nada más planeado para el fin de semana.

2. **Rachel:** Tengo clases a las diez, las once y las dos los viernes. No tengo nada más planeado, más que estudiar para el examen.

3. **Jorge:** No tengo clases los viernes, pero tengo práctica de fútbol entre las tres y las seis, y este sábado tengo práctica entre las ocho y las once de la mañana. Asisto a la iglesia los domingos entre las diez y las doce.

4. **Megan:** Tengo dos clases el viernes al mediodía y a la una. Trabajo en la biblioteca los sábados y los domingos entre la una y las tres. Los domingos me reúno con mi hermana, Kelli, a las nueve para tomar un café.

La agenda de los cuatro amigos			
	VIERNES	**SÁBADO**	**DOMINGO**
8:00			
9:00			
10:00			
11:00			
12:00			
1:00			
2:00			
3:00			
4:00			

A-22 Preguntas para considerar. Contesta las siguientes preguntas según la información que leíste en A-21. Usa oraciones completas. Puedes leer los horarios de los cuatro amigos otra vez, si es necesario.

1. ¿Cuándo pueden reunirse los cuatro para estudiar?

_____

2. En tu opinión, ¿cuándo deben reunirse? ¿Por qué?

_____

3. ¿Quién es el/la amigo/a más ocupado/a? ¿Por qué?

_____

4. ¿Quién parece tener el mejor equilibrio (*balance*) en su vida? ¿Por qué?

_____

5. ¿Cuál de los cuatro estudiantes tiene un horario para el fin de semana más semejante al tuyo?

_____

Nombre: _____ Fecha: _____

Repaso

9. Las construcciones reflexivas (TEXTBOOK P. 21)

A-23 Los horarios. Ahora, los cuatro compañeros hablan de sus horarios en general. Completa su conversación con la forma correcta de los verbos reflexivos entre paréntesis en el presente de indicativo o el infinitivo.

Jorge: Normalmente, yo (1. levantarse) _____ a las siete y media y

(2. acostarse) _____ a las once. ¿Cuándo (3. acostarse)

_____ tú, Rachel?

Rachel: Normalmente a las diez durante la semana, y a la medianoche los fines de semana.

¿Cuándo (4. levantarse) _____ tú, Carlos?

Carlos: Normalmente, a las seis. Es muy temprano, pero me gusta (5. ducharse)

_____ antes de que no haya agua caliente. Jorge,

(6. ducharse) ¿_____ por la noche o por la mañana?

Jorge: Por la mañana. ¿Cuánto tiempo tomas para arreglarte, Megan? Yo sé que muchas

chicas toman mucho tiempo.

Megan: Yo no soy así. Primero yo (7. levantarse) _____, y luego

(8. ducharse) _____. Entonces (9. ponerse) _____

la ropa, y (10. maquillarse) _____. Tomo treinta minutos en total.

Rachel: Tú eres muy rápida. ¡Yo paso treinta minutos arreglándome el pelo!

A-24 Rumbo a la clase. Los cuatro amigos caminan juntos a la clase de historia. Completa su conversación con los verbos apropiados.

se acuerda	se despierta	sentarme	se quedan	se van

Rachel: ¿A qué hora (1) _____ tú y Kurt para su primera clase, Carlos?

Carlos: A las ocho menos cuarto. Pero necesito salir más temprano porque si no, tengo que

(2) _____ en la última fila de la sala de clase. No puedo ver

la pizarra bien.

Megan: Mi compañera de cuarto siempre (3) _____ tarde. Ella

nunca (4) _____ de poner el despertador.

Jorge: Es como mis compañeros de apartamento. Ellos siempre (5) _____

en casa hasta el último momento.

A-25 Tu horario. Ahora sabes un poco sobre el horario de los cuatro amigos. ¿Cómo es un día típico para ti? Usa los verbos reflexivos y responde oralmente.

Repaso

10. Repaso de *ser* y *estar* (TEXTBOOK P. 24)

A-26 Un e-mail para la abuela. Carlos le escribe un e-mail a su abuela sobre su vida universitaria. Escribe la forma correcta de los verbos **ser** o **estar** en el presente indicativo.

Querida Abuelita:

Espero que estés bien. Finalmente tengo tiempo para escribirte sobre mi vida universitaria.

Primero, mi compañero de cuarto se llama Kurt. Kurt (1) _____ un estudiante de

segundo año y (2) _____ de Hermann, Missouri. (3) _____

un chico muy amable, y nosotros ya (4) _____ buenos amigos.

Kurt tiene dos hermanas y un hermano. Su hermano Kristofer (5) _____ en

Alemania para hacer un internado (*internship*). Kristofer (6) _____ casado y

tiene un hijo. Sus hermanas (7) _____ muy bonitas, pero todavía no se han

graduado de la escuela secundaria.

Kurt tiene una novia, Ashley. Ashley quiere graduarse temprano, y por eso ella siempre

(8) _____ muy ocupada; ¡toma seis clases! Ella (9) _____

muy inteligente y trabajadora. Sus amigas (10) _____ tan serias como Ashley, pero

(11) _____ muy guapas, también. Una de sus amigas, Rachel, toma la misma

clase de historia que yo. Bueno, ya (12) _____ las cinco, y tengo que salir.

Voy a cenar con mis nuevos amigos en la cafetería. ¡Escríbeme pronto!

Abrazos de tu nieto favorito,

Carlos

A-27 ¡Mucho gusto! Decides visitar a Carlos en la universidad un fin de semana. Carlos te presenta a todos sus amigos. Completa los monólogos por escoger entre los verbos **ser** y **estar.**

Kurt: ¡Hola! Me llamo Kurt. (1. Soy / Estoy) el compañero de cuarto de Carlos. (2. Soy / Estoy) muy feliz de conocerte finalmente.

Ashley: ¡Hola! Me llamo Ashley. (3. Soy / Estoy) de Illinois. (4. Soy / Estoy) la novia de Kurt.

Rachel: ¡Hola! Me llamo Rachel. Mucho gusto. Perdóname, pero (5. soy / estoy) estudiando para tres exámenes. Por eso (6. soy / estoy) muy ocupada este fin de semana.

Megan: ¡Hola! Me llamo Megan. Carlos (7. es / está) en mi clase de historia. La clase (8. es / está) en Greentower. ¿Quieres dar un paseo por la universidad?

Jorge: ¡Hola! Me llamo Jorge. (9. Soy / Estoy) mexicano y juego fútbol para la universidad. Perdona si (10. soy / estoy) muy cansado. Hubo un partido anoche. ¡Ganamos!

A-28 ¿Quién eres tú? Ahora, haz tu propio monólogo para presentarte a los cinco amigos. Usa los verbos **ser** y **estar,** y responde oralmente.

Repaso

11. El verbo *gustar* (TEXTBOOK P. 27)

A-29 Los gustos. Mientras comen en la cafetería, Carlos, Jorge, Megan y Rachel hablan de sus gustos. Completa las oraciones usando el verbo **gustar.**

MODELO   Carlos / el beísbol (¡Sí!)   *A Carlos le gusta el beísbol.*

1. Carlos / vivir con Kurt (¡Sí!) _____

2. Carlos / el chocolate (¡No!) _____

3. Megan / trabajar en la biblioteca (¡Sí!) _____

4. Megan / la cafetería (¡No!) _____

5. Jorge / los deportes (¡Sí!) _____

6. Jorge / los camarones (¡No!) _____

7. Rachel / los deportes (¡No!) _____

8. Rachel / bailar (¡Sí!) _____

9. Los cuatro amigos / la clase de historia (¡No!) _____

10. Carlos / hablar español (¡Sí!) _____

Nombre: _____   Fecha: _____

A-30 Tus preferencias. Ahora, escribe **tres** cosas que te gustan y **tres** cosas que no te gustan, usando oraciones completas.

MODELOS   *Me gusta la comida hispana.*

No me gusta la lluvia.

1. _____

2. _____

3. _____

4. _____

5. _____

6. _____

Nombre: _____   Fecha: _____

Notas culturales

La influencia del español en los Estados Unidos (TEXTBOOK P. 28)

A-31 Un examen de historia. En su clase de historia, los cuatro amigos van a tener una prueba sobre los países hispanohablantes. Carlos está un poco distraído (*distracted*), porque no puede dejar de pensar en Rachel. Ayúdalo a contestar las siguientes preguntas para prepararse para la prueba. Puedes encontrar la información que necesitas en tu libro de texto.

1. ¿Cuáles son cinco lugares en los Estados Unidos que tienen nombres en español?

   _____

2. ¿Qué porcentaje de personas en los Estados Unidos son hispanohablantes?

   _____

3. ¿Hay influencia de la lengua española en tu comunidad? ¿De qué manera?

   _____

¡Gracias! Has ayudado y observado a Carlos durante sus primeras semanas en la universidad. Ahora, él tiene lo que necesita para la universidad, unos amigos muy buenos, quizás una novia y una A en su prueba de historia. ¡Buen trabajo!

Experiential Learning Activities

A-32 En tu dormitorio. Busca una copia de la novela *Cien años de soledad* de Gabriel García Márquez, y presta atención a lo que ocurre en el Capítulo 3 cuando los habitantes de Macondo sufren del insomnio. Para combatir la falta de memoria, Aureliano inventa una manera de ayudar a todos a recordar los nombres y las funciones de ciertas cosas. Imítalo clasificando los objetos en tu dormitorio con su nombre, un adjetivo para describirlo, un sujeto y un verbo (por ejemplo, *Es una computadora roja*).

Nombre: _____   Fecha: _____

A-33 La ciudadanía *(citizenship).* Imagina que eres el hijo / la hija de inmigrantes, nacido/a en los Estados Unidos. Muchos de tus parientes son de otro país, pero les gustaría obtener la ciudadanía en los Estados Unidos también. Explica el proceso para obtenerla en este país, y haz una lista de algunos de los beneficios de ser ciudadano/a estadounidense.

_____

_____

_____

_____

_____

_____

_____

_____

Native Speaker Ancillary

Lectura

A-34 La influencia del español en los Estados Unidos. Lee el siguiente texto con cuidado. Luego, contesta las preguntas individualmente y comparte tus respuestas con tus compañeros de clase.

Según los índices provistos al principio del capítulo, hay más hispanohablantes en los Estados Unidos que en Perú, donde el español es una lengua oficial. Sin embargo, aunque no es una lengua oficial en los Estados Unidos, el español es una lengua nacional e importante con más de veinte millones de hablantes. Según los censos, hay algunas regiones estadounidenses que se destacan más por su población hispana que otras; por ejemplo, hay más hispanohablantes en California, Arizona, Nuevo México, Nevada, Texas, Florida, Nueva York e Illinois que en otros lugares. Además, se nota más la influencia del español en los topónimos (los nombres de estados y ciudades) en el oeste del país. Otros estados, sin embargo, como Maine y West Virginia, no tienen mucha representación hispana. Dependiendo del lugar, se nota la presencia del español también en los medios de comunicación, como la difusión radiotelevisiva; hay emisoras y canales que transmiten completamente en español. Hay muchos documentos oficiales y gubernamentales que se publican tanto en inglés como en español por la gran cantidad de hispanos en este país.

El español es la segunda lengua más hablada en los Estados Unidos y esto se refleja en las tendencias a hacer ajustes también en algunas prácticas culturales para acomodar a esta demográfica creciente. Por ejemplo, hace poco el himno nacional de los Estados Unidos se grabó en español, con la misma melodía pero con letra diferente. El grupo musical Somos Americanos interpretó el himno nacional dándole el nombre de "Nuestro Himno" y dieron un concierto en la famosa Isla de Ellis, el lugar con significado histórico para todos los inmigrantes al país. Sin embargo, la interpretación del himno en español no les cayó bien a todos, porque, según algunos, no refleja las luchas ni los sentimientos originales de la época y los acontecimientos históricos descritos en la letra original.

Aunque habrá controversia en cuanto a los cambios que se han llevado a cabo últimamente, no se puede negar la influencia del español en este país ni la importancia que conlleva. El bilingüismo ya no es solamente una herramienta para adelantarse en el futuro, sino una necesidad. La sociedad del siglo XXI es un mosaico de culturas, y las culturas hispanas figuran prominentemente.

1. ¿Qué regiones de los Estados Unidos se destacan por su alto porcentaje de hispanos?

_____

_____

2. ¿Qué significa la palabra *topónimo*? ¿Qué relación tiene con la influencia del español en los Estados Unidos?

_____

_____

3. ¿Quiénes son Somos Americanos? ¿Qué importancia desempeñan en el mundo hispano?

_____

_____

4. ¿Qué controversia surgió con la interpretación del himno nacional en español?

_____

_____

5. ¿Qué opinas tú de Nuestro Himno? ¿Entiendes porqué les ofendió a algunos?

_____

_____

Escritura

A-35 El estudio de otra lengua. La cuestión de obligar el estudio de otra lengua en nuestras escuelas y universidades es un tema bastante controvertido en los Estados Unidos. En algunos estados, los oficiales se ponen de parte del partido que cree que es importante saber otra lengua; entonces habrá legislación requiere por lo menos dos años de estudio de una lengua. En otros estados, no hay tal obligación. Un/a amigo/a tuyo/a que estudia en una universidad donde no se requiere el estudio de otra lengua, y que piensa especializarse en ingeniería, puede creer que el estudio del español no le va a servir con sus planes. Piensa en todos los beneficios de estudiar otra lengua y apúntalos en un bosquejo informal. Luego organiza tus ideas y redacta unos párrafos para convencerlo/la a tu amigo/a que una concentración menor en español, por lo menos, podría beneficiarle.

_____

_____

_____

_____

_____

_____

Un paso más

En este capítulo repasamos muchas reglas gramaticales, y una de ellas incluye la cuestión de los adjetivos y pronombres posesivos: **mi/s, tu/s, su/s, nuestro/a/s, vuestro/a/s** y **mío/a/s, tuyo/a/s, suyo/a/s, nuestro/a/s, vuestro/a/s.** En términos de acentuación, los adjetivos prepuestos **(mi, tu, su)** tienden a enlazarse con vocales en posición inicial de la palabra siguiente. Los adjetivos posesivos prepuestos pueden formar diptongos (la coarticulación de dos vocales en la misma sílaba) porque son átonas; o sea, carecen de acentuación hablada o escrita. Por ejemplo, con las frases "mi abuela" y "tu obligación", seguramente tú habrás escuchado "mia-bue-la" y "tuo-bli-ga-ción"; estas vocales pueden debilitarse porque no tienen acentuación. Al contrario, los adjetivos pospuestos **(mío/a/s, tuyo/a/s, suyo/a/s)** son palabras que tienen acentuación hablada o escrita. Si uno quiere poner énfasis en la parte que se refiere a la posesión en lugar de exagerar la palabra "mi" o "tu", se escogería el adjetivo pospuesto "mío" o "tuyo" porque son palabras tónicas y, por eso, pueden cargar más énfasis. Comparando los ejemplos de "mi abuela" con "la abuela mía" se puede entender más esta relación.

Refranes

A-36 Unos refranes. En el **Capítulo Preliminar A** se ha reforzado la importancia de saber otra lengua, especialmente el español. A continuación hay tres refranes que tienen que ver con las palabras y/o el conocimiento en general. Lee cada uno y luego piensa en su significado en cuanto a los temas destacados en este capítulo. ¿Qué importancia tendrán para tu vida? ¿A qué situaciones se puede aplicar cada uno?

1. "Saber mal y no saber es la misma cosa."

   _____

   _____

2. "A palabras necias, oídos sordos."

   _____

   _____

3. "Una palabra de un sabio vale por cien de un tonto."

   _____

   _____

1

Así somos

En este capítulo, vas a ayudar a tu buena amiga, Sara, planeando una fiesta de aniversario de plata (*silver*) para sus padres, Jorge y Linda. Roberto y Miguel, los hermanos de Sara, ayudan también. Vas a practicar con el vocabulario, las estructuras y la cultura que estudias en el primer capítulo del libro de texto.

1. El aspecto físico y la personalidad (TEXTBOOK P. 32)

1-1 Un mensaje de Sara. Sara te deja un mensaje para invitarte a cenar y conocer a su familia. Escoge el adjetivo que Sara usa para describir a cada miembro de su familia.

1. _____ Jorge   2. _____ Linda   3. _____ Roberto   4. _____ Miguel   5. _____ Sara

a. despistado/a   b. educado/a   c. grosero/a   d. honesto/a   e. sensible

1-2 Fotos de familia. Mientras planea para la fiesta, Sara mira un álbum para ver las fotos de la boda de sus padres. Le hace muchas preguntas a su mamá. Escucha las descripciones y escoge la característica que describe a cada persona.

1. Rosa:	lunar	pecas	trenza
2. Martín:	pelirrojo	pelo rizado	tatuaje
3. Enrique:	bigote	calvo	sensible
4. Don Tomás:	barba	bigote	moreno
5. Carlos:	cicatriz	pecas	tatuaje

1-3 Descripciones personales. Sara describe a muchas personas en la foto de boda de sus padres. Ahora, tú debes describir a las siguientes personas. Usa el vocabulario del **Capítulo 1** y escribe a lo menos **cuatro** oraciones por persona.

1. Tu mejor amigo/a:

   _____

   _____

   _____

   _____

2. Uno/a de tus familiares:

   _____

   _____

   _____

   _____

3. Tu profesor/a favorito/a:

   _____

   _____

   _____

   _____

4. Tu cantante favorito:

   _____

   _____

   _____

   _____

5. Tu actor/actriz favorito/a:

   _____

   _____

   _____

   _____

Repaso

Los pronombres de complemento directo e indirecto y los pronombres reflexivos (TEXTBOOK P. 34)

1-4 El sábado de Sara. Sara te pide ayuda en hacer planes para la fiesta. Cuando llegas a su apartamento, ella te describe su horario para el sábado que viene. Escribe oraciones completas que describen a qué hora Sara planea hacer todas estas cosas. Usa los pronombres del **objeto directo, objeto indirecto** y **los reflexivos** correctamente. Sigue el modelo con cuidado.

MODELO   6:30 / Sara / despertarse

　　　　　　　A las 6:30, Sara se despierta.

1. 7:00 / Sara / levantarse

　　_____

2. 7:15 / Sara / ducharse

　　_____

3. 9:00 / Sara / mandarles las invitaciones a los invitados

　　_____

4. 11:30 / Sara / darle un cheque al florista

　　_____

5. 2:00 / Sara / escribirle un brindis (*toast*) para Roberto

　　_____

6. 3:00 / Sara / reunirse con el director del hotel

　　_____

7. 5:30 / Sara / ayudarles a sus tías con las preparaciones

　　_____

1-5 Un sábado típico. Este sábado no va a ser un sábado típico para Sara, porque tiene que hacer muchas preparaciones para la fiesta. Normalmente ella se relaja más. ¿Cómo es un sábado típico en tu familia? Describe lo que tú haces y lo que hace el resto de tu familia durante un sábado regular. Usa por lo menos **cinco** verbos reflexivos y responde oralmente.

1-6 Un e-mail para Susana. Sara le escribe un e-mail a su amiga, Susana, sobre las preparaciones para la fiesta de sus padres. Llena los espacios con los pronombres correctos.

Hola Susana,

Hace mucho tiempo que (1) _____ escribo (a ti). Mis hermanos y yo

(2) _____ ocupamos con las preparaciones para la fiesta del aniversario de plata de

nuestros padres.

Al principio, pensamos tener una fiesta de sorpresa para ellos. Sin embargo, no queríamos dar

(3) _____ un choque (*shock*) a nuestros padres. Es mejor, porque ahora ellos están

involucrados en los planes, y sé que esto (4) _____ da mucho placer a ellos.

Como siempre, Roberto (5) _____ queja mucho de todo el trabajo que tiene que

hacer, pero Miguel (6) _____ ayuda en hacer todo lo que necesito. Espero que recibas

tu invitación pronto— (7) _____ (8) _____ mandé el sábado. Si

no puedes venir, no (9) _____ preocupes—yo entiendo que estás muy ocupada.

Bueno, ya es tarde. Pienso acostar (10) _____ pronto. ¡Buenas noches!

Abrazos,

Sara :)

1-7 Más cosas que hacer. Sara te habla otra vez sobre la fiesta. ¡Hay tantas cosas que hacer! Completa sus oraciones con el pronombre correcto y luego indica si es un pronombre del objeto directo (**OD**) pronombre del objeto indirecto (**OI**) o pronombre reflexivo (**REF**).

MODELO   Tengo que escribir __*le*__ un brindis (*toast*) para Roberto.   OD   <u>OI</u>   REF

1. El hotel tiene que dar _____ el menú a mí, y no a Roberto.   OD   OI   REF

2. El DJ me llamó; voy a llamar _____ mañana.   OD   OI   REF

3. Necesitamos unas fotos de la boda. Mamá me _____ va a mostrar.   OD   OI   REF

4. Roberto y Miguel no _____ preocupan por las preparaciones tanto como yo.   OD   OI   REF

5. Quiero decir _____ al florista que queremos muchas rosas.   OD   OI   REF

2. Algunos verbos como *gustar* (TEXTBOOK P. 38)

1-8 Ideas y opiniones. Sara les pide ideas a su familia y sus amigos sobre la fiesta para sus padres. Ella ha tomado apuntes, y tú necesitas escribirlos en oraciones completas. Sigue el modelo.

MODELO   Sara / gustar / tener / mucha ayuda con los planes

A Sara le gusta tener mucha ayuda con los planes.

1. Roberto / parecer bien / tener una presentación de PowerPoint

_____

2. Miguel / caer mal / el DJ / que/entrevistaron

_____

3. tía Alicia / importar / comprar muchas flores

_____

4. Yo / fascinar / la idea de regalarles una pintura a los padres de Sara

_____

5. Roberto y Miguel / molestar / las canciones / que / el DJ / gustar

_____

6. Nosotros / faltar / seleccionar el menú y comprar la torta

_____

7. Los padres de Sara / interesar / invitar a la familia y a los amigos íntimos

_____

8. Sara / encantar / las fotos de boda de sus padres

_____

1-9 La entrevista. Ahora, Sara quiere entrevistar a sus padres para obtener información sobre sus ideas del matrimonio. Escribe **diez** preguntas para la entrevista, usando los siguientes verbos: **caer bien/mal, importar, interesar, faltar, fascinar, encantar, faltar, molestar, quedar.** Sigue el modelo con cuidado.

MODELO   *¿Les molestan los consejos que el Dr. Phil les da a las parejas en su programa de televisión?*

1. _____

2 _____

3. _____

4. _____

5. _____

6. _____

7. _____

8. _____

9. _____

10. _____

Notas culturales

¿Hay un latino típico? (TEXTBOOK P. 40)

1-10 ¿Un latino típico? Después de que Sara entrevista a sus padres, ustedes hablan sobre los estereotipos que existen sobre la gente latina o hispanohablante. Piensa en las *Notas culturales* de tu libro de texto, e indica si las siguientes oraciones son **Ciertas** o **Falsas,** o si **no se dice** en la lectura.

1. Es verdad que toda la gente latina es igual.   Cierto   Falso   No se dice.

2. No hay diferencias entre la comida mexicana y la comida española.   Cierto   Falso   No se dice.

3. Los latinos vienen de una mezcla de varias razas y culturas.   Cierto   Falso   No se dice.

4. Algunas personas hacen estereotipos basados en uno o dos personas
   de un grupo étnico.   Cierto   Falso   No se dice.

5. Hay mucha gente italiana en Argentina.   Cierto   Falso   No se dice.

Escucha (TEXTBOOK P. 41)

1-11 Antes de escuchar. Actividad **1-12** se llama "Problemas con los planes". En esa actividad, vas a escuchar una conversación entre Sara y Roberto sobre la fiesta. Para prepararte, mira el dibujo y contesta las preguntas.

1. ¿Cuál es un problema que piensas que Sara y Roberto pueden tener con los planes?

   _____

   _____

   _____

2. ¿Quién o qué puede ser la fuente (*source*) del problema? ¿Por qué piensas así?

   _____

   _____

   _____

3. ¿Cómo se siente Sara a causa de los problemas? ¿Cuáles son tres o cuatro palabras del vocabulario que describen sus sentimientos?

   _____

   _____

   _____

1-12 Problemas con los planes. Sara y Roberto tienen una conversación seria sobre la fiesta. Escucha parte de su conversación y luego indica si las oraciones son **Ciertas** o **Falsas** o si **No se dice.**

1. Al principio, Sara cree que Roberto no le va a ayudar mucho.   Cierto   Falso   No se dice.

2. Roberto cree que Sara es una persona interesante.   Cierto   Falso   No se dice.

3. Roberto es más perfeccionista que Sara.   Cierto   Falso   No se dice.

1-13 Más de la conversación. Ahora lee el resto de la conversación entre Sara y Roberto, y luego indica si las oraciones que siguen son **Ciertas** o **Falsas** o si **No se dice.**

Roberto: Umf. Pues, ¿qué más tenemos que hacer?

Sara: Tengo que pagar al hotel por el salón. Pero espero el dinero del tío Luis.

Roberto: Buena suerte… nuestro tío es el hombre más tacaño de todos.

Sara: Yo lo sé. Es una lástima… la tía Alicia ha sido tan generosa. Pues, además de pagar por el salón, tenemos que confirmar los pedidos de la torta y las flores, llamar a algunos invitados para ver si van a venir y hablar otra vez con el DJ. Ese hombre es tan terco; insiste en tocar unas canciones rancheras aunque le dije que no nos gustan.

Roberto: ¡Qué barbaridad! Pues, yo puedo hablar con él, y puedo llamar a los invitados por ti. ¿Qué te parece?

Sara: Excelente… gracias.

Roberto: No te preocupes. Todo resultará bien.

1. Todavía tienen que pagar por el salón de la fiesta.   Cierto   Falso   No se dice.

2. Tío Luis es pelirrojo.   Cierto   Falso   No se dice.

3. El DJ es un hombre muy agradable (*agreeable*).   Cierto   Falso   No se dice.

4. Roberto quiere confirmar los pedidos de la torta y las flores.   Cierto   Falso   No se dice.

3. Algunos estados (TEXTBOOK P. 43)

1-14 A describir. Usamos muchas palabras para describir las características personales de unas personas. Indica la palabra en inglés que corresponde a la palabra en español.

1. _____ celoso/a   a. depressed

2. _____ deprimido/a   b. dull

3. _____ flojo/a   c. generous

4. _____ generoso/a   d. jealous

5. _____ orgulloso/a   e. lazy

6. _____ pesado/a   f. proud

7. _____ sencillo/a   g. simple

8. _____ sorprendido/a   h. stingy

9. _____ tacaño/a   i. stubborn

10. _____ terco/a   j. surprised

1-15 ¿Cómo son? Ahora, haz una lista de **tres** palabras del vocabulario para describir a las siguientes personas.

1. Sara: _____

2. Roberto: _____

3. Tío Luis: _____

4. Tía Alicia: _____

5. Tú: _____

6. Tu compañero de cuarto/apartamento/casa:

_____

7. Tu jefe o uno de tus profesores:

_____

Repaso

El pretérito (TEXTBOOK P. 44)

1-16 La noche de Roberto. Roberto le dice a Sara qué pasó anoche cuando hizo algunas cosas para la fiesta. Completa el párrafo con los verbos correctos.

| comimos   dieron   dijeron   escribí   fue   fuimos   hablamos   llamé   llamó   prometí |

(1) _____ una noche muy buena. Primero, Miguel y yo

(2) _____ a hablar con el DJ. No te preocupes; no va a haber música

ranchera. Entonces, Miguel y yo (3) _____ en un restaurante, y

(4) _____ de unas ideas para la presentación de PowerPoint. Después de

llegar a casa, yo (5) _____ a las personas en la lista de invitados que no

habían respondido, como yo te (6) _____. Todos me

(7) _____ "lo siento" por no haber respondido, y ellos también me

(8) _____ un montón de excusas por no poder venir a la fiesta. Hay unos que

sí van a venir. Yo (9) _____ sus nombres aquí en este papel. Finalmente,

inmediatamente antes de acostarme, el tío Luis me (10) _____ para decirme

que quiere contribuir $200 para la fiesta. Qué buenas noticias, ¿verdad?

1-17 Una historia de amor. Mientras hace unas preparaciones para la fiesta con Sara y contigo, la tía Alicia cuenta la historia de cómo conoció a su esposo, el tío Fernando. Llena los espacios con la forma correcta de los verbos en el pretérito.

Recuerdo que (1. conocer) _____ a Fernando un verano en la playa. El novio de

mi hermana me (2. presentar) _____ a Fernando una tarde en la heladería (*ice*

cream parlor). Para mí (3. ser) _____ amor a primera vista.

Mi hermana y su novio (4. ir) _____ al cine, pero nosotros (5. andar)

_____ por la playa y (6. hablar) _____ de nuestras familias

y vidas. Entonces, Fernando me (7. invitar) _____ a salir con él la próxima noche.

Después de salir juntos por un mes, Fernando me (8. decir) _____ que quería

casarse conmigo. Yo lo (9. aceptar) _____, y él me (10. dar)

_____ un anillo de compromiso muy elegante. ¡Todas mis amigas estaban muy

celosas de mí! Nosotros (11. casarse) _____ en octubre... fue un día hermoso y

especial. Todavía lo llevo en mi corazón.

1-18 Otra historia de amor. Estás inspirado/a por la historia de la tía Alicia. Escribe un párrafo de **siete** oraciones que describa la historia de amor de tus padres, tus abuelos, tu hermano/a o tu mejor amigo/a (o ¡la tuya, si quieres!). Usa el pretérito y algunos de los verbos siguientes: **conocer, tener, saber, querer, hablar, salir, ver, invitar, decir, dar, enamorarse.**

_____

_____

_____

_____

_____

_____

_____

_____

_____

4. El presente perfecto de indicativo (TEXTBOOK P. 46)

1-19 El buscapalabras. Tomas un descanso haciendo el buscapalabras en un periódico en español.
El tema es "participios pasados". Busca el participio pasado de los siguientes verbos.

abrir	comer	conocer	decidir	decir
hablar	hacer	morir	poner	resolver
romper	ser	tener	vivir	

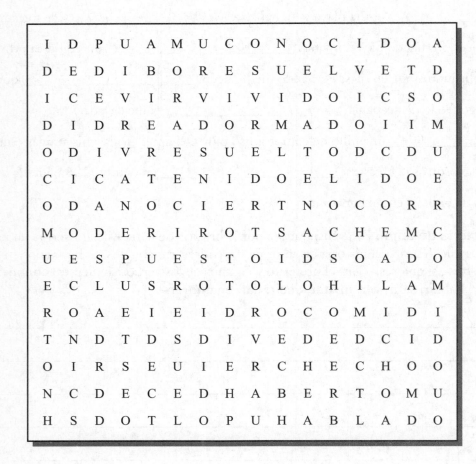

I D P U A M U C O N O C I D O A
D E D I B O R E S U E L V E T D
I C E V I R V I V I D O I C S O
D I D R E A D O R M A D O I I M
O D I V R E S U E L T O D C D U
C I C A T E N I D O E L I D O E
O D A N O C I E R T N O C O R R
M O D E R I R O T S A C H E M C
U E S P U E S T O I D S O A D O
E C L U S R O T O L O H I L A M
R O A E I E I D R O C O M I D I
T N D T D S D I V E D E D C I D
O I R S E U I E R C H E C H O O
N C D E C E D H A B E R T O M U
H S D O T L O P U H A B L A D O

1-20 El diario de Linda. Sara lee una entrada en el diario de su mamá (con su permiso, claro) donde habla de las preparaciones de la boda hace 25 años. Llena los espacios con la forma correcta de los verbos en el presente perfecto. La primera sirve como modelo.

Querido Diario,

Pues, pasado mañana es el día que yo (esperar) _____ *he esperado* _____ desde hace 4 años.

Jorge es un hombre tan amable, honesto y sencillo, y estoy muy enamorada de él.

Nosotros (1. alquilar) _____ una casa muy bonita. Era importante para él que

no empezáramos nuestra nueva vida en un apartamento. Jorge (2. vivir) _____

en un apartamento con tres amigos después de llegar a los Estados Unidos, y está harto de no tener su

propio espacio.

Mis padres nos (3. regalar) _____ unos muebles para la sala. Son muy finos.

Sus padres (4. pagar) _____ por parte de nuestra luna de miel (*honeymoon*)—

un largo fin de semana en las montañas. Tenemos un montón de otros regalos que todavía no

(5. abrir) _____. Nuestras familiares y amigos (6. ser) _____

muy generosos.

Para la boda, yo (7. hacer) _____ muchas preparaciones, y estoy agotada,

pero definitivamente vale la pena. Yo sé que será un día inolvidable. Mi madre me (8. ayudar)

_____ mucho. Ella me dijo muchas veces que ella y papá están muy

orgullosos de mí y de Jorge y que lo quieren mucho.

Tengo que acostarme ahora. Tengo mucho que hacer mañana.

Buenas noches,

Linda

1-21 Las tareas de la fiesta. Sara y sus hermanos necesitan hacer muchas cosas para la fiesta. Sara está encargada de verificar que todo lo necesario se ha hecho. Mira su lista de tareas, e indica si ya se han hecho (si hay un ✓) o si no se han hecho, según el punto de vista de Sara. Sigue el modelo.

MODELO   llamar al hotel para reservar el salón: Yo (✓)

Yo he llamado al hotel para reservar el salón.

hacer un cheque para el DJ: Yo

Yo no he hecho un cheque para el DJ.

1. grabar el CD de la música favorita de mamá: Roberto (✓)

_____

2. escribir una presentación de PowerPoint con fotos de mamá y papá: Miguel y Roberto

_____

3. recoger las flores: yo (✓)

_____

4. ir a la panadería por la torta: Roberto y Miguel

_____

5. comprar más decoraciones de color plata: Miguel (✓)

_____

6. resolver el dilema de dónde deben sentarse todos: yo

_____

7. confirmar el menú: yo

_____

5. La familia (TEXTBOOK P. 50)

1-22 Un crucigrama. Mientras esperas a Sara en un café para finalizar unos planes para la fiesta, haces el crucigrama en una revista local en español. Completa el crucigrama con las palabras de vocabulario apropiadas.

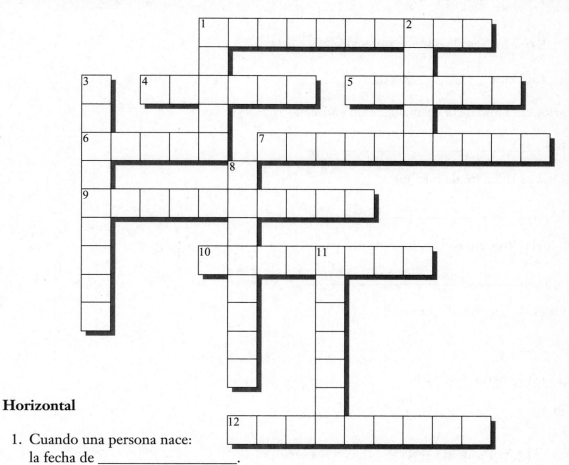

Horizontal

1. Cuando una persona nace:
   la fecha de _____.

4. El esposo de su hermana.

5. El padre de su esposo.

6. La época de ser anciano.

7. Una mujer que va a tener
   un bebé está _____.

9. Cuando uno deja de trabajar,
   comienza su _____.

10. La hija de su esposa (no de usted).

12. Un chico que no tiene hermanos
    (ni hermanas).

Vertical

1. La época de ser muy joven.

2. La esposa de su hijo.

3. Lo que hacemos cada año.

8. Un miembro de la familia.

11. Cuando uno no está casado, es

    _____.

1-23 La familia de Sara. Como vas a ayudarle a Sara en saludar a los invitados, necesitas refrescar tu memoria en cuanto a los miembros de su familia. Lee las siguientes descripciones y escribe el miembro de la familia que representa.

| abuelo | bisabuela | cuñado | hermanos | primo | tía | tío | sobrinos |

MODELO   **Sara:** José es el padre de mi madre.

tú: Es tu _____*abuelo*_____.

1. **Sara:** Carlos es el hijo de la hermana de mi padre.

   Tú: Es tu _____

2. **Sara:** Gloria es la madre de mi abuela.

   Tú: Es tu _____

3. **Sara:** Miguel y Roberto son los hijos de mis padres.

   Tú: Son tus _____

4. **Sara:** Luis es el hermano de mi padre.

   Tú: Es tu _____

5. **Sara:** Alicia es la hermana de Luis.

   Tú: Es tu _____

Perfiles (TEXTBOOK P. 53)

1-24 La familia latina. Después de hablar de la familia de Sara, ustedes hablan de las familias latinas en general. Piensa en la información de la sección **Perfiles** de tu libro de texto, e indica cuál de las oraciones describe a cada familia.

1. _____ Una familia cosmopolita, con miembros involucrados en la literatura y la política.

2. _____ Una familia con una historia de éxito (*success*) comercial y unida por metas comunes.

3. _____ Una familia muy estimada, que parece seguir los valores tradicionales de casarse y tener hijos.

a. La familia real de España

b. La familia de Isabel Allende

c. La familia de Lorenzo Zambrano Treviño

¡Conversemos!

Greetings and farewells (TEXTBOOK P. 54)

1-25 Saludos y despedidas. Sara te pide ayuda en saludar a y despedirse de los invitados. Tú quieres practicar primero, para no ofender a nadie. Escoge el saludo y la despedida apropiados para los siguientes invitados.

INVITADO/A:	SALUDOS:	DESPEDIDA:
1. El cura (*priest*)	(Muy) buenas. / ¿Qué onda?	Chao. / Gusto en verlo.
2. Miguelito (el sobrino de Sara)	¡(Qué) gusto en verlo! / ¿Qué me cuentas?	Cuídate. / Que le vaya bien.
3. Doña Carmen (la abuela de Sara)	¡(Qué) gusto en verla! / ¿Qué hay?	Hasta la próxima. / Que le vaya bien.
4. Jorge (el amigo de Roberto)	(Muy) buenas. / ¿Qué me cuentas?	Nos vemos. / Gusto en verlo.
5. Javier (el novio de Sara)	(Muy) buenas. / ¿Qué onda?	Que le vaya bien. / Cuídate.

1-26 ¡Gracias! Jorge, el padre de Sara, escribe un discurso (*speech*) para la fiesta y quiere tu opinión. Lee su discurso y luego contesta las preguntas.

Muchísimas gracias a todos por venir esta noche para ayudarnos a recordar y celebrar nuestro aniversario de plata. Cuando los veo a todos ustedes aquí en este salón, me da una alegría que no puedo describir. Primero, quiero agradecer a mis hijos, Sara, Roberto y Miguel. Gracias por todo lo que ustedes hicieron para organizar esta fiesta. Ha sido una noche verdaderamente inolvidable y su mamá y yo estamos muy orgullosos de tener hijos como ustedes. Y a nuestros familiares, gracias por toda su ayuda en las preparaciones de esta noche, y por su amor y apoyo durante nuestro matrimonio. Y a nuestros buenos amigos, gracias por venir y por sus buenos deseos. Sé que nos reuniremos en veinticinco años otra vez para celebrar nuestro aniversario de oro.

Yo recuerdo bien el día en que conocí a mi hermosa esposa, Linda. Fue hace casi 30 años, pero es como si fuera ayer en mi memoria. Yo acababa de llegar a este país, un pobre inmigrante mexicano, cuando nos conocimos en la iglesia durante la misa navideña. Yo vi a Linda, y supe que fue la mujer de mis sueños. Para ella fue amor a primera vista también.

Nombre: _____ Fecha: _____

Nosotros pasamos mucho tiempo juntos con nuestros amigos en el Centro Latino. Ella esperó más de cuatro años hasta que yo me gané bastante dinero para alquilar mi propia casa y pude mantener a una familia. Nos casamos, y hemos trabajado juntos para crear una vida mejor para nosotros, y especialmente para nuestros hijos. Hemos tenido una vida muy exitosa y feliz, y sé que sigue siendo así.

Gracias otra vez por todo, y ¡qué continúe la celebración!

1. Jorge le da gracias a sus familiares por
   a. organizar la fiesta.
   b. ayudar en las preparaciones.
   c. apoyar a él y Linda durante su matrimonio.
   d. b y c

2. Jorge les da gracias a sus amigos por
   a. organizar la fiesta.
   b. venir.
   c. llevar regalos.
   d. b y c

3. Jorge y Linda se conocieron
   a. en el Centro Latino.
   b. en México.
   c. en la iglesia.
   d. b y c

4. Jorge y Linda se casaron
   a. muy pronto después de conocerse.
   b. unos años después de conocerse.
   c. cuando Jorge alquiló una casa.
   d. b y c

5. Hasta ahora, Jorge y Linda han tenido una vida
   a. fácil.
   b. exitosa.
   c. feliz.
   d. b y c

Escribe (TEXTBOOK P. 56)

1-27 El mapa de Jorge. Mientras lees el discurso de Jorge, piensas en la estrategia que acabas de aprender de hacer un mapa antes de escribir. ¿Cómo sería (*would be*) el mapa de Jorge? Describe su mapa, basado en su discurso. ¿Hay detalles que le faltan a Jorge? ¿Cuáles son? Responde oralmente.

Vistazo cultural (TEXTBOOK P. 58)

1-28 Vistazo cultural. Después de ayudar a Jorge, ustedes hablan de la información que aparece en la sección **Vistazo cultural** de tu libro. Te sorprende que Jorge sepa un poco de cada persona, lugar y festival mencionado. Escoge la persona correcta para cada descripción de Jorge.

1. _____ Sí, me fascina el béisbol, y ellos tienen mucho talento. Creo que son de Puerto Rico originalmente.

2. _____ Ah, sí. Está en Texas. Es muy lindo. Linda y yo tomamos un barco allí cuando fuimos de vacaciones.

3. _____ Sí, ese señor es muy importante. Recuerdo aprender de él en la escuela. Fue un político muy importante en California. Nombraron una calle importante por él.

4. _____ Sí, es en marzo. Es muy importante para los cubanos. Es en Miami, y oigo que la comida es fenomenal.

5. _____ Yo miré un programa sobre su vida en la tele. Es escritor cubano-americano, y ganó el Premio Pulitzer. ¡Qué impresionante!

6. _____ Sí, va desde mediados de septiembre hasta mediados de octubre. Es importante para todos los hispanos.

7. _____ Me gusta el arte, y su arte me hace pensar en mi niñez. Esta chicana tiene mucho talento. Creo que es de Texas.

a. El Festival del la Calle Ocho

b. Carmen Lomas Garza

c. Oscar Hijuelos

d. El Mes de la Herencia Hispana

e. Los hermanos Molina

f. El Paseo del Río

g. Pío Pico

1-29 Un regalo especial. Sara y sus hermanos les regalan a sus padres un grabado (*print*) de una obra de Carmen Lomas Garza para el aniversario. Miguel quiere saber más sobre ella antes de comprar el grabado, y busca información de ella en Internet. Lee el artículo e indica si las oraciones son **Ciertas** o **Falsas** o si **No se dice.**

Carmen Lomas Garza nació en Kingsville, Texas en 1948. Su padre fue obrero metalúrgico y su madre fue florista. Cuando tenía 13 años, Garza decidió ser artista, porque le fascinaba el talento artístico de su madre, que pintaba, y su abuela materna que hacía varios tipos de artesanía. Su padre le dio su apoyo para ser artista aunque era una carrera difícil para seguir. Garza asistió a la Universidad de Arte e Industria de Texas, y recibió una licenciatura (*Bachelor's degree*) en 1972. Ella también recibió dos títulos de maestría (*Master's degrees*), uno de la Escuela Graduada de Juárez-Lincoln/Antioch en 1973 en Pedagogía, y el otro en Arte de la Universidad de San Francisco State en 1981.

El arte de Garza refleja la vida cotidiana (*everyday*) de los mexicano-americanos, también conocidos como "chicanos". Dice que fue influenciada por el movimiento político chicano en los años 60 y por sus experiencias con la discriminación en su niñez. Ha publicado varios libros para niños y ha participado en varias exhibiciones de arte. También ha recibido varios premios y honores. Por ejemplo, en 2007, el distrito escolar de Los Ángeles nombró una escuela primaria el "Carmen Lomas Garza Primary Center", en su honor.

1. Garza decidió ser artista después de asistir a la universidad.   Cierto   Falso   No se dice.

2. Garza no tenía el apoyo de su padre para su carrera.   Cierto   Falso   No se dice.

3. Garza tomó clases privadas de arte también.   Cierto   Falso   No se dice.

4. Garza sufrió discriminación cuando era niña.   Cierto   Falso   No se dice.

5. Garza y su arte no son muy reconocidas en los Estados Unidos, sino en México.   Cierto   Falso   No se dice.

1-30 Las obras de Garza. Miguel, Sara y Roberto no saben cuál grabado de Carmen Lomas Garza deben comprar. A Roberto no le gusta el arte en general, entonces Sara y Miguel tienen que decidir entre un grabado de *Cumpleaños de Lala y Tudi* y *Curandera (Faith Healer)*. Esucha la conversación entre ellos e indica si las oraciones son **Ciertas** o **Falsas** o si **No se dice.**

1. La decisión es muy difícil para Sara y Miguel.   Cierto   Falso   No se dice.

2. Al padre de Sara y Miguel le gusta el arte tradicional.   Cierto   Falso   No se dice.

3. Sara cree que *Cumpleaños de Lala y Tudi* no es apropiada para la ocasión.   Cierto   Falso   No se dice.

4. Además de ser curandera, la abuela Rosario fue escultora también.   Cierto   Falso   No se dice.

5. Sara y Miguel compran el grabado al final de la conversación.   Cierto   Falso   No se dice.

1-31 ¿Qué piensas tú? ¿Cuál de las dos obras deben comprar Sara y Miguel para sus padres? ¿Por qué piensas así? ¿Deben comprar una obra de otro artista? Si piensas que sí, ¿qué obra? ¿De quién es? Explica tu opinión y responde oralmente.

1-32 Una decisión. Escucha el resto de la conversación entre Sara y Miguel para ver qué decidieron y luego completa las oraciones que siguen.

1. Sara llama a _____

2. La obra que deciden comprar al final es _____

¡Qué buena persona eres! Has ayudado mucho a Sara a preparar la fiesta de aniversario de sus padres. Sara te lo agradece mucho. La fiesta fue sensacional, y en parte fue a causa de tus esfuerzos. ¡Gracias!

Laberinto peligroso

Episodio 1

1-33 Laberinto peligroso: Antes de leer. Lee el primer párrafo del episodio, que está reproducido abajo, y selecciona todos los cognados que ves.

¿Periodistas en peligro?

Javier quería sorprender a sus estudiantes. A todos les interesaba mucho el tema del seminario—los reportajes de investigación—pero Javier pensaba que las clases eran demasiado teóricas. Estaba harto de aburrir a sus estudiantes. Cuando aceptó el trabajo como profesor fue porque le encantaba ser periodista y porque quiere tener un impacto en el mundo. Pero sus clases no le parecían interesantes y quería enseñarlas mejor. Después de reflexionar mucho, llegó a una conclusión: a sus estudiantes les hacía falta una perspectiva más práctica y, por eso, Javier decidió invitar a unos periodistas a la clase para formar un panel de expertos.

1-34 Laberinto peligroso: Después de mirar. Después de mirar el *Episodio 1,* contesta las siguientes preguntas.

1. ¿Con quién habla por teléfono Celia?
   a. Javier   b. su madre   c. la suegra de Julia   d. no se sabe

2. ¿Quién acompaña a Celia a la universidad?
   a. Cisco   b. Javier   c. un hombre misterioso   d. nadie

3. ¿A quién le presenta a Celia Javier antes de la clase?
   a. a Cisco   b. al hombre misterioso   c. a Emilio González   d. a todos los estudiantes

4. ¿Cómo se llama el hombre muy guapo que entra la clase?
   a. A. Menaza   b. Cisco   c. Emilio   d. Javier

5. ¿Por qué está Celia interesada en la identidad de Cisco?
   a. Es muy atractivo.   b. Es periodista.   c. Lo conoce de antes.   d. no se sabe

1-35 ¿Cómo son? Mira las siguientes fotos de los personajes de *Laberinto peligroso*. Según las fotos, ¿cómo es cada personaje? Describe a cada uno físicamente y también da unas características de su personalidad. Usa el vocabulario del **Capítulo 1.**

Celia

_____
_____
_____

Javier

_____
_____
_____

Cisco

_____
_____
_____

Experiential Learning Activities

1-36 La historia de tu familia. Habla con tus parientes sobre la historia de tu familia, y averigua *(find out)* quiénes fueron los primeros en llegar a este país. Si nadie sabe esta información, puedes inventar una persona de una época histórica que te interesa. Imagina que tienes la oportunidad de entrevistar a estas personas. ¿Qué le(s) preguntas? ¿Cómo te describes? ¿Cómo explicas los cambios en la sociedad, sobre todo los relacionados con la tecnología? Escribe tus preguntas y las posibles respuestas en una hoja de papel y luego preséntalas a la clase.

1-37 El año que viene. Imagina que debes decirle a tu familia que has decidido estudiar en el extranjero *(abroad)* durante el año que viene. Tus padres no están de acuerdo con la decisión, entonces tú tienes que convencerles que es importante para tu carrera. Prepárate para la conversación y luego represéntala con unos compañeros de clase.

Native Speaker Ancillary

Lectura

1-38 Tradición y cambio. Lee el siguiente artículo con cuidado. Luego, contesta las preguntas individualmente y comparte tus respuestas con tus compañeros de clase.

En la población hispana se manifiesta un conjunto de herencias—la ibérica, la indígena y la africana, entre otras. Así, conllevamos tantas perspectivas y prácticas tradicionales sin percatarnos muchas veces de su presencia e impacto. Sin embargo, con la llegada de la modernización, muchas de las prácticas de nuestros antepasados ya no tienen tanta importancia en la vida actual. Uno de los problemas que tenemos en el siglo XXI es el de conciliar las dos tendencias opuestas en nosotros: la tradicional y la moderna. Además, el mundo hispano se caracteriza por este conflicto entre la tradición y el cambio, y así somos productos de la tensión entre el pasado y el presente.

Uno de los ejemplos de este cambio de mentalidad hacia las prácticas tradicionales tiene que ver con la *quinceañera,* la celebración de cumplir los quince años y la iniciación de las jóvenes en la vida social. La celebración tradicional con el atuendo típico (con diademas y coronas, grandes aretes, y otras joyas extravagantes) con vals y chambelanes, es considerada como totalmente pasada de moda por muchas chicas mexicanas. Aunque esta celebración encuentra sus raíces en las prácticas de las tribus indígenas, a ellas ya no les interesa la celebración tradicional hoy en día. Muchas chicas tienden a preferir un viaje en lugar de la celebración, o una fiesta más modesta en compañía de sus mejores amigas.

Esta tradición, sin embargo, va perdiendo vigencia rápidamente en las altas esferas de la sociedad más que en los sectores más populares, donde muchas veces se hacen importantes sacrificios económicos por parte de la familia para poder llevar a cabo una celebración inolvidable.

Aunque esta forma de celebrar no ha desparecido por completo, se ha alterado desde el diseño de las invitaciones, que pueden ser más divertidas y modernas que serias y formales, hasta la celebración misma con el famoso brindis llevado a cabo por el papá de la festejada. De todos modos, la chica moderna prefiere evitar que su papá "haga el oso" ante todas sus amistades durante esta parte de la ceremonia. Como todo se graba en video, la chica tendría un recuerdo permanente del episodio; ¡qué horror!

No es decir que las chicas ya no quieran marcar esta etapa importante de su vida, sino que ya no les conviene una práctica de antaño.

1. ¿De qué se trata el fragmento? _____

2. ¿Cómo se celebra una quinceañera tradicional? ¿Tienes experiencia con esta celebración tradicional? Explica.

_____

_____

3. ¿Qué significa "hacer el oso"? Hay otra manera de expresar esto? ¿Por qué no le gusta a la chica moderna que su papá haga el oso?

_____

_____

4. ¿Qué problemas se presentan con la celebración tradicional, para la chica o para la familia?

_____

_____

5. ¿Crees tú que es una buena idea cambiar esta tradición o no? ¿Por qué? ¿Qué problemas pueden surgir dentro de la familia?

_____

_____

Escritura

1-39 La fiesta de Maribel. Como se podrá imaginar, habrá un conflicto entre los que prefieren mantener la tradición y los que optan por la modernización. En cuanto a la tradición de la quinceañera, por ejemplo, puede que haya una brecha entre padres e hijas, especialmente si a éstas les gusta la idea de festejar sus quince años con una excursión con sus amigas en lugar de tener una ceremonia tradicional.

Imagina que tus tíos quieren organizar una celebración tradicional y lujosa para tu prima, Maribel. A ella no le gusta la idea de una celebración tradicional con corte de honor, valses, tiara y todo lo que trae consigo la tradición. Sin embargo, van a dejar que Maribel tome la decisión en cuanto a la celebración de sus quince con tal de que lo haya pensado bien. Tendrá que demostrar que un viaje/una excursión es la mejor decisión para toda la familia.

Ayúdale a Maribel a redactar una carta dirigida a sus padres. Organiza tus ideas con una columna de ventajas y otra de desventajas en cuanto a la celebración tradicional. Después de enumerar tu listado, escribe una carta incorporando todas las ideas.

Ceremonia tradicional:

VENTAJAS	DESVENTAJAS
MODELO *es parte de la cultura hispana*	*cuesta mucho dinero*
1. _____	1. _____
2. _____	2. _____
3. _____	3. _____
4. _____	4. _____
5. _____	5. _____

_____

_____

_____

_____

_____

_____

_____

Un paso más

En España, por tradición, han existido algunas formas de hablar no muy normativas. Una de estas características del habla incluye *el leísmo* masculino. *El leísmo* es un fenómeno interesante y principalmente peninsular. Históricamente el uso de **le** reemplazaba el pronombre **lo (a él)** como complemento directo. Se utilizaba para mostrar respeto como en "Le vi a él ayer." Sin embargo, en las zonas cercanas al vasco, se ha documentado un leísmo femenino, un fenómeno que sería bastante atípico; es decir que se puede escuchar "Le vi a Pilar" en lugar de "La vi a Pilar".

¿Has escuchado alguna vez el *leísmo*? ¿Qué otros fenómenos del habla castellana conoces tú?

Refranes

1-40 Refranes sobre la familia. En español existen muchos refranes que se relacionan con la familia. Por ejemplo, los tres refranes que siguen van de la mano en cuanto al mensaje que subyace en ellos. Lee cada refrán y haz un análisis de ellos siguiendo las pautas a continuación:

- ¿Qué significa cada uno? ¿Qué relación tiene con el tema de la familia?
- ¿Cómo se asemejan y cómo se diferencian?
- ¿Tiene significado o importancia el lenguaje?
- ¿Hay uno que tiene más aplicación en tu vida?
- ¿Habrás escuchado uno de ellos en las conversaciones de tus familiares? ¿En la tele?

1. "De tal palo, tal astilla."

_____
_____
_____

2. "Hijo de tigre sale rayado."

_____
_____
_____

3. "Las semillas no caen lejos del árbol."

_____
_____
_____

Activities for *Letras*: **Literary Reader**
for *¡Anda! Curso intermedio*

1-41 Letras: Julia de Burgos. Después de leer la biografía de Julia de Burgos y su poema, indica si las siguientes oraciones son **Ciertas** o **Falsas** o si **No se dice** en la lectura.

1. Julia de Burgos es de España. Cierto Falso No se dice.

2. Julia de Burgos estudió psicología en la universidad. Cierto Falso No se dice.

3. Julia de Burgos se divorció dos veces. Cierto Falso No se dice.

4. Julia de Burgos causó un escándalo cuando vivió con su amante sin casarse con él. Cierto Falso No se dice.

5. Julia de Burgos es activista política. Cierto Falso No se dice.

1-42 Letras: Términos literarios. Antes de leer el poema de Julia de Burgos, aprendiste algunos términos literarios. Asocia cada término con su descripción.

1. _____ el apóstrofe
2. _____ la estrofa
3. _____ el lenguaje figurado
4. _____ el verso

a. algunos ejemplos son la metáfora, el simil y la personificación
b. una línea de un poema
c. cuando un autor usa tú, vosotros, ustedes o usted para hablar directamente con algo o alguien
d. una sección de un poema

1-43 Letras: Un poema. Imagina que quieres escribir un poema como *A Julia de Burgos* desde el punto de vista del Dr. Jekyll, Clark Kent, Peter Parker u otra persona/otro personaje que tiene un *alter ego*. Piensa en la estrategia de hacer un mapa para organizar tus ideas. Después, escribe un párrafo que describa tu mapa y explica por qué decides incluir los datos (*facts*) en el mapa.

_____
_____
_____
_____
_____
_____
_____

Nombre: _____ Fecha: _____

_____

_____

_____

_____

_____

_____

_____

2

El tiempo libre

Tu amiga, Monique, está chiflada por (*has a crush on*) Ricardo García, un futbolista mexicano que juega con el equipo de fútbol profesional local. Ricardo ha vuelto a la universidad porque le faltan tres clases para terminar su título (*degree*). Monique no sabe mucho español, y aunque Ricardo habla inglés perfectamente bien, ella quiere impresionarlo. Monique te pide tu ayuda, y en este capítulo la vas a ayudar.

1. Algunos deportes (Textbook p. 68)

2-1 Los deportes. Monique no sabe mucho sobre los deportes, ¡especialmente cómo hablar de ellos en español! Ayúdala a completar esta actividad asociando la palabra apropiada con cada definición.

1. _____ to bowl   a. el árbitro

2. _____ to box   b. boxear

3. _____ court   c. el campo

4. _____ field   d. la cancha

5. _____ helmet   e. el casco

6. _____ referee   f. el empate

7. _____ rowing   g. jugar al boliche

8. _____ skates   h. los patines

9. _____ to skateboard   i. patinar en monopatín

10. _____ tie   j. el remo

2-2 El gimnasio nuevo. Sugieres que Monique escuche una emisora de radio en español para practicar su comprensión. Ustedes escuchan un anuncio para un gimnasio nuevo, *¡En forma!*. Escoge la mejor respuesta para cada pregunta.

1. ¿Qué **no** menciona el anuncio?
   a. tener un cuerpo mejor
   b. perder peso
   c. comprar ropa nueva
   d. entrenar

2. ¿Qué puedes hacer en *¡En forma!*?
   a. levantar pesas
   b. caminar
   c. practicar artes marciales
   d. *a, b y c*

3. ¿Cuándo está cerrado *¡En forma!*?
   a. los domingos
   b. después de las 10 de la noche
   c. los fines de semana
   d. nunca

4. ¿Qué recibes si mencionas el anuncio?
   a. una semana gratis
   b. un entrenador que habla español
   c. una clase de pilates
   d. *a, b y c*

5. ¿Cuál es el número de teléfono de *¡En forma!*?
   a. ENFORMA
   b. 363-6762
   c. 373-6772
   d. *a y b*

2-3 Palabras importantes. Ahora vuelve a escuchar el anuncio otra vez y llena los espacios con las palabras correctas del vocabulario.

¿Quieres tener un cuerpo mejor? ¿Perder peso? ¿Tener más energía? ¿(1) _____

para una (2) _____? Entonces, nuestro nuevo gimnasio *¡En forma!* es para ti.

¡En forma! ofrece todo el (3) _____ (4) _____

necesario para ayudarte en realizar tus metas. Puedes (5) _____

(6) _____ usando nuestras máquinas de último modelo, o puedes caminar

o correr en nuestra (7) _____ cubierta. También ofrecemos clases de

aeróbicos, (8) _____ (9) _____, yoga y pilates.

¡En forma! está abierto 24 horas, toda la semana, para tu conveniencia, y claro que tenemos

(10) _____ que hablan español. ¡No esperes! ¡Hazte socio de *¡En forma!* hoy!

Llama a 363-6762. Menciona este anuncio para recibir una semana gratis. Otra vez, el número es

363-6762 o E-N-F-O-R-M-A.

Repaso

Los mandatos formales e informales (TEXTBOOK P. 70)

2-4 Consejos para Monique. Monique quiere invitar a Ricardo a una fiesta que su hermandad (*sorority*) tiene el próximo mes. Ella está muy nerviosa, y no sabe cómo acercarse a Ricardo. Llena el espacio con el mandato informal correcto. Sigue el modelo con cuidado, usando solo las palabras subrayadas.

MODELO   **Monique:** Ricardo y yo tenemos la misma clase de biología. Pero ¡<u>no puedo hablar con él</u> después de la clase! ¡Tengo miedo!

           Tú: *Habla con él.*

1. **Monique:** Encontré el número de teléfono de Ricardo en la guía telefónica (*phone directory*), pero ¡<u>no puedo llamarlo</u>! ¡Estoy avergonzada!

   Tú: _____.

2. **Monique:** Ricardo también está en mi clase de inglés, pero ¡<u>no puedo sentarme a su lado</u>! ¡Es demasiado obvio!

   Tú: _____.

3. **Monique:** Mira… ¡Ricardo está aquí en la cafetería! <u>No puedo ir a su mesa</u> para saludarlo. ¡Estoy nerviosa!

   Tú: _____.

4. **Monique:** Conozco a uno de los amigos de Ricardo, pero, ¡<u>no puedo decirle</u> de mi problema! ¡Estoy asustada!

   Tú: _____.

5. **Monique:** No sé si debo invitar a Ricardo a la fiesta. <u>No puedo hacer una decisión</u>. ¡Estoy confundida!

   Tú: _____.

2-5 Más sugerencias para Monique. En actividad **2-4,** le diste unos mandatos informales afirmativos a Monique. Ahora, dale **cinco** mandatos informales **negativos** sobre su problema. Responde oralmente.

MODELO   *No estés nerviosa.*

2-6 Una crítica de fútbol. Después de hablar sobre Ricardo, Monique y tú leen una crítica del equipo de fútbol en un periódico local. Lee la crítica, y luego indica si las oraciones son **Ciertas** o **Falsas** o si **No se dice.**

El futuro de los Tigres
Carlos Beltrán

No sé si han ido a un partido de fútbol profesional recientemente, pero para mí es obvio que los Tigres necesitan volver a la selva. Aunque han ganado los dos últimos partidos, de veras juegan como si no tuvieran ninguna estrategia, y no trabajan juntos. Quizás el peor jugador sea Memo Fernández, el portero (*goalie*), y el sueño de los goleadores por su torpeza (*clumsiness*). Su actuación (*performance*) en los dos últimos partidos fue pura suerte. Y el centrocampista (*midfielder*) defensivo, Ricardo García, es sólo un poco mejor. A veces parece como si García jugara al fútbol norteamericano, no al "*soccer*", especialmente en el último partido contra las Tortugas. Espero que en el próximo partido este martes contra los Diablos sus "Ángeles de la Guarda" cuiden a los Tigres. Puede ser su última oportunidad para la salvación durante esta temporada (*season*).

1. Sobretodo, la crítica dice cosas positivas de los Tigres.   Cierto   Falso   No se dice.

2. Beltrán implica que Memo no tiene talento, sino suerte.   Cierto   Falso   No se dice.

3. Ricardo jugó mal en el partido contra las Tortugas.   Cierto   Falso   No se dice.

4. Los Diablos son de otro estado.   Cierto   Falso   No se dice.

5. Beltrán se siente optimista sobre el resultado del partido
   que viene el martes.   Cierto   Falso   No se dice.

2-7 Una respuesta. Monique quiere escribirle una carta al director (*letter to the editor*) del periódico que publicó la crítica sobre los Tigres. Ayúdala poniendo los verbos entre paréntesis en la forma de un mandato formal en el singular (usted).

Querido Director,

Quiero responder al artículo que el Sr. Beltrán escribió sobre los Tigres. La crítica que él escribió

no fue justo. Sé que el equipo ha tenido algunos problemas durante la temporada, pero los

comentarios del Sr. Beltrán no fueron apropiados. Sr. Beltrán, (1. saber) _____

que usted no tiene razón en cuanto a los Tigres. El equipo sí tiene una estrategia, pero tiene

unos jugadores nuevos este año. No (2. decir) _____ cosas personales

sobre los jugadores individuales. No son sólo futbolistas, sino personas con sentimientos. (3. venir)

_____ al partido el martes para conocer mejor a los jugadores. Aunque

escribe de ellos en su artículo, usted no los ha visto jugar en ningún partido. ¿Dónde obtiene usted su

información? Después del partido, (4. hablar) _____ con los miembros del

equipo y con sus aficionados. Entonces usted verá que muchas personas creen que tienen talento y

que juegan bien. Finalmente, como parece que usted sabe jugar mejor que ellos, (5. jugar)

_____ con el equipo durante una práctica. Quizás usted pueda enseñarles

algo nuevo.

Atentamente,

Monique Jordan

2-8 Ser mandón/mandona (*bossy*). Como ya has ayudado a Monique con su carta, quieres darles mandatos a otras personas más importantes que el Sr. Beltrán. Escribe un mandato formal positivo (+) y un mandato formal negativo (−) para las siguientes personas.

1. Tu profesor/a de español:

    + _____

    − _____

2. El presidente de tu universidad:

    + _____

    − _____

3. El presidente de los Estados Unidos:

+ _____

− _____

4. Tu celebridad favorita:

+ _____

− _____

5. Tu jefe/jefa (o tu futuro/a jefe/jefa, si no trabajas ahora):

+ _____

− _____

2-9 Recomendaciones. A causa de la carta que Monique escribió, Ricardo la invita a tomar un café el próximo lunes después de su clase de inglés. Monique te pide tus recomendaciones para su primera cita con Ricardo. Escribe mandatos formales plurales (ustedes) con los verbos siguientes. Sigue el modelo con cuidado, y escribe la frase entera en tu respuesta.

MODELO   hablar sobre la política (−)

No hablen sobre la política.

1. hablar sobre sus clases (+)   4. contar chistes (*jokes*) tontos (−)

_____   _____

2. contestar el teléfono celular (−)   5. sonreír mucho (+)

_____   _____

3. coquetear (*flirt*) con otras personas (−)   6. hacer planes para otra cita (+)

_____   _____

2-10 Más recomendaciones. Cuando llama por teléfono, Chema, el hermano mayor de Ricardo, le da algunos consejos a Ricardo sobre su primera cita con Monique, y también le da algunos consejos sobre el fútbol. Escucha su mensaje y selecciona todos los verbos que él utiliza para formar sus mandatos.

ir	mirar	saber	estudiar	hablar
ser	escuchar	tener	divertirse	decir

Nombre: _____ Fecha: _____

2. Los mandatos de *nosotros/as* (TEXTBOOK P. 74)

2-11 Un domingo tranquilo. Ricardo todavía está deprimido sobre el artículo del Sr. Beltrán. Memo piensa en algunas actividades que pueden hacer el domingo para animarlo. Escribe las oraciones de nuevo usando un mandato de nosotros.

MODELO   Vamos a escuchar música.

        Escuchemos música.

1. Vamos a comer en un restaurante mexicano.

_____

2. Vamos a mirar una película de acción.

_____

3. Vamos a jugar videojuegos.

_____

4. Vamos a tirar un platillo volador.

_____

5. Vamos a pescar en el río.

_____

2-12 Tus planes. Estás inspirado/a por los planes que Memo y Ricardo hacen. Haz tus propios planes para el próximo fin de semana con tu mejor amigo/a, usando **mandatos de nosotros**. Usa el vocabulario del **Capítulo 2**.

MODELO   *Corramos en el campo de fútbol el sábado.*

1. _____
2. _____
3. _____
4. _____
5. _____

Capítulo 2 El tiempo libre **57**

Notas culturales

La Vuelta al Táchira (TEXTBOOK P. 77)

2-13 La Vuelta al Táchira. Tú y Monique miran un programa de televisión sobre La Vuelta al Táchira porque Monique quiere aprender aún más sobre los deportes. Indica si las siguientes oraciones son **Ciertas** o **Falsas** o si **No se dice** según la lectura en el libro de texto.

1. La Vuelta al Táchira tiene que ver con (*has to do with*) montar en bicicleta.   Cierto   Falso   No se dice.

2. Este evento ocurre en Estados Unidos.   Cierto   Falso   No se dice.

3. La distancia de la competencia es muy corta.   Cierto   Falso   No se dice.

4. La competencia sólo dura por 2 días.   Cierto   Falso   No se dice.

5. Hay rivalidad entre los ecuatorianos y los venezolanos.   Cierto   Falso   No se dice.

6. Es una competencia bastante tranquila y, en general, aburrida.   Cierto   Falso   No se dice.

Escucha (TEXTBOOK P. 79)

2-14 Antes de escuchar. Monique quiere hablar con Ricardo sobre varios deportes y pasatiempos. Antes de escucharla, mira los dibujos. Según lo que ya sabes de Monique y de Ricardo, explica oralmente si es probable que ella hable de cada tema o no.

MODELO

No es probable, porque Ricardo juega al fútbol, no al baloncesto.

1. ...

2. ...

3. ...

4. ...

5. ...

6. ...

7. ...

2-15 Más preparación para escuchar. Lee las oraciones siguientes y después escucha a Monique.

1. ¿Qué oración mejor describe el tema de su monólogo?

a. A Monique le gusta el fútbol americano un poco, pero no le gustan los deportes en general.

b. El fútbol americano es mejor que el fútbol del resto del mundo.

c. El fútbol americano es el deporte favorito de Monique, y su equipo favorito es los Broncos.

d. A Monique le gustan muchos equipos diferentes de fútbol americano; es difícil decir cuál es su favorito.

 2-16 Para conversar. Monique quiere hablar del fútbol americano en español durante su cita con Ricardo. Escucha otra vez lo que dice, e indica si las oraciones son **Ciertas** o **Falsas** o si **No se dice.**

1. Monique dice que el fútbol americano no es peligroso.	Cierto	Falso	No se dice.
2. El hermano de Monique va a jugar con la Liga Nacional de Fútbol Americano después de terminar sus estudios.	Cierto	Falso	No se dice.
3. Hay personas en la familia de Monique que jugaron fútbol americano para sus escuelas.	Cierto	Falso	No se dice.
4. Monique prefiere mirar los partidos profesionales.	Cierto	Falso	No se dice.
5. Según (*according to*) Monique, John Elway se jubiló en 1989.	Cierto	Falso	No se dice
6. Un equipo que no le gusta a Monique es los Bears.	Cierto	Falso	No se dice.
7. Uno de los colores favoritos de Monique es el anaranjado.	Cierto	Falso	No se dice.

Nombre: _____ Fecha: _____

2-17 Después de escuchar: ¿Cuál es tu deporte favorito? Ahora sabemos que a Monique le gusta el fútbol americano. Escribe un párrafo de **cinco a siete** oraciones que describa tu deporte favorito. ¿Por qué te gusta este deporte? ¿Quiénes son unos de los jugadores más conocidos? Antes de escribir, describe el mapa que harías (*you would make*) para organizar tus ideas.

Mapa:

_____

_____

_____

_____

_____

_____

_____

Párrafo:

_____

_____

_____

_____

_____

_____

_____

_____

3. Algunos pasatiempos (TEXTBOOK P. 81)

2-18 Al café. Ricardo y Monique van al café después de su clase de inglés para conocerse mejor. Lee su conversación y complétala con las palabras apropiadas.

Ricardo: Bueno, Monique, yo te conozco un poco de nuestras clases de inglés y biología, pero dime algo más de ti. ¿Qué te gusta hacer en tu tiempo libre?

Monique: Me gusta estar afuera. Por ejemplo, cuando visitamos las montañas de Carolina del Norte, mi familia y yo (1. buceamos / tejemos/ vamos de camping). Mis padres tienen una tienda de campaña (*tent*) grande para ellos, y mi hermana y yo compartimos otra.

Ricardo: ¿Qué más hacen ustedes en las montañas?

Monique: Pues, mi padre es un (2. entrenador / excursionista / resultado) muy bueno. Creo que él ha explorado todos los caminos de las montañas que visitamos. Le gusta mucho caminar. También mi hermana y yo (3. jugamos a las damas / peleamos / pescamos). Un día volvimos a nuestro campamento con diez truchas (*trout*) muy grandes. Comimos mucho pescado esa noche.

Ricardo: ¡Caramba! ¡No me digas!

Monique: Sí, es verdad. A veces nosotros alquilamos (*rent*) una cabaña. Es bueno porque a veces llueve y es más cómoda que una tienda de campaña. Si llueve, nosotros jugamos a las cartas o (4. al boliche / a las damas / al póquer). Me gusta jugar con las piezas negras, no con las rojas. No sé por qué. Mi padre es el (5. atleta / campeón / empate); siempre gana. Mi madre normalmente (6. bucea / lee / teje). A ella le gusta darles suéteres y calcetines a sus sobrinos para la Navidad. A mi hermana le gusta (7. coser / leer libros de espías / pintar). Su autor favorito es Tom Clancy.

Ricardo: Me gustan sus libros también. Hay playas en Carolina del Norte, también, ¿verdad?

Monique: Sí. Carolina del Norte está en la costa. Normalmente, vamos de vacaciones a las montañas, pero hemos visitado la costa también. Me gusta (8. bucear / cazar / pelear) en el océano—puedo ver muchos peces de varios colores. A mi padre le gusta (9. bucear / pasear en barco / tirar un platillo volador) en la playa con nuestro perro, Checkers. A veces, mi padre y yo alquilamos un barco de vela para (10. pasear / pelear / pintar). Mi hermana y mi madre toman el sol.

Ricardo: Me parece que tienes una familia amable, Monique.

2-19 El crucigrama. Mientras esperas una llamada de Monique para escuchar todos los detalles de su primera cita con Ricardo, haces el crucigrama del periódico en español.

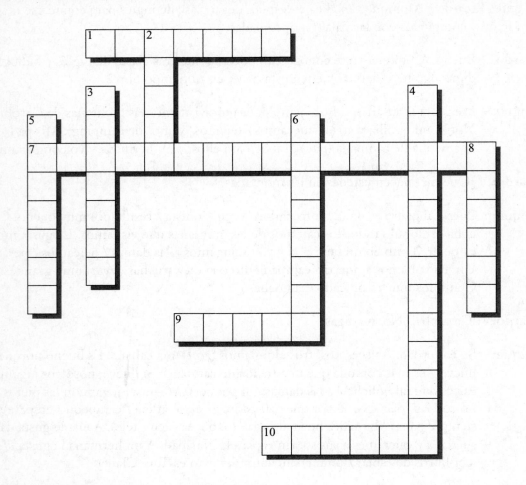

1. Lo que se hace para hacer la casa más bonita

2. Lo que se hace para hacer ropa, cortinas, etc.

3. Correr: "hacer _____"

4. Lo que se hace en Las Vegas, o en casa.

5. Es semejante a las damas.

6. Lo que se hace en un blog.

7. Una actividad que les gusta mucho a los niños.

8. Algo que se puede coleccionar

9. Lo que se hace para hacer suéteres, gorras, y bufandas

10. Lo que hace un pintor.

Repaso

El subjuntivo (TEXTBOOK P. 82)

2-20 Monique. Después de su cita, Ricardo habla con Memo sobre Monique. Llena los espacios con el verbo apropiado en el presente del subjuntivo. Debes usar cada verbo una vez.

escriba	hables	invite	llames	pida	quiera	salga	vayan

Memo: Oye, Ricardo. ¿Qué tal la cita con Monique?

Ricardo: Excelente. Es una chica muy linda… ojalá que ella (1) _____

conmigo otra vez.

Memo: Tal vez ella te (2) _____ a la fiesta de su hermandad.

Ricardo: No sé. Es posible que ella no (3) _____ volver a verme. Soy

tan tonto en las primeras citas.

Memo: No lo creo. Eres un tipo muy bueno. Es importante que tú (4) _____

con ella pronto o va a pensar que no estás interesado en ella.

Ricardo: Quizás yo le (5) _____ un e-mail ahora.

Memo: Es mejor que tú la (6) _____ por teléfono. Es más personal.

Ricardo: Tienes razón. Tal vez yo le (7) _____ salir el viernes. ¿Qué te parece?

Memo: Es bueno que ustedes (8) _____ este fin de semana. ¡No tenemos

un partido de fútbol!

2-21 El secreto. Memo te dice que Ricardo va a llamar a Monique para invitarla a salir el viernes. Tú estás muy emocionado/a por tu amiga Monique. Responde oralmente a Memo usando el presente del subjuntivo para describir tus reacciones. Usa expresiones como *quizás*, *tal vez*, *ojalá que*, *es raro que*, *es posible que*, *es mejor que* y *es bueno que*.

MODELO *Es bueno que Ricardo llame a Monique.*

4. El subjuntivo para expresar pedidos (*requests*), mandatos y deseos (TEXTBOOK P. 86)

2-22 Unas ideas. Ricardo ha invitado a Monique a salir el viernes que viene. No sabe qué hacer en la cita y le pide consejos de su hermano mayor, Chema. Completa su diálogo con la forma correcta de los verbos en el presente del subjuntivo.

Ricardo: No sé qué debo planear para mi cita con Monique. Quiero que nosotros (1. hacer)

_____ unas actividades afuera, porque a ella le gustan esas cosas.

Chema: Espero que tú no (2. planear) _____ demasiadas actividades. Es

mejor que tu cita (3. ser) _____ sencilla, pero elegante.

Ricardo: Buena idea. Bueno, deseo que ella (4. divertirse) _____ y que

también (5. sentirse) _____ especial. ¿Recomiendas que yo la

(6. llevar) _____ al restaurante Nina Divina?

Chema: Sí, te aconsejo que ustedes (7. ir) _____ allí; es un restaurante

muy bueno. También, si hace buen tiempo, pueden comer afuera.

Ricardo: Y después podemos pasear por el río y hablar. Es bueno que el restaurante (8. estar)

_____ cerca del río. Hay un camino muy bonito allí.

Chema: Y ¿qué pasa si llueve? Sugiero que tú (9. tener) _____ un plan

adicional.

Ricardo: Bueno, en ese caso, yo propongo que nosotros (10. jugar) _____

al boliche si llueve. ¿Qué te parece?

Chema: Va a ser una cita perfecta.

Perfiles (TEXTBOOK P. 90)

2-23 Perfiles. Monique quiere aprender más sobre algunos deportistas latinos. Ayúdala compartiendo la información que aprendiste en la sección *Perfiles* del **Capítulo 2** del libro de texto. Asocia las personas con las palabras o frases siguientes que mejor las describen.

1. _____ el beísbol
2. _____ el fútbol
3. _____ el ajedrez
4. _____ Minnesota Twins
5. _____ Torneo Internacional Capablanca in Memoriam
6. _____ argentino
7. _____ venezolano
8. _____ cubano
9. _____ Barcelona
10. _____ lanzador zurdo

a. Johan Alexander Santana Araque
b. José Raúl Capablanca
c. Lionel Messi

2-24 ¿Quién te interesa más? ¿Cuál de los tres deportistas de *Perfiles* te interesa más? ¿Por qué? Responde oralmente.

¡Conversemos!

Expressing pardon, requesting clarification, and checking comprehension (TEXTBOOK P. 92)

2-25 Práctica para la cita. Como sabes, Monique y Ricardo tienen una cita el viernes. Monique quiere hablar con él en español lo más posible, pero necesita tu ayuda con algunas expresiones. Ayúdala a escoger la definición más precisa para cada expresión.

1. _____ ¿Cómo?
2. _____ Con permiso...
3. _____ Disculpa.
4. _____ Perdón.
5. _____ ¿Qué dijiste?
6. _____ ¿Qué significa...?
7. _____ Repita, por favor.

a. Excuse me.
b. Pardon.
c. Repeat, please.
d. What?
e. What did you say?
f. What does... mean?
g. With your permission...

2-26 Más preparación. Monique sabe que el futbolista favorito de Ricardo es Rafael Márquez Álvarez. Entonces, ella quiere aprender más sobre él para poder conversar mejor con Ricardo. Lee el artículo que Monique encontró en el Internet y completa las oraciones con la información correcta.

Rafael Márquez Álvarez nació el 13 de febrero de 1979 en Zamora, Michoacán, México. En 1996, cuando tenía 17 años, empezó a jugar fútbol para el equipo Atlas de Guadalajara. Rafael, mejor conocido como "Rafa", tuvo mucho éxito con este equipo. A causa de su talento y su flexibilidad, el AS Monaco FC, un equipo de fútbol que juega en la liga francesa, lo contrató en 1999. Con su ayuda, el club ganó el campeonato francés. Rafa jugó para Monaco por 4 años, y después fue contratado por el FC Barcelona. El 17 de mayo de 2006, Rafa fue el primer futbolista mexicano que ganó un campeonato europeo. Además de jugar para el club de Barcelona, Rafa es el capitán del equipo nacional de México. Ha sido una inspiración para muchos jóvenes de su país y de todo el mundo.

1. Rafael Márquez Álvarez es de _____.

2. Su apodo (*nickname*) es _____.

3. Su cumpleaños es el _____ de 1979.

4. Empezó a jugar en España en el año _____.

5. Tiene el papel de _____ en el equipo nacional de México.

6. En 2006, él ganó _____.

Escribe

Process writing (Part 2): Linking words (Textbook p. 94)

2-27 Oraciones complejas. Todas estas conversaciones sobre las citas románticas te han hecho pensar en la cita de tus sueños. Decides escribir en tu blog sobre este tema. ¿Recuerdas las palabras que te ayudan a formar oraciones complejas? Asocia cada palabra en inglés con la palabra correspondiente en español.

1. _____ así   a. and

2. _____ cuando   b. because

3. _____ o   c. but

4. _____ pero   d. or

5. _____ porque   e. since

6. _____ pues   f. that

7. _____ que   g. thus

8. _____ quien   h. when

9. _____ y   i. who

2-28 Una lista. Para organizar tus ideas, decides escribir una lista de oraciones sencillas que describen lo que quieres mencionar sobre la cita de tus sueños. Haz la lista, e indica cuáles oraciones se pueden combinar con algunas palabras de **2-27.**

_____

_____

_____

_____

_____

2-29 La cita de tus sueños. Ya sabes lo que Ricardo ha planeado para su cita con Monique. Escribe una entrada de **siete a diez** oraciones para tu blog en que describes la cita de tus sueños. ¿Cómo es? ¿Qué actividades quieres hacer? ¿Adónde vas? Usa el vocabulario del capítulo y da algunos ejemplos del presente del subjuntivo.

_____

_____

_____

_____

_____

_____

_____

_____

_____

_____

Vistazo cultural (TEXTBOOK P. 96)

2-30 Vistazo cultural. Monique y tú hacen una investigación sobre México, porque es el país de origen de Ricardo. Tú compartes con ella la información que aprendiste en la sección *Vistazo cultural* del **Capítulo 2** del libro de texto. Empareja las palabras de la columna de la izquierda con las de la columna de la derecha.

1. _____ La artesanía   a. las alebrijes

2. _____ El Parque Chapultepec   b. el buceo

3. _____ Los juegos olímpicos de 1968   c. el clavadismo

4. _____ La lucha libre   d. las máscaras

5. _____ Cozumel   e. el Museo Nacional de Historia

6. _____ La Quebrada   f. punto de controversia

7. _____ Xochimilco   g. las trajineras

Pues, ¡felicidades! Lo has hecho otra vez. La cita de Monique y Ricardo el viernes fue fenomenal. Con tu ayuda, Monique no sólo tiene un nuevo amigo para invitar a la fiesta, sino parece que ha encontrado a su príncipe azul (*Prince Charming*) también. En Monique Ricardo ha encontrado a una chica muy buena que puede ser su novia y su mejor amiga a la vez. ¡Gracias!

Laberinto peligroso

Episodio 2

2-31 Antes de leer. Después de hacer la actividad **2-41** en el libro de texto, contesta la siguiente pregunta.

1. ¿Cuál de los títulos es más apropiado para el diálogo entre Celia y Javier?

a. Deportes extremos

b. Escalar montañas

c. Hablar de personas y preferencias

d. El amor en la tienda deportiva

Nombre: _____ Fecha: _____

2-32 Despúes de mirar el video. Indica si las oraciones siguientes son **Ciertas** o **Falsas** o si **No se dice.**

1. A Javier no le gusta correr.   Cierto   Falso   No se dice.

2. Celia cree que utilizar una bicicleta es bueno para el medio   Cierto   Falso   No se dice.
   ambiente.

3. Celia y Javier van a las montañas el próximo fin de semana.   Cierto   Falso   No se dice.

4. La conferencia es sobre las plantas y la comida saludable.   Cierto   Falso   No se dice.

5. Celia y Cisco comen frutas en la conferencia.   Cierto   Falso   No se dice.

6. Celia se enferma al final del episodio.   Cierto   Falso   No se dice.

2-33 ¿Qué actividad es? Después de mirar el episodio, mira la siguiente foto y contesta las preguntas.

1. ¿De qué actividad o deporte hablan Celia y Javier? ¿Participas en esta actividad o practicas este deporte? ¿Por qué? ¿Por qué no?

   _____

   _____

   _____

   _____

2. Celia y Javier quieren tener una vida más saludable por eso son activos y comer mejor. Dales tres recomendaciones, usando el subjuntivo.

   Quiero que _____.

   Recomiendo que _____.

   Es importante que _____.

Experiential Learning Activities

2-34 Un deporte. Investiga un deporte mencionado en el **Capítulo 2** del libro de texto, y explica a tus compañeros de clase cómo se juega. Trabajen en grupos para discutir las reglas.

2-35 Atletas de la universidad. Escoge dos atletas, un hombre y una mujer, de uno de los equipos deportivos de tu universidad. Usa los datos de estas personas para crear tarjetas de colección, y escríbelas en español. Finalmente, entrégales a los atletas las tarjetas que has diseñado.

Service Learning Activity

2-36 Una guía del ocio. Escribe una *Guía del ocio* para tu universidad, y enfócate en las actividades que te interesan. Luego, preséntala a varios clubes y organizaciones de la universidad.

Native Speaker Ancillary

Lectura

2-37 El tiempo libre y lexicón del español—¿deterioro o desarrollo? Lee el siguiente artículo con cuidado. Luego, contesta las preguntas individualmente y comparte tus respuestas con tus compañeros de clase.

Muchas personas, especialmente los jóvenes, pasan el tiempo libre escuchando música, jugando algún deporte (o mirándolo en la tele) o leyendo o enviando algún correo electrónico o mensaje instantáneo. La lectura que anteriormente se llevaba a cabo en la biblioteca con un periódico hecho de papel ahora se hace con una versión electrónica. Además, el vocabulario correspondiente a todos estos pasatiempos muchas veces requiere innovaciones léxicas por su difusión mundial.

Por medio de la computadora, el vocabulario que usamos para hablar de deportes y otras actividades refleja una influencia impactante del inglés en cuanto a las selecciones léxicas. Por ejemplo, en cuanto al léxico deportivo tenemos la palabra *jonrón* en lugar de "cuadrangular" y *golero* para "portero". Ahora la gente manda un *e-mail* en lugar de un "correo electrónico", y la tecnología ha afectado hasta las formas verbales de *emailear* y *hacer clic*. Seguramente, la tecnología ha evolucionado más rápido que nuestros términos para describir el mismo fenómeno. El español tiende a acoger este vocabulario nuevo y alterarlo para que conforme a la pronunciación y ortografía normativas del mismo. Por ende, cuando queremos pasarlo en grande, muchas veces dependemos de un vocabulario que algunos consideran como un deterioro de la lengua en lugar de un desarrollo lingüístico especialmente cuando hay una palabra adecuada preexistente en la lengua.

1. ¿Qué cambios se han realizado últimamente en cuanto a los pasatiempos?

_____

_____

2. ¿A qué se debe este "deterioro" de la lengua?

_____

_____

3. ¿Cuáles son algunos términos que quedan afectados por el impacto del inglés?

_____

_____

4. ¿Crees que estas innovaciones léxicas representen un deterioro de la lengua? Explica.

_____

_____

5. Piensa en algunos de tus pasatiempos favoritos. ¿Qué innovaciones léxicas existen para describir estas actividades?

_____

_____

Escritura

2-38 Tu bosquejo. En la actividad que sigue, vamos a pulir nuestra habilidad para describir y, por ende, tú vas a hacer una investigación y recopilación de datos para tu ensayo. Primero, haz una lista de los deportes más populares que se practican en tu universidad. Luego, selecciona dos o tres deportes de la lista que más te interesen para crear un folleto. Este folleto va a servir para atraer a atletas jóvenes de diversas regiones a tu universidad. El propósito de la información provista en el folleto es el de convencerles que acudan a tu universidad en lugar de a alguna otra, entonces trata de incorporar vocabulario muy positivo e interesante. Escribe un párrafo para cada deporte seleccionado.

Organiza tu bosquejo de esta manera y luego intercala estos datos con otros en la descripción.

DEPORTE: **BENEFICIOS:**   **ESTACIÓN DEL AÑO:**

_____   _____   _____

_____   _____   _____

_____   _____   _____

_____

_____

_____

_____

_____

_____

_____

_____

_____

_____

_____

Un paso más

El fútbol

Ya aprendimos que los deportes, especialmente el béisbol, fútbol y tenis, son pasatiempos muy importantes en el mundo hispano. El béisbol tiene mucha importancia en el Caribe y el fútbol es el deporte de más importancia cultural en los países de Sudamérica. Los chilenos están locos por el fútbol y esto ha impactado el lexicón deportivo. Todo aficionado del fútbol conoce el refrán "hacer el chileno" que se refiere a una patada especial aunque algún jugador mexicano o ecuatoriano la haya llevado a cabo. Entonces, se escucha muchas veces "e ¡hizo el chileno!" y se entiende exactamente a qué técnica se refiere. Este tipo de expresión demuestra el impacto internacional que ha aportado la cultura chilena en el deporte.

Refranes

2-39 La situación de Celia. Leíste la entrega del diario de Celia al principio de este capítulo en la que ella comenta acerca de su falta de interés por hacer ejercicio físico. A continuación se encuentran algunos refranes que se relacionan con el problema, o la falta de interés, que aflige a Celia. Explica el significado de cada uno en base a la situación de Celia. ¿Hay algunos que son más pertinentes que otros? ¿Por qué? ¿Has escuchado estos refranes? ¿En qué contextos?

1. "Tiempo malgastado, nunca recobrado."

   _____

   _____

2. "No lograrás el éxito esperándolo sentado en una silla."

   _____

   _____

3. "Pájaro tempranero atrapa gusano."

   _____

   _____

4. "Más vale un hoy que dos mañanas."

   _____

   _____

Activities for *Letras*: **Literary Reader for**
¡Anda! Curso intermedio

2-40 Letras: Eduardo Galeano. En esta sección de *Letras,* leíste sobre Eduardo Galeano. Selecciona todas las oraciones que son ciertas.

_____ Es español.   _____ Nunca volvió a su país de origen.

_____ Es argentino.   _____ Escribe sobre la política.

_____ Es uruguayo.   _____ Experimenta con formas tradicionales.

_____ Pasó tiempo en la cárcel.   _____ No escribe ficción.

_____ Experimentó dos golpes de estado.   _____ Es periodista.

2-41 Letras: Términos literarios: hipérbole y metáfora. En *Letras,* aprendiste sobre **la hipérbole** y **la metáfora.** Lee las oraciones siguientes e indica si cada oración es un ejemplo de hipérbole o de metáfora.

1. Esta hamburguesa es la mejor hamburguesa que he comido en toda mi vida.   hipérbole   metáfora

2. Mi vida va a terminar si Jaime no me invita a salir.   hipérbole   metáfora

3. Tus ojos son estrellas del cielo.   hipérbole   metáfora

4. La luna es un barco en que podemos pasear por las estrellas.   hipérbole   metáfora

5. La vida es una historia que nosotros escribimos cada día.   hipérbole   metáfora

2-42 Letras: Fragmentos de *El fútbol a sol y sombra y otros escritos.* Escribe un resumen (*summary*) de **dos o tres** oraciones para cada sección de *El fútbol a sol y sombra y otros escritos.*

El prólogo:

_____

_____

El estadio:

_____

_____

_____

El jugador:

_____

_____

_____

El mejor negocio del planeta:

_____

_____

_____

3

Hogar, dulce hogar

En este capítulo, vas a tener la oportunidad de ayudar a unos amigos tuyos—Scott, Jorge, Carmen y Blair—a encontrar un apartamento o una casa para el semestre que viene.

1. Los materiales de la casa y sus alrededores (TEXTBOOK P. 106)

3-1 Palabras necesarias. Para ayudar a tus amigos, especialmente a Jorge y a Carmen, quienes son de España, necesitas repasar el vocabulario. Asocia cada palabra o frase con su definición en inglés.

1. _____ añadir   a. to add

2. _____ el dueño   b. to agree

3. _____ el estanque   c. loan

4. _____ gastar   d. to move

5. _____ mudarse   e. owner

6. _____ el obrero   f. plaster

7. _____ ponerse de acuerdo   g. pond

8. _____ el préstamo   h. to repair

9. _____ reparar   i. to spend

10. _____ el yeso   j. worker

3-2 Una conversación. Blair, Carmen, Jorge y Scott conversan sobre sus planes para alquilar un apartamento o una casa. Escucha su conversación y selecciona todas las palabras que oigas.

acera	azulejo	componer	guardar	préstamo
alquilar	cerca	cuadra	hipoteca	presupuesto
alquiler	césped	estanque	ladrillo	quemar
añadir	comparar	factura	manguera	

3-3 Otra vez. Ahora, vuelve a escuchar la conversación de los amigos e indica si las siguientes oraciones son **Ciertas** o **Falsas** o si **No se dice.**

1. Los padres de Blair han vivido en muchos lugares.   Cierto   Falso   No se dice.

2. Carmen es una mujer independiente.   Cierto   Falso   No se dice.

3. Carmen tiene mucha experiencia en cuanto a alquilar
   un apartamento en los Estados Unidos.   Cierto   Falso   No se dice.

4. Scott trabajó con el gobierno además de servir en
   el ejército.   Cierto   Falso   No se dice.

5. Jorge es más como Blair en cuanto a su edad y
   sus experiencias.   Cierto   Falso   No se dice.

Repaso

El pretérito: verbos con cambios de raíz y otros verbos irregulares (Textbook p. 107)

3-4 El agente de bienes raíces. Carmen y Scott van a hablar con un agente de bienes raíces (*real estate*) para pedir ayuda en su búsqueda. Luego, hablan con Blair y Jorge sobre su experiencia. Llena los espacios con el verbo correcto en el pretérito.

buscamos	comenzó	se construyeron	se durmió
expliqué	jugó	leyó	pedimos

Scott: ¡Ay de mí! Hoy Carmen y yo (1) _____ una agencia de bienes raíces. Fuimos a una mencionada en la guía telefónica. ¡Qué experiencia!

Jorge: ¿Qué os pasó?

Carmen: Pues, la recepcionista (2) _____ a las cartas en su computadora durante la cita entera. Y el agente, un Sr. Roberts, no estaba muy interesado en ayudarnos; casi (3) _____ durante la cita. Finalmente hablamos con el dueño de la agencia, pero ese señor (4) _____ su e-mail en vez de prestarnos atención. ¡Qué gente tan poco profesional!

Jorge: Sí, y cuando nosotros le (5) _____ información sobre algunas casas al Sr. Roberts, él (6) _____ a decirnos que no eran bastante baratas para nosotros. Ofreció mostrarnos unas casas que (7) _____ en los años 50.

Scott: Sí, y entonces, yo le (8) _____ que no estábamos interesados en esas casas antiguas, y salimos.

Blair: Bueno, parece que no vamos a usar esa agencia. ¡Qué gente tan repulsiva!

3-5 Otro agente. El próximo día Jorge y Blair visitan a otro agente de bienes raíces. Después, hablan con Scott y Carmen. Llena los espacios con la forma correcta del verbo entre paréntesis en el pretérito.

Carmen: Bueno, ¿qué tal vuestra visita al otro agente?

Jorge: Mucho mejor. El Sr. Anderson es muy buen agente. Tan pronto como yo (1. llegar) _____ a su oficina, sabía que sería una experiencia mejor que la vuestra.

Blair: ¡Sí! Después de preguntarnos sobre el tipo de casa que buscábamos, él (2. buscar) _____ información en su computadora. Mientras esperábamos, un empleado nos (3. servir) _____ café y galletas.

Jorge: Sí, y entonces nosotros (4. leer) _____ la información que él (5. encontrar) _____. También él nos (6. mostrar) _____ algunas fotos que unos empleados de la oficina (7. sacar) _____ de las diferentes casas y apartamentos.

Blair: Hay un lugar perfecto para nosotros, pero no es para alquilar; es una casa que se vende. Pues, por lo menos, Jorge y yo (8. divertirse) _____ y recibimos bastante ayuda.

2. Usos de los artículos definidos e indefinidos
(TEXTBOOK P. 110)

3-6 El e-mail de Jorge. Jorge le escribe un e-mail a su amigo José en España. Escoge el artículo correcto o la X si un artículo no es necesario según el caso.

Hola, José. ¿Qué tal?

(1. La / Una / X) vida es buena aquí en (2. la / una / X) universidad. Aprendo mucho (3. el / un / X) inglés con mis compañeros. Mis mejores amigos aquí son Scott, Blair y Carmen. Scott y Blair son (4. los / unos / X) norteamericanos y Carmen es (5. la / una / X) española. Ella es de Valencia. Scott y Carmen son mayores que yo, pero nos llevamos muy bien. Ahora nosotros buscamos (6. la / una / X) casa donde podemos vivir (7. el / un / X) semestre que viene. Es difícil. (8. Los / Unos / X) alquileres cerca del campus son muy caros. No podemos encontrar ninguna casa por menos de (9. los / unos / X) mil doscientos dólares. (10. La / Una / X) otra opción es alquilar (11. el / un / X) apartamento. Esos son caros también.

Bueno, tengo que salir. Es que estudié sin anteojos, y ahora me duele (12. la / una / X) cabeza. Quiero tomar dos aspirinas y acostarme.

¡Buenas noches!

Jorge

Nombre: _____ Fecha: _____

3-7 Una conversación electrónica. Carmen habla con su hermana Inma en España por computadora. Lee su conversación y escribe el artículo apropiado (**el, la, los, las / un, una, unos, unas**) o una X si un artículo no es necesario.

Inma: Hola, Carmen. ¿Qué tal?

Carmen: Bien. El otro día fui al agente de bienes raíces. Se llamaba (1) _____ Sr. Roberts. Fue terrible. No nos ayudó a encontrar (2) _____ casa.

Inma: ¿Con quién fuiste?

Carmen: Con Scott. ¿Te acuerdas de él? Es uno de mis amigos. Es (3) _____ tipo muy bueno.

Inma: Sí, lo recuerdo. ¿Con quiénes más quieres vivir?

Carmen: Además de Scott, con mis amigos Blair y Jorge.

Inma: Ah, sí. Jorge es de (4) _____ España también, ¿verdad?

Carmen: Sí. Es de (5) _____ Sevilla. Quiere ser (6) _____ ingeniero (*engineer*). Es muy inteligente.

Inma: ¡Qué ambicioso! Vale, ya recibiste (7) _____ bufanda (*scarf*) que te tejí?

Carmen: No, pero recibí (8) _____ nota en mi buzón que dice que tengo (9) _____ paquete en (10) _____ oficina de (11) _____ residencia.

Inma: Pues, debe ser de mí.

Carmen: Me imagino que sí. Pues, tengo que salir. ¿Charlamos mañana?

Inma: No puedo. Tengo (12) _____ cita con Marco a (13) _____ 9:00. Puedo charlar (14) _____ jueves.

Carmen: Está bien. Hasta entonces.

Inma: Buenas noches.

Notas culturales

El mejoramiento de la casa: Hazlo tú mismo (TEXTBOOK P. 112)

3-8 Notas culturales. Acabas de leer la sección *Notas culturales* en el libro de texto, y quieres recordar la información en caso de que (*in case*) tus amigos compren una casa. Contesta las siguientes preguntas con oraciones completas.

1. ¿Cuáles son algunas tiendas de mejoras para la casa en tu comunidad? ¿Cómo son?

_____

_____

_____

2. ¿Cuáles son algunos programas de televisión que dan consejos sobre cómo decorar o renovar una casa? ¿Te interesan estos programas? ¿Por qué?

_____

_____

_____

3. Según el artículo, "hazlo tú mismo" es un lema muy popular ahora. ¿Crees que es buena idea hacerlo tú mismo? ¿Por qué? ¿Prefieres "hacerlo tú mismo", o encontrar a un contratista/carpintero/obrero profesional?

_____

_____

_____

Nombre: _____ Fecha: _____

Escucha (TEXTBOOK P. 115)

3-9 Antes de escuchar. Pronto, vas a escuchar una conversación entre Blair y Carmen. Ellas van a hablar de un problema que Blair tiene con sus padres en cuanto a dónde va a vivir el próximo semestre. ¿Cuáles son algunas palabras que te pueden ayudar en saber cuál es el problema de Blair?

_____

_____

_____

_____

3-10 El problema de Blair. Ahora escucha la conversación entre Blair y Carmen.

1. ¿Cuál es el problema principal de Blair?

    a. Sus padres no pueden ayudarla a pagar parte del alquiler de una casa o apartamento.

    b. Es difícil encontrar una casa o un apartamento.

    c. Sus padres no quieren que ella viva con muchachos.

    d. Sus padres quieren que Blair vuelva a casa el semestre que viene.

3-11 Escucha otra vez. Escucha la conversación entre Blair y Carmen otra vez, y decide si las oraciones son **Ciertas** o **Falsas** o si **No se dice.**

1. Blair piensa que los cuatro amigos tienen muchas opciones en cuanto a alquilar un apartamento o una casa. Cierto Falso No se dice.

2. Los padres de Blair no quieren que ella viva lejos de la universidad. Cierto Falso No se dice.

3. Carmen dice que vivir en una casa puede ser una solución para su dilema. Cierto Falso No se dice.

4. Carmen es más optimista que Blair. Cierto Falso No se dice.

5. A los amigos no les gusta la casa en la Calle Maple. Cierto Falso No se dice.

3. Dentro del hogar: la sala, la cocina y el dormitorio (TEXTBOOK P. 117)

3-12 El periódico. Blair y Jorge leen un periódico local en español para buscar casas y apartamentos. Lee los anuncios y luego contesta las preguntas.

1. Un palacio en la Calle Castillo. Para alquilar. Una casa hecha de ladrillo, 4 dormitorios, 2 baños y una oficina. En un barrio cerca del campus. Aire acondicionado, lavadora y secadora. $1400/mes. Llame al 5-55-12-10.

2. Un apartamento lujoso, a tres cuadras del campus. 3 dormitorios y 2 baños. Tiene muro, piscina y gimnasio. Aire acondicionado y chimenea. Sistema de seguridad. $1200/mes. Llame al 5-55-23-25.

3. Una casa modesta para alquilar en la Calle Harris. Cerca de parada de autobús. Amueblada (*furnished*) con 2 dormitorios y un baño. Sistema de calefacción nuevo. Chimenea y sótano. Garaje. $800/mes. Llame al 5-55-78-79.

4. Apartamento perfecto para estudiantes. 2 dormitorios, 2 baños, oficina. Alfombra nueva. Cocina con muchas alacenas. Horno grande. Despensa. Recientemente remodelado. $900/mes. Llame al 5-55-47-49.

1. ¿Cuál de los apartamentos/las casas es el/la más seguro/a?
   a. número 1   b. número 2   c. número 3   d. número 4

2. ¿Cuál de los apartamentos/las casas probablemente no está cerca del campus?
   a. número 1   b. número 2   c. número 3   d. número 4

3. A Carmen le encanta cocinar. ¿Cuál de los apartamentos/las casas probablemente le gustaría más a ella?
   a. número 1   b. número 2   c. número 3   d. número 4

4. Cada amigo/a solo puede pagar $300/mes por el alquiler. ¿Cuál de los apartamentos/las casas no puede alquilar el grupo?
   a. número 1   b. número 2   c. número 3   d. número 4

3-13 ¿Cuál es mejor? En tu opinión, ¿cuál de los apartamentos/las casas deben alquilar los cuatro amigos? ¿Por qué? Responde oralmente.

3-14 Unas casas diferentes. Estás leyendo una revista que tiene fotos de casas a la venta *(for sale)* y para alquilar. Mira los dos dibujos, y escoge todas las palabras del vocabulario que pertenecen a cada casa.

CASA **1**

CASA **2**

la acera	la acera
la almohada	la almohada
el césped	el césped
la chimenea	la chimenea
las cortinas	las cortinas
el cuadro	el cuadro
el muro	el muro
la sábana	la sábana
la toalla	la toalla

 3-15 ¡Buenas noticias! Estás en el café con Carmen, Jorge y Blair, cuando Scott entra con buenas noticias. Escucha lo que dice Scott y contesta las preguntas.

1. ¿Quién va a comprar la casa?
   a. Scott
   b. El padre de Scott
   c. Un amigo del padre de Scott
   d. Los cuatro amigos

2. ¿Qué va a pasar con la casa después de que se gradúe Scott?
   a. Va a ser alquilada.
   b. Va a ser vendida.
   c. Va a ser renovada.
   d. Nada; los cuatro amigos van a vivir allí permanentemente.

3. ¿Cuánto tiene que pagar cada amigo para vivir en la casa?
   a. $600 por mes
   b. $300 por mes
   c. $150 por mes
   d. Nada. Van a ayudar con las renovaciones.

4. ¿Quién va a trabajar para renovar la casa?
   a. La madre de Scott
   b. Los cuatro amigos
   c. Un contratista profesional
   d. b y c

5. ¿Cuándo finalizan la venta?
   a. la semana que viene
   b. en un mes
   c. en seis meses
   d. en un año

3-16 Cosas para la casa. Tus amigos han comprado muchas cosas para el dúplex, pero todas están en desorden. Ayúdalos a organizar las cosas diciendo en qué cuarto deben ponerlas.

la almohada	la batidora	la cacerola
el florero	la funda	las persianas
las sábanas	las velas	la cafetera

Cuarto

El dormitorio: (1) _____

(2) _____

(3) _____

La sala: (4) _____

(5) _____

(6) _____

La cocina: (7) _____

(8) _____

(9) _____

Repaso

El imperfecto (TEXTBOOK P. 118)

3-17 Los recuerdos. Carmen quiere empezar a guardar sus cosas para prepararse para la mudanza al dúplex, y tú la ayudas. Ella encuentra algunas fotos de las vacaciones de su niñez. Llena los espacios con la forma correcta de los verbos entre paréntesis en el imperfecto.

Cuando yo (1. ser) _____ niña, mi familia y yo siempre (2. ir)

_____ a Cataluña para las vacaciones en agosto. Cataluña no (3. estar)

_____ muy lejos de Valencia, y nos (4. gustar) _____

ir a Barcelona y a la playa. Entonces, nosotros (5. poder) _____ experimentar

la vida nocturna de la ciudad, y la vida tranquila al lado del océano. Recuerdo que mi hermana, Inma,

(6. construir) _____ castillos en la arena. ¡Hoy ella estudia para arquitecta! Y

cada año nosotros (7. visitar) _____ la famosa catedral de Gaudí, La Sagrada

Familia. Mis padres no (8. gastar) _____ mucho dinero en las vacaciones

porque siempre (9. tener) _____ muchas facturas que pagar, pero yo siempre

(10. divertirse) _____.

3-18 Antes de escribir. Después de hablar con Carmen, te sientes inspirado/a para escribir sobre los veranos de tu niñez en tu blog. ¿Ibas de vacaciones con tu familia, o pasabas el verano en casa? ¿Qué actividades hacías? Haz una lista sobre puntos principales que quieres mencionar.

_____

_____

_____

_____

_____

_____

_____

3-19 Tus vacaciones. Ahora escribe un párrafo de **cinco a siete** oraciones que describa los veranos de tu niñez para tu blog. Usa el imperfecto en tu narración.

_____

_____

_____

_____

_____

_____

_____

_____

_____

4. El subjuntivo para expresar sentimientos, emociones y dudas (TEXTBOOK P. 121)

3-20 ¡A repasar! Decides repasar el subjuntivo porque vas a hablar mucho en español de cuando ayudas a tus amigos con las renovaciones de casa. Escoge todas las expresiones de la lista que **no** indican que necesitas el subjuntivo.

avergonzarse de	estar seguro/a de	no pensar	ser dudoso
creer	no creer	pensar	temer
dudar	no dudar	sentir	

Nombre: _____ Fecha: _____

3-21 El contratista. Jorge habla con el contratista, Luis García, sobre las renovaciones del dúplex. Completa su diálogo con los verbos correctos.

aprendan	ayuden	compre	necesite	renove
sea	sepamos	tengamos		

Jorge: Hola, Sr. García. Quería decirle que nos gusta que usted
(1) _____ el dúplex.

Luis: Gracias. Por favor, soy Luis. El Sr. Walker es un hombre muy amable. Es bueno que él
(2) _____ esta casa; es una ganga (*bargain*).

Jorge: ¿No cree usted que el dúplex (3) _____ muchas reparaciones?

Luis: No. Está en buenas condiciones, más o menos. Dudo que
(4) _____ muy difícil repararlo pronto.

Jorge: ¡Qué bueno! Mis amigos y yo vamos a ayudar con las renovaciones. Temo que nosotros no
(5) _____ mucho sobre la construcción, pero queremos aprender.

Luis: Me alegro de que ustedes (6) _____. Es probable que ustedes
(7) _____ rápidamente.

Jorge: Gracias. Espero que sí. Es una lástima que Scott y yo (8) _____
exámenes mañana; no podemos empezar a ayudar hasta el fin de semana.

Luis: No hay ningún problema. Hasta el sábado, entonces.

3-22 La carta de la Sra. Pérez. La madre de Jorge le manda una carta con dinero para comprar cosas para la nueva casa. Lee la carta y llena los espacios con la forma correcta de los verbos en el presente del subjuntivo.

Querido hijo,

Me alegro de que tú (1. mudarse) _____ de la residencia estudiantil a una

casa. Es bueno que el Sr. Walker te (2. dar) _____ esta oportunidad y que él

(3. pagar) _____ la hipoteca. Es mucha responsabilidad vivir en una casa.

Siento que tu padre y yo no (4. poder) _____ ir a verla. Dudo que nosotros

(5. visitar) _____ hasta el otoño. Quiero que tú me (6. mandar)

_____ muchas fotos lo más pronto posible.

No creo que tú (7. tener) _____ suficiente dinero para comprar todo lo que

necesitas, entonces te mando un cheque. Ojalá que lo (8. gastar) _____ en una

manera sensible. ¡Qué lástima que los precios de todo (9. ser) _____ tan altos!

Escríbeme pronto para darme más detalles de la casa y de tu vida en los Estados Unidos. Temo que tú

no (10. cuidarse) _____ bien.

Un abrazo fuerte,

Mamá

5. *Estar* + el participio pasado (TEXTBOOK P. 125)

3-23 Renovaciones. Los padres de Scott visitan y se reúnen con Luis García. Ahora tienen una lista de cosas que necesitan hacer, y Luis y los cuatro amigos empiezan las renovaciones. Tú ayudas cuando tienes tiempo también. Usa el verbo **estar** y el participio pasado para indicar qué renovaciones ya están hechas.

MODELO llenar el estanque con agua y peces

El estanque *ya está lleno*.

1. reparar los azulejos en el baño

   Los azulejos _____.

2. construir una cerca

   La cerca _____.

3. limpiar el sótano

   El sótano _____.

4. cortar el césped

   El césped _____.

5. pintar los dormitorios y los baños

   Los dormitorios y los baños _____.

6. sacar la mala hierba (*weeds*)

   La mala hierba _____.

7. poner ladrillos nuevos en las chimeneas

   Los ladrillos nuevos _____.

8. hacer cortinas nuevas para la cocina

   Las cortinas nuevas _____.

9. cubrir los muebles (*furniture*) en el balcón

   Los muebles _____.

10. lavar los mostradores en la cocina

    Los mostradores _____.

3-24 Una llamada al Sr. Walker. Ya sabes cuáles cosas ya están hechas. Llama al Sr. Walker (el padre de Scott) para decirle **cinco** cosas que **no** están hechas todavía. Usa **estar** y el participio pasado y sé creativo/a.

Perfiles (TEXTBOOK P. 126)

3-25 Perfiles. Después de leer la sección *Perfiles* en tu libro de texto, hablas con los amigos sobre la información que aprendiste para darles ideas de cómo decorar el dúplex. Escoge las personas mejor representadas por los detalles siguientes.

1. _____ arquitectura

2. _____ estrella de televisión

3. _____ el premio FAD

4. _____ de España

5. _____ de California

6. _____ del Perú

7. _____ jardinería

8. _____ interioristas

9. _____ Machu Picchu

10. _____ Moo

a. Eduardo Xol

b. Sandra Tarruella e Isabel López

c. Los incas

¡Conversemos!

Extending, accepting, and declining invitations (TEXTBOOK P. 128)

3-26 La fiesta. Los cuatro amigos quieren tener una fiesta de inauguración para su nueva casa. Quieren invitar a muchos de sus amigos. Indica la respuesta apropiada para cada invitado o grupo de invitados.

1. **Jorge:** Quisiera invitarle a una fiesta para inaugurar mi nueva casa.
   El profesor Rodríguez (¡Sí!): (a. ¡Con mucho gusto! / b. Me da mucha pena pero no puedo.)

2. **Carmen:** ¿Están libres el viernes? Tenemos una fiesta en nuestra nueva casa.
   Susan y Brian (No): (a. ¡Nos encantaría venir! / b. Nos encantaría venir, pero tenemos otro compromiso.)

3. **Blair:** ¿Podrían venir a una fiesta en nuestra nueva casa?
   Lindsay y Cody (¡Sí!): (a. ¡Nos encantaría venir! / b. Nos encantaría venir, pero tenemos otro compromiso.)

4. **Scott:** ¿Estás libre el viernes? Quiero que vengas a mi fiesta.
   Megan (No): (a. ¡Con mucho gusto! / b. Lástima, pero no puedo.)

5. **Los cuatro amigos:** Vas a venir a nuestra fiesta, ¿verdad?
   Tú (¡Sí!): (a. ¡Claro! / b. Lo siento, pero tengo otro compromiso.)

Escribe

Process writing (Part 3): Supporting details (TEXTBOOK P. 130)

3-27 Antes de escribir: Hogar, dulce hogar. Estás inspirado/a por todo el trabajo que tus amigos han hecho en su casa, y decides escribir una entrada en tu blog sobre tu propio hogar. Piensa en las siguientes preguntas: ¿Dónde vives ahora: en un dormitorio, en un apartamento o en una casa? ¿Cómo es el lugar donde vives? ¿Te gusta la idea de renovarlo? ¿Qué cambios quieres hacer? Escribe una lista de los cinco puntos más importantes que quieres comunicar.

_____

_____

_____

_____

_____

Ahora añade dos o tres detalles más a los puntos ya mencionados.

_____

_____

_____

_____

_____

_____

_____

_____

_____

_____

_____

_____

_____

3-28 Hogar, dulce hogar. Ahora escribe tu entrada, usando los apuntes que hiciste en la actividad **3-27.** Escribe por lo menos **diez** oraciones.

_____

_____

_____

_____

_____

_____

_____

_____

_____

_____

_____

Vistazo cultural (TEXTBOOK P. 132)

3-29 Vistazo cultural. Acabas de leer la sección *Vistazo cultural* en tu libro de texto. Quieres compartir lo que leíste con tus amigos. Asocia las personas, los lugares o los edificios en la segunda lista con las cosas mencionadas en la primera.

1. _____ Casa Batlló

a. Andalucía

2. _____ Las casas colgantes

b. Antonio Gaudí

3. _____ Las casas cuevas

c. Cuenca

4. _____ Los paradores

d. Joaquin Sorolla y Bastida

5. _____ *El Patio de la Casa Sorolla*

e. palacios y monasterios

6. _____ Santiago Calatrava

f. Valencia

Nombre: _____ Fecha: _____

3-30 Antes de leer. Leíste un poco sobre Antonio Gaudí en la sección *Vistazo cultural,* y Carmen lo mencionó también. Ahora quieres saber más de él. Vas a leer un artículo de Internet sobre Gaudí en la actividad **3-31**. Antes de leerlo bien, lee superficialmente el artículo.

1. ¿Cuál es el título más apropiado?

   a. Antonio Gaudí: arquitecto secular
   b. Antonio Gaudí: arquitecto europeo tradicional
   c. Antonio Gaudí: la naturaleza y la religión
   d. Antonio Gaudí: hombre sin inspiración

3-31 Antonio Gaudí. Ahora, lee el artículo bien e indica si las siguientes oraciones son **Ciertas** o **Falsas** o si **No se dice.**

El arquitecto modernista Antonio (Antoni) Gaudí nació el 25 de junio de 1852 en Reus, Cataluña, España y murió el 10 de junio de 1926, en Barcelona, a causa de las heridas que recibió en un accidente de tranvía (*streetcar*).

Gaudí venía de una familia de metalúrgicos. Estudió arquitectura en la Escola Técnica Superior d'Arquitectura en Barcelona, y, aunque no era buen estudiante, se graduó y se hizo arquitecto en 1878. Fue influenciado por la naturaleza, e incorporó muchos aspectos de ella en sus obras. También se notan en sus obras elementos góticos y del arte nuevo. Su patrocinador por muchos años fue el industrialista Eusebi Güell, y Gaudí le dedicó muchas de sus obras a él.

Su obra más conocida es probablemente La Sagrada Familia, una iglesia enorme en Barcelona con muchas torres en forma de estalagmitas (*stalagmites*). Gaudí era un hombre muy religioso, y dedicó sus últimos años exclusivamente a este proyecto. La construcción de esta catedral empezó en 1883, pero, desafortunadamente, Gaudí murió antes de terminarla. Muchos de los planes originales de Gaudí fueron destruidos en 1936 por unos anarquistas durante la Guerra Civil Española. Sin embargo, hoy en día un equipo de arquitectos e ingenieros siguen trabajando en la iglesia, y quieren terminarla para 2026.

1. Los padres de Gaudí eran arquitectos también.   Cierto   Falso   No se dice.

2. Barcelona es donde Gaudí nació, asistió a una escuela
   de arquitectura y murió.   Cierto   Falso   No se dice.

3. La Sagrada Familia fue solamente uno de los muchos
   proyectos en que Gaudí trabajaba durante los últimos
   años de su vida.   Cierto   Falso   No se dice.

4. Se ven estatuas de los santos en la Sagrada Familia.   Cierto   Falso   No se dice.

5. Aunque no tienen parte de los planes de Gaudí, otras
   personas piensan completar la catedral.   Cierto   Falso   No se dice.

Bueno, hoy es el día de la fiesta de inauguración para el dúplex de Scott, Carmen, Blair y Jorge. Los has ayudado mucho durante el proceso para encontrar y renovar su casa, y es hora para divertirte. Como siempre, ¡eres muy buen/a amigo/a! ¡Hasta pronto!

Laberinto peligroso

Episodio 3

3-32 Laberinto peligroso: Antes de leer. Usa la estrategia del **Capítulo 3,** mira las fotos en el libro de texto, y repasa lo que ocurrió en el episodio anterior. Luego lee superficialmente "Planes importantes", y da tres temas principales de este episodio. Responde oralmente.

3-33 Laberinto peligroso: Después de mirar. Después de mirar el video, indica si las siguientes preguntas son **Ciertas** o **Falsas** o si **No se dice.**

1. Cisco cree que la nota que Celia recibió es un chiste.   Cierto   Falso   No se dice.

2. Celia está confundida sobre Cisco.   Cierto   Falso   No se dice.

3. Celia llama a Javier para hablar sobre Cisco.   Cierto   Falso   No se dice.

4. Javier les da la misma información a Cisco y a Celia.   Cierto   Falso   No se dice.

5. Celia sabía que Cisco trabajaba para el gobierno en el pasado.   Cierto   Falso   No se dice.

6. El Dr. Huesos no quiere ayudarlos.   Cierto   Falso   No se dice.

7. El hombre extraño cerca de la oficina del Dr. Huesos estaba en la cafetería antes.   Cierto   Falso   No se dice.

8. Celia recibe un e-mail con buenas noticias al final del episodio.   Cierto   Falso   No se dice.

3-34 La cocina de Cisco. A Cisco no le gusta su cocina y quiere hacer renovaciones. Mira las fotos de la cocina. ¿Qué necesita hacer Cisco para mejorarla? ¿Por qué piensas así? Escribe un párrafo para explicar tus opiniones. Usa el vocabulario del **Capítulo 3**.

_____

_____

_____

Experiential Learning Activities

3-35 ¡Un invento todo tuyo! Inventa una aspiradora que tenga una nueva función. Debes darle un nombre y crear un anuncio en español. Finalmente, tus compañeros de clase deben tratar de venderla. La persona que vende más aspiradoras ganará un premio.

3-36 La loto. Imagina que has ganado la lotería y ahora debes escoger nuevos electrodomésticos para tu hogar. El periódico de la universidad te entrevista; describe todos los electrodomésticos que quieres y explica por qué serán útiles.

_____

_____

_____

3-37 Una carta a un amigo. Escribe una carta a un/a amigo/a de un país de habla hispana, y describe la comida que más te gustaba cuando eras niño/a. Describe también un evento importante que pasaste con tu familia durante tu niñez.

_____

_____

_____

_____

Native Speaker Ancillary

Lectura

3-38 ¡Busquemos una propiedad en Madrid! Lee el siguiente artículo con cuidado. Contesta las preguntas individualmente, y luego comparte tus respuestas con tus compañeros de clase.

Cuando uno piensa comprarse una propiedad, hay mucho que hacer. Como uno de los primeros pasos, uno puede hojear el listado de propiedades en el área y comparar los precios, estilos y ubicaciones. El diario electrónico, como una fuente de datos, dispone de muchas opciones en cuanto al tipo o al estilo de vivienda, su ubicación y si se vende o se arrienda.

El diario nacional de España, *El País,* tiene una versión electrónica y en ella se puede informar de todas las propiedades disponibles. El precio de una propiedad (apartamento o casa) se presenta con su valor en euros (€), puesto que la divisa nacional de España, la peseta, ya no se usa. Un apartamento en España se llama "piso", y para encontrar todos los pisos disponibles, hay que acudir a la sección titulada *Inmobilaria* en los clasificados.

A continuación se ve una descripción de una propiedad en Madrid:

Dirección:	Barrio Legazpi, Distrito Arganzuela, 28045 Madrid
Tipo de Vivienda:	Piso
Planta:	Baja
Viviendas por planta:	2
Precio:	595.000
Metros construidos:	131
Metros útiles:	110
Antigüedad de edificio:	entre 5 y 10 años
Estado:	buen estado
Garaje:	2
Núm. de dormitorios:	3
Núm. de baños:	2
Cocina:	equipada
Descripción:	piso exterior de esquina, con lo que tiene luz por todos los sitios, cocina de diseño, dormitorio principal con baño completo, aire acondicionado en toda la casa, acceso directo al garaje desde la vivienda, zonas privadas, piscina, jardines infantiles, portero 24 horas, videoportero.

1. ¿Qué significa la palabra "planta"?

   _____

   _____

2. A tu parecer, ¿es éste un apartamento modesto o lujoso? ¿Por qué?

_____

_____

3. ¿Sería adecuada esta propiedad para una familia de 6 personas? ¿Por qué o por qué no?

_____

_____

4. El estado de esta propiedad se indica como "buen estado", y las otras opciones son "nuevo" y a "reformar". En cuanto a todas las opciones, ¿qué significaría cada descripción?

_____

_____

5. ¿Qué más detalles sobre la propiedad tiene esta descripción?

_____

_____

_____

Escritura

3-39 Tu descripción. En esta sección, vamos a ampliar y pulir nuestras habilidad para crear un volante (*flyer*). Vuelve a la lectura provista en esta sección y a la descripción de la casa que se vende en Madrid. Utilizando las mismas categorías, redacta una descripción parecida para vender o arrendar unos dormitorios de una residencia estudiantil o un edificio de apartamentos en tu área. Se puede, a la vez, incluir un plano de los cuartos y las medidas para respaldar las descripciones.

Ahora, tendrás que escribir una descripción más detallada y atractiva de la propiedad, enlazando los fragmentos con conjunciones, verbos y adjetivos. Intercala el vocabulario del capítulo para ampliar tu descripción. Esta descripción puede servir para un programa televisivo cuyo objetivo es el de atraer la atención de la audiencia. Sigue el modelo.

MODELO   *Comedor, cocina, 3 dormitorios, 1 baño. Árboles frutales, orientación nororiente.*

Esta casa bonita que se ubica en el sector nordeste de este barrio prestigioso tiene un jardín precioso con muchos árboles frutales: por ejemplo, manzanos y perales, que dan mucha sombra para los días calurosos del verano…

_____

_____

_____

Un paso más

Hemos aprendido en este capítulo que los enunciados que principian con **no creer** y **dudar** normalmente rigen el uso del subjuntivo en la cláusula subordinada; por ejemplo, "**No creo** que hayas leído el poema" o "**Dudo** que hayas leído el poema". La función de las expresiones **no creer** y **dudar**, en estos casos, proporcionan el elemento de duda por parte del/de la hablante en cuanto a la veracidad de la actividad de haber leído el poema. El/la hablante demuestra esta falta de certeza con el empleo del subjuntivo. Sin embargo, también se podría decir correctamente "No creo que has leído el poema", o "Dudo que has leído el poema." En estos casos, el/la hablante opina con certeza y sin duda alguna que tú no has leído el poema. La función de **no creer** o **dudar** en estos casos es la de sarcasmo. Aunque los dos enunciados "No creo que hayas leído el poema" y "No creo que has leído el poema" son correctos, el significado y el mensaje que subyace en cada uno es diferente.

Refranes

3-40 Refranes sobre la casa. A continuación se presentan dos refranes que tienen que ver con la casa. Lee cada uno y luego explica el significado.

1. "A cada pájaro le gusta su nido."

   _____

   _____

2. "A casa de tu hermano no irás cada verano."

   _____

   _____

Activities for *Letras:* Literary Reader for *¡Anda! Curso intermedio*

3-41 Letras: Sandra Cisneros. Después de leer la información biográfica de Sandra Cisneros, completa las oraciones con las palabras correctas.

1954	Chicago	chicana	Elena Poniatowska	español	inglés	México

1. Sandra Cisneros nació en la ciudad de _____ en el año
   _____.

2. Su padre es de _____.

3. Cisneros escribe en _____.

4. Cisneros tiene una identidad _____.

5. *La casa en Mango Street* fue traducida al _____ por
   _____.

3-42 Letras: Términos literarios. En *Letras,* aprendiste sobre el símil y la prosopopeya. Escribe tres ejemplos de cada técnica literaria.

<table>
<tr><td align="center">**EL SIMIL**</td><td align="center">**LA PROSOPOPEYA**</td></tr>
<tr><td>**MODELO** *Su vida es como un libro abierto.*</td><td>**MODELO** *El viento* (wind) *cantó una canción melancólica.*</td></tr>
<tr><td>1. _____</td><td>1. _____</td></tr>
<tr><td>2. _____</td><td>2. _____</td></tr>
<tr><td>3. _____</td><td>3. _____</td></tr>
</table>

3-43 Letras: La casa en Mango Street. Después de leer la selección de *La casa en Mango Street,* contesta las siguientes preguntas.

1. La narradora…
   a. había vivido en muchos otros lugares.
   b. siempre vivió en el apartamento en la calle Loomis.
   c. siempre vivió en Mango Street.
   d. no quiere mudarse.

2. Su familia…
   a. alquila la casa en Mango Street.
   b. no puede mudarse de la calle Loomis.
   c. gana la lotería.
   d. se muda a la casa en Mango Street.

3. La casa en Mango Street…
   a. es blanca con un jardín grande.
   b. es pequeña y roja.
   c. tiene más de tres baños.
   d. está en buenas condiciones.

4. La narradora está alegre de…
   a. que haya un garaje.
   b. que no tenga que compartir un dormitorio.
   c. que la casa sea grande.
   d. ninguna de estas opciones.

5. La narradora estaba avergonzada de…
   a. ser la hija de inmigrantes.
   b. hablar español.
   c. vivir en el apartamento en la calle Loomis.
   d. vivir en la casa en Mango Street.

6. El sueño de la narradora es…
   a. casarse con un hombre bueno.
   b. mudarse al campo.
   c. tener su propia casa.
   d. vivir en Mango Street para siempre.

4

¡Celebremos!

Hay muchas ocasiones para celebrar. Patricia tiene 30 años y ha trabajado mucho para terminar su programa de estudios y graduarse este semestre. Patricia quiere ser enfermera (*nurse*), y en este capítulo vas a ayudar a su esposo a planear una fiesta de graduación para ella.

1. Las celebraciones y los eventos de la vida (TEXTBOOK P. 142)

 4-1 Una llamada de Luis. Luis, el esposo de Patricia, te llama para hablar sobre la fiesta y te deja un mensaje. En el mensaje, habla de las numerosas cosas que ocurren ahora en su familia. Escoge los eventos de la lista que oyes en su mensaje.

un aniversario	una graduación
un bautizo	una luna de miel
una boda	un nacimiento
un compromiso	una primera comunión
un cumpleaños	una quinceañera

4-2 Un crucigrama. Después de llamar a Luis para aceptar su invitación, haces el crucigrama en un periódico del español. ¡Imagínate! El tema es "celebraciones".

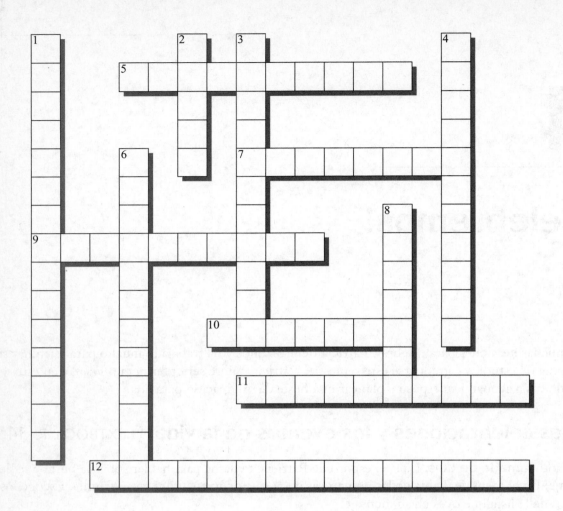

1. Un evento religioso para los católicos; normalmente se celebra a los siete u ocho años de edad.

2. Muchas celebraciones incluyen música y un _____.

3. Cuando una chica cumple 15 años.

4. En el día de las Brujas, los niños van a _____.

5. Cuando termina la educación.

6. Antes de casarse, una persona está _____.

7. Lo que se hace en una "celebración".

8. Cuando se conmemora a la persona que dio a luz: "día de _____".

9. La fecha de nacimiento.

10. El 25 de diciembre.

11. Cuando conmemoran a los muertos: "día de _____".

12. En los Estados Unidos, es el 4 de julio: "día de _____".

Nombre: _____   Fecha: _____

Repaso

El pretérito y el imperfecto (TEXTBOOK P. 143)

4-3 Un día especial. Cuando vas a la casa de Luis y Patricia, te dicen que un periódico en español quiere entrevistar a Patricia. Como parte de la entrevista, ellos quieren que Patricia escriba un párrafo sobre su día más memorable en la universidad. Lee los apuntes de Patricia, e indica si debe usar el pretérito (**P**) o el imperfecto (**I**) cuando escribe.

1. hablar de mis actividades típicas en la universidad   P   I

2. describir a mis amigos en la universidad   P   I

3. describir el tiempo de aquel día   P   I

4. explicar los eventos de aquel día   P   I

5. hablar de mis sentimientos de aquel día   P   I

4-4 Recuerdos de Patricia. Mientras cenas con Luis, Patricia y su familia, Patricia te cuenta cómo llegó a la universidad. Llena los espacios con la forma correcta del verbo en el pretérito o en el imperfecto.

Cuando (1. ser) _____ niña, (2. querer) _____ ser enfermera.

Después de graduarme de la escuela secundaria, (3. trabajar) _____ con mis padres

en su restaurante porque ellos (4. necesitar) _____ ayuda. Luis y yo (5. casarse)

_____, y dos años más tarde, yo (6. dar) _____ a luz a Pedro.

Un día, (7. despertarse) _____, y me di cuenta (*I realized*) de que (8. tener)

_____ 25 años. Luis me (9. decir) _____ que (10. poder)

_____ empezar un programa de enfermería aquí en la universidad, porque él

(11. saber) _____ que era importante para mí. Y el resto, como dicen, es historia.

4-5 Comentarios de Luis. Ahora, Luis da su propia perspectiva sobre los sueños de Patricia. Escoge los verbos correctos para completar su narración.

Pues, hay más cosas que Patricia no te cuenta. Por ejemplo, la primera vez que Patricia (1. fue / iba) al campus, le (2. pidió / pedía) indicaciones (*directions*) a otra estudiante. La estudiante le (3. preguntó / preguntaba) si era una de las profesoras nuevas, porque Patricia (4. fue / era) mayor que los otros estudiantes. Muchas veces, Patricia (5. se sintió / se sentía) fuera de lugar. Sin embargo, (6. había / hubo) muchos estudiantes y profesores muy amables que le hacían sentir más cómoda. Patricia (7. descubrió / descubría) que (8. fue / era) tan inteligente como los otros estudiantes, y tenía más confianza.

4-6 Antes de escribir. Después de cenar con Luis y Patricia, piensas en tus propias experiencias en la universidad. Vas a escribir una entrada para tu blog en la cual describes un día inolvidable. Antes de escribir, haz una lista de tres puntos principales que quieres presentar. Después, vuelve a añadir dos detalles por cada punto.

_____

_____

_____

_____

_____

_____

4-7 Mis experiencias. Ahora, escribe la entrada para tu blog. Usa el pretérito y el imperfecto, y escribe por lo menos **diez** frases.

_____

_____

_____

_____

_____

_____

_____

_____

_____

_____

_____

2. El pasado perfecto (pluscuamperfecto) (TEXTBOOK P. 147)

4-8 La vida de Patricia y Luis. Patricia y Luis te cuentan sobre unas experiencias suyas a ciertas edades. Llena cada espacio con la forma correcta del verbo en el pluscuamperfecto.

MODELO **Patricia:** Cuando tenía 20 años, ya ___*había trabajado*___ (trabajar) para mis padres por 4 años.

1. **Luis:** Cuando teníamos 19 años, nosotros ya _____ (votar) por el presidente de los Estados Unidos.

2. **Patricia:** Cuando tenía 20 años, ya _____ (conocer) a Luis.

3. **Patricia:** Antes de salir conmigo, Luis ya _____ (salir) con dos otras chicas que no eran muy amables.

4. **Luis:** Antes de tener una cita con Patricia, ya _____ (enamorarse) de ella a primera vista.

5. **Patricia:** Cuando tenía 23 años, ya _____ (dar) a luz a mi hijo, Pedro.

4-9 Mi vida. Ahora, escribe algunas frases que describen lo que tu habías hecho a las edades siguientes, usando el pluscuamperfecto.

MODELO (un año) _*Cuando tenía un año, ya había dicho "Mamá".*_

1. (5 años) _____
2. (10 años) _____
3. (13 años) _____
4. (16 años) _____
5. (18 años) _____

Notas culturales

El Día de los Muertos (TEXTBOOK P. 150)

4-10 Para conmemorar a los muertos. Vas a almorzar con Luis, y mientras lo esperas en el restaurante lees la sección **Notas Culturales** en tu libro de texto. Después de leer, indica si las siguientes oraciones son **Ciertas, Falsas** o si **No se dice.**

1. El Día de los Muertos viene de una costumbre indígena.   Cierto   Falso   No se dice.

2. El Día de los Muertos se celebra principalmente en México.   Cierto   Falso   No se dice.

3. El Día de los Muertos se celebra toda la primera semana
   de noviembre.   Cierto   Falso   No se dice.

4. Durante la fiesta, las familias van al cementerio para
   decorar las tumbas.   Cierto   Falso   No se dice.

5. Los niños no celebran el Día de los Muertos.   Cierto   Falso   No se dice.

6. Por ser una fiesta nacional, la gente no tiene que ir al
   trabajo esos días.   Cierto   Falso   No se dice.

Escucha (TEXTBOOK P. 151)

4-11 Antes de escuchar. Tú le dices a Luis que aprendiste algo sobre el Día de los Muertos en tu clase de español. Entonces, él te cuenta sobre un Día de los Muertos de su juventud. ¿Cuáles son algunas cosas que él va a mencionar? Selecciona todas las posibilidades de la lista de abajo, basándote en la información en tu libro de texto.

bailes	esqueletos
calabazas	flores
calaveras	monstruos
cementerios	ofrendas
comida	princesas
disfraces	vampiros

4-12 El Día de los Muertos. Ahora escucha a Luis y selecciona las respuestas que mejor contestan las preguntas.

1. ¿Qué no ponía como ofrenda la familia de Luis?
   a. cerveza   b. una cruz   c. flores   d. velas

2. ¿Qué le gustaban al tío Gustavo?
   a. camarones   b. chocolates   c. flores   d. frutas

3. ¿Cómo se murió Pablo?
   a. en un accidente b. en un accidente   c. por una enfermedad   d. no se murió
      de autobús   de coche

4. ¿Qué le compró un año el padre de Luis?
   a. unos dulces   b. un disfraz   c. un juguete de   d. una máscara de
                          de esqueleto   esqueleto   calavera

5. Según Luis, ¿quién estaba en el cementerio con él el año en que su abuela se murió?
   a. su abuela   b. su bisabuelo   c. su tío   d. unos niños

3. La comida y la cocina (TEXTBOOK P. 152)

4-13 Una torta. Como te gusta cocinar, Luis te pide hacer el pastel para la fiesta. Indica cuáles de los siguientes verbos **no** corresponden con hacer un pastel.

asar	derretir	hervir	revolver
batir	freír	mezclar	verter

4-14 Unas recetas. Consultas un libro de cocina en español para encontrar unas recetas para Luis, pero te das cuenta de (*you realize*) que necesitas repasar el vocabulario un poco para entenderlas. Asocia cada palabra en español con la palabra en inglés que corresponde.

1. _____ añadir
2. _____ calentar
3. _____ cerdo
4. _____ cordero
5. _____ cubrir
6. _____ fuego
7. _____ nivel
8. _____ pedazo
9. _____ recalentar
10. _____ ternera

a. heat
b. lamb
c. level
d. piece
e. pork
f. to add
g. to cover
h. to heat
i. to reheat
j. veal

4-15 Tu receta favorita. Tú quieres traer uno de tus platos favoritos a la fiesta, pero quieres que Patricia y Luis lo prueben (*try it*) antes de la fiesta. Después de probarlo, Patricia te pide la receta. Explica cómo hacer el plato usando el vocabulario del **Capítulo 4.**

_____
_____
_____
_____
_____
_____
_____
_____
_____

Repaso

Expresiones con *hacer* (TEXTBOOK P. 153)

4-16 El periódico. El periódico que hizo la entrevista con Patricia le manda un e-mail con más preguntas. Patricia está estudiando para un examen, y no tiene tiempo para contestarlas. Ayúdala contestando las siguientes preguntas (desde la perspectiva de Patricia). Sigue el modelo con cuidado.

MODELO ¿Cuánto tiempo hace que tomó vacaciones con su familia? (3 años)

Hace tres años que tomé vacaciones con mi familia.

1. ¿Cuánto tiempo hace que se graduó de la escuela secundaria? (12 años)

_____

2. ¿Cuánto tiempo hace que decidiste ir a la universidad? (5 años)

_____

3. ¿Cuánto tiempo hace que está casada? (10 años)

_____

4. ¿Cuánto tiempo hace que vive en esta ciudad? (24 años)

_____

5. ¿Cuánto tiempo hace que sueña con ser enfermera? (20 años)

_____

4-17 ¿Cuánto tiempo hace? Las preguntas del periodista para Patricia te hacen pensar en tu vida también. Contesta las siguientes preguntas oralmente.

1. ¿Cuánto tiempo hace que fuiste de vacaciones con tu familia?

2. ¿Cuánto tiempo hace que viste una película?

3. ¿Cuánto tiempo hace que estudias español?

4. ¿Cuánto tiempo hace que conoces a tu mejor amigo/a?

5. ¿Cuánto tiempo hace que comiste en un restaurante (no de comida rápida)?

4. Más comida (TEXTBOOK P. 157)

4-18 A repasar. Sabes que vas a planear el menú para la fiesta con Patricia y Luis. Entonces, decides repasar el vocabulario. Mira los dibujos y escribe el nombre de cinco frutas, cinco verduras, cinco carnes y cinco comidas dulces que ves. Debes incluir el artículo definido apropiado también.

Frutas:

1. _____

2. _____

3. _____

4. _____

5. _____

Verduras:

1. _____

2. _____

3. _____

4. _____

5. _____

Carnes:

1. _____

2. _____

3. _____

4. _____

5. _____

Comidas dulces (no frutas):

1. _____

2. _____

3. _____

4. _____

5. _____

4-19 El buscapalabras. Mientras esperas a Luis y Patricia en un restaurante para hablar sobre los planes para la fiesta, haces el buscapalabras del periódico en español. El tema es "La comida".

```
A P I O P I M I E R N T M I E R E
P I R A R N C G U I S A N O S A S
R O S P I M I R P I M I E N T O P
I L O E G U R A N O S A R T E R I
L A N S T A U P I T O C I N O C N
O N C P O N E N T O C A P I N I A
L U I A C T L A N S O R T A C E C
A E N N S E A P R O P I M I N L A
N S O C A Q M I E D O N A B A T S
G U E A N U E L A G S T E A P I A
O I N E B L D O N E H S A H R O C
S A G U I S A N T E S P I A C N R
T O C M C A I N A H A R I R N A A
A N R I E S P I N E C I S I N O D
N P D M I L O A R I N A L N I E L
T A R A L M I E L G O S T A P R I
```

apio	dona	guisantes	langosta	pimiento
ciruela	espinacas	harina	miel	tocino

5. El presente perfecto de subjuntivo (TEXTBOOK P. 161)

4-20 Preparaciones. Luis indica lo que tienen que hacer y lo que ya han hecho para la fiesta. Selecciona las respuestas que mejor contestan las preguntas, según lo que escuchas.

1. ¿Cuál es una cosa que Luis dice que ya han hecho?
   a. decidir a quién invitar
   b. pedir los anuncios
   c. seleccionar el menú
   d. ninguna de estas cosas

2. ¿Cuál es una cosa que Luis dice que Patricia **no** ha hecho todavía?
   a. alquilar un salón
   b. comprar decoraciones
   c. comprar un vestido
   d. ninguna de estas cosas

3. ¿Cuál es una manera en que Luis quiere que ayudes?
   a. alquilar un salón
   b. decidir el menú
   c. encontrar una banda de mariachi
   d. ninguna de estas cosas

Nombre: _____ Fecha: _____

4-21 Más sobre las preparaciones. Ahora mira lo que Luis te ha dicho. Llena los espacios con la forma correcta del verbo en el presente perfecto del indicativo o el presente perfecto del subjuntivo.

Es bueno que (nosotros) (1. hacer) _____ muchas cosas para la

fiesta; ya (nosotros) (2. escribir) _____ la lista de invitados.

(Nosotros) (3. alquilar) _____ un salón para la fiesta. (Nosotros)

(4. comprar) _____ algunas decoraciones, y también (nosotros)

(5. encontrar) _____ un conjunto de mariachis para tocar música.

Es una lástima que Patricia no (6. pedir) _____ las invitaciones

todavía, porque necesitamos mandar las invitaciones. También, dudo que ella (7. comprar)

_____ un vestido para la ceremonia. Es probable que ella no

(8. decidir) _____ el menú tampoco. Necesito tu ayuda para

completar estas cosas importantes.

4-22 Unas recomendaciones. Hay mucho que Patricia ya ha hecho, y todavía mucho que tiene que hacer para terminar el semestre y graduarse. Reacciona a sus oraciones usando el presente perfecto del subjuntivo. Sigue el modelo con cuidado.

MODELO **Patricia:** Acabo de comprar un reloj para mi consejera.

　　　　Tú: (ser bueno que / comprar el regalo) *Es bueno que hayas comprado el regalo.*

1. **Patricia:** Acabo de escribir tres ensayos para la semana que viene.

   Tú: (alegrarse de / escribir los ensayos)

   _____

2. **Patricia:** Tengo que tomar cinco exámenes finales.

   Tú: (esperar que / estudiar mucho)

   _____

3. **Patricia:** Acabo de comprar un vestido para la ceremonia.

   Tú: (ser bueno que / comprar un vestido)

   _____

4. **Patricia:** Tengo que pedir las invitaciones para la ceremonia.

   Tú: (ser malo que / ya no pedir los anuncios)

   _____

5. **Patricia:** Tengo que dar una presentación mañana.

   Tú: (ojalá / practicar mucho)

   _____

Perfiles (TEXTBOOK P. 164)

4-23 Perfiles. Miras un documental en la tele sobre unos cocineros de países hispanohablantes, y te sorprende ver que tres de los cocineros son los que están mencionados en tu libro de texto. Selecciona la letra que corresponde a la información de abajo.

1. _____ *El Bulli*
2. _____ Es de la Argentina.
3. _____ Es de España.
4. _____ Es de México.
5. _____ Fue lavaplatos.
6. _____ *Izote*
7. _____ "Mejor restaurante del mundo"
8. _____ Una serie de programas de televisión

a. Patricia Quintana

b. Dolli Irigoyen

c. Ferran Adriá Acosta

4-24 ¿Quién es el/la mejor cocinero/a? De los tres cocineros de la sección *Perfiles*, ¿quién es el/la mejor, en tu opinión? ¿Por qué crees que sí? Contesta oralmente.

¡Conversemos!

Asking for and giving directions (TEXTBOOK P. 166)

4-25 Dando indicaciones. Como conoces muy bien la ciudad, Luis quiere que les des indicaciones a algunos de los invitados para la fiesta. Para refrescar tu memoria, indica cuál de las frases en español corresponde a la frase en inglés.

1. _____ Go straight.
2. _____ Turn left.
3. _____ Turn right.
4. _____ Take a taxi.
5. _____ When you get to...

a. Al llegar a...

b. Doble a la derecha.

c. Doble a la izquierda.

d. Siga derecho.

e. Tome un taxi.

4-26 A tu casa. Luis quiere que tú acompañes a algunos de los invitados a la fiesta. Escribe indicaciones de la biblioteca de la universidad a tu casa para poner en las invitaciones.

_____

_____

_____

_____

_____

_____

Escribe

Process writing (Part 4): Sequencing events (TEXTBOOK P. 168)

4-27 Adverbios y expresiones adverbiales. Luis nunca ha asistido a una ceremonia de graduación en los Estados Unidos y quiere saber cómo son. Decides escribir en tu blog para describir una ceremonia de graduación, pero antes de escribir, necesitas repasar los adverbios y expresiones adverbiales. Asocia cada adverbio y expresión de la lista de abajo con la palabra o expresión en inglés.

1. _____ al final
2. _____ al principio
3. _____ antes (de)
4. _____ después (de)
5. _____ en seguida
6. _____ luego
7. _____ más tarde
8. _____ por fin
9. _____ por último
10. _____ pronto

a. afterward; after
b. at first
c. at the end
d. before
e. finally
f. immediately (after)
g. later
h. last (on a list)
i. soon
j. then

4-28 Antes de escribir. Haz una lista de los eventos claves de una ceremonia de graduación en los Estados Unidos. Pon los eventos en un orden lógico.

Palabras útiles:

el auditorio (*auditorium*)   el estadio (*stadium*)
el birrete (*mortarboard*)   el Himno Nacional (*National Anthem*)
el/la decano/a (*Dean*)   el/la orador/a (*speaker*)
el desfile (*procession*)   el podio (*podum*)
el diploma (*diploma*)   el/la rector/a (*Chancellor*)

_____
_____
_____
_____
_____
_____

4-29 A escribir. Ahora escribe una entrada para tu blog que describa una ceremonia de graduación en los Estados Unidos. Usa la lista que hiciste en la actividad **4-28,** los adverbios y expresiones adverbiales, el pretérito y el imperfecto.

_____
_____
_____
_____
_____
_____
_____
_____

Vistazo cultural (Textbook p. 170)

4-30 Vistazo cultural. Mientras estudias para los exámenes con Patricia, repasas la información de la sección *Vistazo cultural* de tu libro de texto. Llena los espacios con la respuesta correcta.

1. _____ de las celebraciones mencionadas tienen que ver con la religión.

2. Algunos ingredientes de pipián son tomates, chiles, _____ y otras verduras.

3. Se comen muchas pupusas en _____.

4. El segundo domingo de noviembre se celebra _____.

5. El Día de Garífuna es el _____ y se celebra en

   _____.

6. El Día de la Independencia de El Salvador es el _____.

Bueno, los planes para la fiesta de graduación fueron fenomenales, otra vez a causa de tus esfuerzos. Luis y Patricia te agradecen mucho por todo lo que has hecho por ellos. ¡Buen trabajo!

Laberinto peligroso

Episodio 4

4-31 Laberinto peligroso: Después de leer. Quieres hacer un "web" de detalles que describen las acciones principales de *Colaboradores, competidores y sospechosos*. Describe tu web, e incluye los puntos principales y los detalles que les corresponden con ellos.

_____

_____

_____

_____

_____

_____

_____

_____

4-32 Laberinto peligroso: Después de mirar. Después de mirar el episodio de *Laberinto peligroso*, decide si las siguientes oraciones son **Ciertas** o **Falsas** o si **No se dice.**

1. Celia acaba de volver del bautizo de su sobrino.   Cierto   Falso   No se dice.

2. Celia hizo mucho trabajo durante el fin de semana.   Cierto   Falso   No se dice.

3. Cisco llama a Celia para invitarla a tomar un café.   Cierto   Falso   No se dice.

4. Celia encuentra información sobre una planta valiosa.   Cierto   Falso   No se dice.

5. Celia va a la casa de Cisco para compartir la información que encontró.   Cierto   Falso   No se dice.

4-33 Algunos días especiales. Mira la foto que Celia tiene en su apartamento, y usa el vocabulario del **Capítulo 4** para escribir un párrafo que conteste las siguientes preguntas. ¿De qué celebraciones son las fotos de Celia? ¿Tienes fotos de celebraciones en tu casa/apartamento/dormitorio? ¿Por qué las tienes? ¿De qué o de quiénes son?

_____

_____

_____

_____

_____

_____

_____

_____

Experiential Learning Activities

4-34 Una cena formal. Imagina que el departamento de Lenguas Modernas ha decidido contratarte para planear una cena formal para todos los profesores de español y sus invitados. Toda la clase va a participar en organizar este evento. Divide las tareas y enseña a tus compañeros de clase a organizar una cena formal.

4-35 Un restaurante en Ecuador. Imagina que visitas un restaurante de comida rápida en Ecuador, y prepara una conversación de preguntas y respuestas. ¡Debes hablar sólo en español!

Service Learning Activity

4-36 Un evento en campus. Tu universidad va a patrocinar *(sponsor)* un evento para ayudar a los estudiantes a prepararse para unas cenas formales. Debes crear un menú de cinco platos e incluir una descripción de cómo comportarse. Si es posible, invita a alguien de la comunidad para que hable sobre un tema de la cultura hispana.

Native Speaker Ancillary

Lectura

4-37 ¡Celebremos el santo! Lee la siguiente descripción del día del santo y el santoral. Contesta las preguntas individualmente, y luego comparte tus respuestas con tus compañeros de clase.

La mayoría de los países y poblaciones de Latinoamérica es católica, y por eso, las celebraciones religiosas todavía ocupan un lugar de mucha importancia entre las familias. En los países hispanos, se celebra tanto el cumpleaños como el día del santo. El cumpleaños, naturalmente, es la celebración del día del nacimiento de una persona. Sin embargo, además del cumpleaños, se celebra también el santo con quien se asocia el nombre de pila de una persona. Por ejemplo, una mujer con el nombre Wilma va a celebrar su santo el día 6 de enero (también es la fecha de la Epifanía, o los Adorados Santos Reyes Magos) y también se festejará su cumpleaños a menos que coincidan las dos fechas. Si hay coincidencia de las dos fechas, será porque los padres le dieron el nombre del santo a su hijo/a por haber nacido aquel día. Muchas veces se dice "feliz día" a la persona cuyo santo se celebra.

En la cultura hispana, a diferencia de otras, hay tarjetas confeccionadas específicamente para el día del santo, como este ejemplo:

> Con mucho cariño
> en tu santo–
> Deseando que pases
> este día tan especial
> en la compañía de tus
> familiares y seres queridos

El santoral, o listado de los santos y el día de su celebración, muchas veces se encuentra en una agenda o en un calendario. Algunas veces, como en el caso del 6 de enero (la Epifanía y la celebración de Santa Wilma), si hay una celebración litúrgica importante, ésta se indica en lugar del santo en el calendario, pero no es decir que no se celebre el santo. El santoral para el mes de enero sigue:

Enero

01 Año Nuevo	17 San Guido
02 San Basilio	18 Santa Jimena
03 Santa Genoveva	19 San Mario
04 San Eugenio	20 San Sebastián
05 Santa Emilia	21 Santa Inés
06 Adorados Santos Reyes Magos (Sta. Wilma)	22 San Aníbal
07 San Raimundo	23 Santa Virginia
08 San Eladio	24 San Francisco de Sales
09 Santa Lucrecia	25 Santa Elvira
10 San Gonzalo	26 Santa Paula
11 San Alejandro	27 Santa Ángela
12 San Julián	28 Santo Tomás de Aquino
13 San Hilario	29 San Horacio
14 San Félix; Santa Nina	30 Santa Martina
15 Santa Raquel	31 San Benjamín
16 San Marcelo	

1. ¿Qué es el día del santo? ¿Cómo se diferencia del cumpleaños?

_____

_____

2. ¿Qué es el santoral? ¿Dónde se encuentra muchas veces?

_____

_____

3. Si una persona celebra su cumpleaños y su santo en el mismo día, ¿qué podría significar esto?

_____

_____

4. Si una persona se llama Marcelo, ¿cuándo se celebra su santo? ¿Conoce a alguien que comparta el mismo nombre que un santo celebrado en enero?

_____

_____

5. ¿Celebras tu santo? Si lo celebras, ¿cómo lo haces? ¿Qué tipo de regalo sería apropiado para esta ocasión?

_____

_____

Escritura

4-38 El santoral. Utiliza el santoral provisto o busca un santoral completo para identificar el santo y el día correspondiente de un/a amigo/a o familiar. Haz una búsqueda en Internet sobre el santo de esta persona. Recopila los datos más importantes de la vida del santo, y escribe un párrafo sobre las hazañas más importantes de la vida de este santo.

Luego confecciona una tarjeta para tu amigo/a o familiar siguiendo el modelo provisto en la sección anterior. En el interior de la tarjeta, incluye el párrafo que escribiste sobre el santo para que se vea al abrir la tarjeta.

_____

_____

_____

_____

_____

_____

Un paso más

Hemos aprendido que hay tiempos verbales que utilizan el participio pasado: por ejemplo, el presente perfecto y el pretérito perfecto (pluscuamperfecto). La desinencia verbal del participio pasado se forma con **-ado/-ido** a menos que sea irregular. Esta forma irregular (dicho, vuelto, abierto, muerto, puesto, roto, hecho) se emplea tanto con el verbo **haber** como con el verbo **estar:** "Me he **puesto** las botas; entonces, están **puestas.**" Sin embargo, hay otros participios que cuentan con **una forma regular con haber,** pero con **una forma irregular con otros verbos.** Por ejemplo:

He **imprimido** los documentos; así, están **impresos.**
Hemos **soltado** las riendas; entonces, están **sueltas.**
La profesora nos ha **proveído** algunos modelos; entonces, están **provistos.**

Refranes

4-39 Refranes sobre las amistades. Las amistades son muy importantes para todos, especialmente durante las celebraciones. A continuación se encuentran unos refranes que tienen que ver con cuánto apreciamos los amigos. Explica el significado de cada uno en tus propias palabras.

1. "Amigos, oros y vinos, cuánto más viejos, más finos."

_____

_____

2. "A buen amigo, buen abrigo."

_____

_____

Activities for *Letras:* **Literary Reader for** *¡Anda! Curso intermedio*

4-40 Letras: Isabel Allende. Después de leer la biografía de Isabel Allende, completa las oraciones con las palabras correctas.

1. Isabel Allende nació en _____ en el año _____.

2. Allende ha vivido en muchos países, como Chile, Bolivia, Líbano, _____, _____, _____, Venezuela y Estados Unidos.

3. Su _____ fue el presidente de Chile entre 1970 y 1973.

4. Después, _____ tomó control del gobierno, y Allende salió al exilio.

5. Hoy día, Isabel Allende vive en Estados Unidos, en el estado de _____, y ella es ciudadana _____.

4-41 Letras: Términos literarios: La circunlocución. Selecciona la palabra que corresponde con cada ejemplo de circunlocución.

1. _____ Un suculento bocadillo de carne bien molida y cocida a la parrilla, servido con pan fresco, lechuga, tomate, y un poco de mayonesa.

    a. bienvenido

2. _____ Es un placer contar con su presencia en nuestro humilde restaurante.

    b. una ensalada

3. _____ Una combinación de lechuga fresca, tomates jugosos, pepinos y cebollas, servida con nuestro aderezo especial de vinagre, aceite, ajo y especies.

    c. una hamburguesa

4-42 Letras: Términos literarios: El eufemismo. Selecciona la palabra que corresponda a cada eufemismo.

1. _____ ingenioso   a. desorganizado

2. _____ intervención militar   b. guerra

3. _____ método de persuasión   c. morir

4. _____ mujer pública   d. prostituta

5. _____ pasar a una vida mejor   e. tortura

4-43 Letras: *Nouvelle cuisine.* Después de leer *Nouvelle cuisine* por Allende, decide si las siguientes oraciones son **Ciertas** o **Falsas** o si **No se dice.**

1. En general, a Allende le gusta la *nouvelle cuisine*.   Cierto   Falso   No se dice.

2. Según Allende, la *nouvelle cuisine* es más barata que otros tipos de comida.   Cierto   Falso   No se dice.

3. Según Allende, la *nouvelle cuisine* es más saludable que otros tipos de comida.   Cierto   Falso   No se dice.

4. A Allende le gusta la comida que se mueve y que no está bien cocida.   Cierto   Falso   No se dice.

5. A Allende le gusta la comida peruana.   Cierto   Falso   No se dice.

5

Viajando por aquí y por allá

En este capítulo tienes la oportunidad de planear e ir de viaje para las vacaciones de primavera con algunos de tus amigos: Kelli, Ana Laura, Jonathan y Adrián. ¡Qué emocionante!

1. Los viajes (TEXTBOOK P. 180)

5-1 Preparaciones. Como van a un lugar de habla hispana, decides repasar el vocabulario que tiene que ver con los viajes. Asocia cada palabra de abajo con la palabra en inglés que corresponde.

1. _____ paisaje   a. tour

2. _____ gira   b. cruise

3. _____ crucero   c. countryside

4. _____ equipaje   d. highway

5. _____ tarjeta postal   e. guide

6. _____ guía   f. itinerary

7. _____ itinerario   g. limousine

8. _____ limosina   h. luggage

9. _____ mapa   i. map

10. _____ carretera   j. port

11. _____ puerto   k. postcard

12. _____ recuerdos   l. souvenirs

5-2 ¿Adónde vamos? Escucha la conversación entre tus amigos sobre las vacaciones de primavera, y luego indica si las oraciones son **Ciertas** o **Falsas** o si **No se dice.**

1. Jonathan no quiere tomar un crucero.	Cierto	Falso	No se dice.
2. Adrián quiere ir a un país caribeño.	Cierto	Falso	No se dice.
3. Kelli ha viajado a muchos lugares fuera de los Estados Unidos.	Cierto	Falso	No se dice.
4. La tía de Ana Laura vive en Puerto Rico.	Cierto	Falso	No se dice.
5. Al final los amigos piensan ir a Costa Rica.	Cierto	Falso	No se dice.

5-3 ¿Adónde quieres ir tú? Parece que los amigos casi han decidido a dónde quieren ir para las vacaciones, pero ellos quieren tu opinión también. ¿Adónde quieres ir tú? ¿Por qué? Responde oralmente.

Repaso

Por y para (TEXTBOOK P. 181)

5-4 Ir a Costa Rica. Pues, la mayoría gana, y ustedes deciden ir a Costa Rica para las vacaciones de primavera. Jonathan y tú leen el siguiente anuncio en una revista en español. Llena los espacios con **por** o **para** según el caso.

(1) _____ solamente $800 (2) _____ persona, sus amigos y

usted pueden viajar (3) _____ Costa Rica durante el mes de marzo. Pueden

quedarse (4) _____ nueve días maravillosos en un hotel en Tortuguero. Salgan

ahora mismo (5) _____ el Parque Nacional Tortuguero y disfruten de la naturaleza

de una selva tropical. Llamen la Agencia Tortuga a 5-55-74-22 (6) _____ hacer su

reservación hoy, o visiten nuestro sitio de Internet. Noten que el precio del viaje no incluye vuelo

a Miami, Florida.

5-5 ¿Puede ser verdadero? Jonathan cree que deben usar la Agencia Tortuga para planear su viaje a Costa Rica. El resto del grupo no tiene tanta confianza en el anuncio. Lee su conversación, y complétala con **por** y **para**.

Kelli: No sé que pensar, pero no creo que podamos quedarnos (1. por / para) tantos días en la playa, incluso el vuelo de Miami a San José (2. por / para) $800.

Ana Laura: Y habla de excursiones (3. por / para) la selva tropical. Eso no puede ser gratis.

Adrián: No sé. Acabo de visitar su sitio de Internet. (4. Por / Para) una agencia de viajes, no tienen mucha información. Ni tiene fotos de este "hotel" en que supuestamente (*supposedly*) nos alojaríamos. Y también dice que tenemos que viajar de San José a Tortuguero (5. por / para) autobús. Esto no me parece bien.

Jonathan: Pues, ¿qué querías? ¿Una limosina privada? Es un anuncio (6. por / para) estudiantes de la universidad como nosotros. Saben que no podemos pagar mucho dinero.

Adrián: Bueno, mira aquí en su sitio de Internet. Tenemos que decidir (7. por / para) el miércoles si queremos hacer una reservación con esta compañía.

Ana Laura: Entonces, tenemos tiempo y podemos investigar a la compañía (8. por / para) ver si es legítima. Yo puedo pasar (9. por / para) la oficina esta tarde para ver cómo es.

Kelli: Pues, (10. por / para) no haber viajado al extranjero antes, estás muy calmada. Te felicito, Ana Laura.

5-6 ¿Por qué? Ahora, mira las respuestas que hiciste en actividad **5-5,** y escribe el uso de **por** o **para** en cada caso usando las descripciones en el libro de texto.

MODELO *Exchange*

1. _____   6. _____

2. _____   7. _____

3. _____   8. _____

4. _____   9. _____

5. _____   10. _____

2. Viajando por coche (TEXTBOOK P. 185)

5-7 Un accidente. Kelli y Ana Laura van a la Agencia Tortuga en coche. Escucha su conversación, y luego decide si las oraciones son **Ciertas** o **Falsas** o si **No se dice.**

1. No hay mucho tráfico en las calles.   Cierto   Falso   No se dice.

2. Ana Laura sabe cómo llegar a la Agencia Tortuga.   Cierto   Falso   No se dice.

3. La Agencia Tortuga está cerca.   Cierto   Falso   No se dice.

4. La persona en el vehículo utilitario deportivo
   conduce muy rápido.   Cierto   Falso   No se dice.

5. El conductor del vehículo utilitario deportivo
   causa un accidente.   Cierto   Falso   No se dice.

5-8 Otra vez. Escucha la conversación entre Ana Laura y Kelli otra vez, y selecciona todas las palabras del vocabulario que oyes.

el camino	el paso de peatones	los frenos
el faro	el navegador personal	la velocidad
el atasco	el cinturón de seguridad	la bocina
la carretera	el vehículo utilitario deportivo	
la transmisión	el seguro del coche	

5-9 ¡Están bien! Jonathan, Adrián y tú van a recoger a Ana Laura y a Kelli después del accidente. No te preocupes; ellas están bien. Llena cada espacio con una palabra apropiada del vocabulario.

> alquilar un coche   cinturón de seguridad   faros   frenos   seguro de coche

Jonathan: ¡Kelli! ¡Ana Laura! ¿Están ustedes bien? Estábamos tan preocupados al recibir su llamada.

Ana Laura: Sí, afortunadamente, estamos bien. El policía dijo que el (1) _____ nos protegió. Tuvieron que llevar al otro conductor al hospital.

Kelli: El pobre coche de Ana Laura está descompuesto. Los (2) _____ y el parachoques están completamente rotos.

Adrián Fue bueno que los (3) _____ fueran nuevos; por eso pudiste parar (*to stop*) el coche en un instante.

Ana Laura: Sí, es verdad. Acabo de llamar al agente de la compañía de (4) _____. Una grúa (*tow truck*) va a llevar el coche a un mecánico, y van a evaluar los daños. El agente dice que puedo (5) _____; la compañía va a pagar el alquiler porque el accidente no fue mi culpa (*fault*).

Jonathan: Pues, ustedes están bien. Nosotros las llevamos a casa para descansar.

3. Los pronombres relativos *que y quien* (TEXTBOOK P. 187)

5-10 Más sobre el accidente. Ana Laura habla con su padre sobre el accidente. Llena los espacios con **que** o **quien,** según el caso.

Ana Laura: Hola, Papá. Estoy bien, pero quería decirte (1) _____ tuve un accidente de coche ayer.

Papá: ¡No me digas! ¡Qué barbaridad! ¿Tuviste que ir al médico?

Ana Laura: No, Papá. Llegó una ambulancia, y el médico (2) _____ me examinó dijo que estaba bien.

Papá: ¡Gracias a Dios! Y ¿el coche?

Ana Laura: Pues, está en el taller. Un mecánico va a evaluarlo el lunes. No parece bien. Y estoy tan triste; es el coche (3) _____ mi abuelo me compró después de graduarme de la escuela secundaria.

Papá: Sí, pero las únicas cosas importantes son tu salud y tu bienestar (*well-being*). No te preocupes por coche.

Ana Laura: Tienes razón. La persona de (4) _____ estoy preocupada es el otro conductor. Está en el hospital. El accidente fue su culpa; fue él (5) _____ conducía demasiado rápido. Espero que esté bien.

Papá: Yo también. Bueno, llámame el lunes para decirme lo que dice el mecánico.

Ana Laura: Claro, Papá. Hasta entonces.

5-11 Detalles. Kelli le escribe un e-mail a su amiga Marisol, y le describe el accidente. Combina sus oraciones usando **que** o **quien**.

MODELO   El coche está descompuesto. Ana Laura condujo el coche.

El coche que Ana Laura condujo está descompuesto.

1. El otro conductor está en el hospital. El otro conductor condujo el vehículo utilitario deportivo.

_____

2. El policía llegó pronto. El policía hizo la investigación.

_____

3. La ambulancia vino rápidamente. La ambulancia llevó al hombre al hospital.

_____

4. El taller estaba cerrado. El taller va a examinar el coche.

_____

5. El coche es verde. Ana Laura alquiló el coche.

_____

4. Las vacaciones (TEXTBOOK P. 190)

5-12 Un e-mail de Elena. Ana Laura recibe un e-mail de su amiga Elena, en el cual ella describe las vacaciones maravillosas que acaba de tomar en España. Ana Laura está un poquito irritada después de leerlo, porque Elena es muy rica y le gusta jactarse (*brag*). Lee el e-mail de Elena y selecciona las palabras de vocabulario que lees.

Querida Ana Laura,

Bueno, acabo de volver de mis vacaciones inolvidables en España. Empezamos en Madrid donde fui huésped en un hotel de lujo—creo que tenía cinco estrellas, por lo menos. Y aunque estaba en medio de una ciudad grande, el hotel tenía un sistema de seguridad muy bueno y unos guardias de seguridad muy guapos. ¡Uy! El portero era guapo también, pero demasiado viejo. El servicio fue fenomenal. Papá me dijo que podía pedir lo que quería todas las noches. ¡Comí unas fresas con chocolate increíbles! La única cosa mala que me pasó es que perdí mis lentes de sol. Eran Oscar de la Renta, también. ¡Qué barbaridad! Pero Mamá me compró unos nuevos de Gucci, y me gustan más que los viejos. Después de Madrid, fuimos a Valencia. La playa era muy linda. Me gustaba la arena—era muy suave. Bueno, tengo más que decirte, pero es tarde. Mándame una tarjeta postal de tu viajecito a Costa Rica.

Besos,

Elena

5-13 Para practicar. Para ayudarte a aprender el vocabulario, Adrián te hace unas listas de cosas. Escoge la palabra que no pertenece (*belong*) en cada grupo.

1: camarero   huésped   portero   recepcionista

2. dirección   sello   sombrilla   sobre

3. arena   lentes de sol paquete   sombrilla

4. paquete   servicio   sobre   tarjeta postal

Notas culturales

El fin del mundo y los glaciares en cinco días (TEXTBOOK P. 191)

5-14 Notas culturales. Lee el folleto sobre la Patagonia que está en el libro de texto, y completa las siguientes oraciones.

1. Puedes quedarte en un hotel de cuatro estrellas en _____ y _____.

2. Puedes ver los pingüinos durante el Día _____.

3. El aeropuerto está en _____.

4. Llegas al aeropuerto por _____.

5-15 ¿Qué piensas? Adrián también leyó el folleto sobre la Patagonia, y ahora él cree que ustedes deben ir allí para las vacaciones de primavera. ¿Qué piensas tú? ¿Prefieres ir a la Patagonia o a Costa Rica? ¿Por qué? Responde oralmente.

Escucha (TEXTBOOK P. 193)

5-16 Antes de escuchar. Vas a escuchar una conversación entre tus amigos en cuanto a su viaje para las vacaciones de primavera. Tienen que decidir adónde van a ir y hacer las reservaciones. Escribe cinco preguntas antes de escuchar.

MODELO *¿Adónde deciden ir?*

1. _____

2. _____

3. _____

4. _____

5. _____

5-17 Finalizar los planes. Tú eres una persona tan tranquilo/a que no te importa adónde van si están juntos y se divierten (y si no cuesta demasiado dinero). Tus amigos son diferentes. Escucha su conversación y luego indica si las oraciones son **Ciertas** o **Falsas** o si **No se dice.**

1. Jonathan quiere ir a la Patagonia.   Cierto   Falso   No se dice.

2. Ana Laura tiene que comprar un coche nuevo.   Cierto   Falso   No se dice.

3. Kelli fue a la Agencia Tortuga.   Cierto   Falso   No se dice.

4. La página web de la Agencia Tortuga abrió lentamente para Adrián.   Cierto   Falso   No se dice.

5. El paquete que Kelli describe cuesta más.   Cierto   Falso   No se dice.

6. Los amigos pueden usar el Internet en San José.   Cierto   Falso   No se dice.

5-18 Después de escuchar. ¿Tienes todas las respuestas a tus preguntas en **5-16**? ¿Cuáles te faltan? ¿Tienes más preguntas acerca del viaje después de escuchar? ¿Cuáles son?

_____

_____

_____

_____

_____

_____

_____

5. La tecnología y la informática (TEXTBOOK P. 195)

5-19 ¡A estudiar! Ahora tú y tus amigos han comenzado su viaje para Costa Rica. En el vuelo a Miami, decides estudiar el vocabulario del **Capítulo 5**. Mira el dibujo y selecciona los nombres de todas las cosas que ves.

la cámara web	el disco duro	el cursor
la impresora	la pantalla	el servidor
el teléfono celular	el ratón	el icono
el mensaje de texto	el teclado	la contraseña

5-20 Más vocabulario. Para ayudarte a estudiar, Ana Laura te da unas descripciones de ciertas palabras del vocabulario. Escribe en el espacio qué palabra es, y usa el artículo definido en tu respuesta.

MODELO Es una persona que lee comentarios en un blog, pero nunca hace sus propios comentarios.

   el mirón

1. Es una palabra o una serie de letras y números que se usa para entrar en un sitio o para abrir el e-mail.

   _____

2. Es una cosa en que haces clic para ir de un sitio a otro sitio.

   _____

3. Lo usas para navegar el Internet.

   _____

4. Es un mensaje que mandas o recibes por teléfono, pero no está grabado en una máquina.

   _____

5. Es cuando una persona hace muchas tareas al mismo tiempo.

   _____

Repaso

El pretérito y el imperfecto (continuación) (TEXTBOOK P. 196)

5-21 La tarjeta postal de Jonathan. Jonathan le escribe una tarjeta postal a su amigo, Daniel. Llena los espacios con la forma correcta del verbo en el pretérito o en el imperfecto.

Querido Daniel,

Aquí estoy en Costa Rica. Nosotros (1. llegar) _____ ayer a las tres y media.

(2. hacer) _____ sol y calor, pero no demasiado. (3. ser) _____ las

cuatro y media cuando finalmente (4. salir) _____ del aeropuerto; (5. haber)

_____ mucha gente esperando en la aduana. Anoche, yo (6. comer)

_____ en el restaurante del hotel cuando una chica muy bonita (7. entrar)

_____. Espero verla otra vez. Bueno, tengo que irme. ¡Hasta pronto!

Jonathan

5-22 Otra tarjeta postal. Ahora tú quieres escribirle una tarjeta postal de Costa Rica a tu profesor/a de español. Escribe entre **cinco y siete** oraciones, y usa el pretérito y el imperfecto.

_____

_____

_____

_____

_____

_____

_____

6. El subjuntivo con antecedentes indefinidos o que no existen (TEXTBOOK P. 199)

5-23 El restaurante. Mientras estás almorzando en un restaurante en San José, oyes partes de algunas conversaciónes. Lee las partes e indica si el resto de la oración debe estar en el **presente indicativo** o el **presente subjuntivo.**

1. No veo a nadie que...   presente indicativo   presente subjuntivo

2. Busco al camarero que...   presente indicativo   presente subjuntivo

3. No hay nada en el menú que...   presente indicativo   presente subjuntivo

4. Quiero comer el postre que...   presente indicativo   presente subjuntivo

5. Necesito comer algo que...   presente indicativo   presente subjuntivo

5-24 Más deseos. Tus amigos piensan en algunos deseos que tienen durante los tres días que están en San José. Completa las oraciones con el verbo en el presente del indicativo o en el presente del subjuntivo.

1. **Jonathan:** Quiero conocer a la chica bonita que _____ (estar) en nuestro hotel.

2. **Adrián:** Necesito encontrar un cibercafé que _____ (estar) cerca del hotel.

3. **Ana Laura:** Busco una tienda que _____ (tener) lentes de sol y recuerdos para mi familia.

4. **Kelli:** Busco al hombre que _____ (tener) pelo moreno y rizado. Me dijo que podía ayudarme con la computadora, pero no lo veo.

5. **Adrián:** Quiero comprar un regalo que _____ (ser) apropiado para mi hermana menor.

6. **Kelli:** ¡Necesito una persona que _____ (ser) experta en computadoras ahora mismo!

7. Las acciones relacionadas con la tecnología
(TEXTBOOK P. 201)

5-25 Problemas. Pobre Kelli tiene problemas con la computadora. Adrián llama a la oficina de apoyo tecnológico del hotel, y Raymundo viene a ayudarlos. Completa su conversación con una palabra apropiada del vocabulario.

Kelli: No sé qué pasó. Estaba escribiendo cuando la computadora se (1. actualizó / congeló).

Raymundo: ¿(2. Descargó / Reinició) usted la computadora después de que eso ocurrió?

Kelli: Sí, pero cuando (3. arrancó / enchufó), vi una pantalla verde que decía "¡Bienvenido a la pura vida!"

Raymundo: Bueno. Parece que su computadora tiene un virus. Yo puedo (4. actualizar / cifrar) su programación de seguridad y encontrarlo.

Kelli: ¿Y mi trabajo? Yo no recuerdo si lo (5. corté / guardé) o no.

Raymundo: Es posible que esté (6. pegado / borrado), pero vamos a ver. No se preocupe.

5-26 Crucigrama. Raymundo pudo arreglar la computadora de Kelli, y también encontró su ensayo. Ahora, ella tiene tiempo para acompañarte a un club. Mientras la esperas, haces un crucigrama. Por casualidad, el tema es "La tecnología".

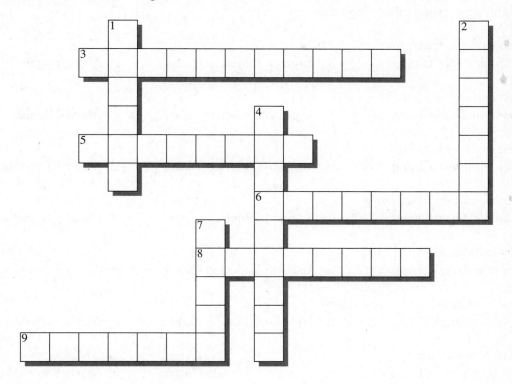

1. Causar que un archivo no se pueda leer.

2. Lo que se hace en Internet.

3. Hacer algo digital.

4. Lo que se hace en un enlace.

5. Entrar en un sistema para causar problemas.

6. Si no hace esto, no puede usar un aparato electrónico.

7. Cortar y _____.

8. Lo que se hace con fotos u otros documentos.

9. Es importante hacer esto frecuentemente para no perder un trabajo.

Perfiles (TEXTBOOK P. 204)

5-27 Perfiles. Aunque estás de viaje, todavía tienes que hacer tu tarea. Después de leer la sección
Perfiles, contesta las siguientes preguntas.

1. ¿Quién es de la Argentina?
   a. Franklin Díaz-Chang   b. Augusto Ulderico Cicaré   c. María Esquisábel Crespo

2. ¿Quién es de Costa Rica?
   a. Franklin Díaz-Chang   b. Augusto Ulderico Cicaré   c. María Esquisábel Crespo

3. ¿Quién es de España?
   a. Franklin Díaz-Chang   b. Augusto Ulderico Cicaré   c. María Esquisábel Crespo

4. ¿Quién trabaja en *Muchoviaje*?
   a. Franklin Díaz-Chang   b. Augusto Ulderico Cicaré   c. María Esquisábel Crespo

5. ¿Quién estudió física aplicada?
   a. Franklin Díaz-Chang   b. Augusto Ulderico Cicaré   c. María Esquisábel Crespo

6. ¿A quién le encantan los helicópteros?
   a. Franklin Díaz-Chang   b. Augusto Ulderico Cicaré   c. María Esquisábel Crespo

7. ¿Quién es astronauta?
   a. Franklin Díaz-Chang   b. Augusto Ulderico Cicaré   c. María Esquisábel Crespo

8. ¿Quién es inventor?
   a. Franklin Díaz-Chang   b. Augusto Ulderico Cicaré   c. María Esquisábel Crespo

9. ¿Quién sabe mucho de viajar?
   a. Franklin Díaz-Chang   b. Augusto Ulderico Cicaré   c. María Esquisábel Crespo

10. ¿Quién tiene un doctorado del Instituto Tecnológico de Massachusetts?
    a. Franklin Díaz-Chang   b. Augusto Ulderico Cicaré   c. María Esquisábel Crespo

5-28 ¿Quién te interesa más? Tus amigos leyeron *Perfiles* también. A Adrián le interesa mucho
Augusto Ulderico Cicaré porque es argentino, como él. A Ana Laura le interesa más María Esquisábel
porque le encantan los programas de viajes. A Jonathan y a Kelli les interesa más Franklin
Díaz-Chang porque el padre de Jonathan asistió al Instituto Tecnológico de Massachusetts, y la
tía de Kelli trabaja para NASA. ¿Quién te interesa más a ti? ¿Por qué? Responde oralmente.

¡Conversemos!

Asking for input and expressing emotions (TEXTBOOK P. 206)

5-29 Opiniones. Mañana vas de excursión a Tortuguero, y quieres poder hablar mejor con los otros miembros del grupo turístico. Para repasar, asocia la expresión en español con la expresión en inglés que corresponda.

1. _____ ¿Le importa?

    a. Do you like the suggestion?

2. _____ ¿Le importa si...?

    b. Do you mind?

3. _____ ¿Le parece bien?

    c. Do you mind if...?

4. _____ ¿Qué dice?

    d. What do you think?

5. _____ ¿Qué opina?

    e. What do you think (about the idea)?

6. _____ ¿Qué le parece?

    f. What do you say?

5-30 Emociones. En la excursión hablas con muchas personas interesantes en tu grupo. Escoge la reacción apropiada para cada oración.

1. **Liliana:** ...Y entonces mi hija mayor dio a luz a gemelos (*twins*). Se llaman Roberto y Lily.
   Tú: (¡Qué bueno! / ¡Qué pena!)

2. **Samuel:** ...Después de que me robaron la cartera, me dieron un golpe (*punch*) fuerte en la cabeza. Perdí el sentido por una hora.
   Tú: (¡Qué emoción! / ¡Qué barbaridad!)

3. **Gertrudis:** ...Y después de hablar con ella por tres horas, descubrí que era la hermana que no había visto desde que tenía cuatro años. ¡Y habíamos vivido en la misma calle desde hace seis años!
   Tú: (¡No puede ser! / ¡Qué pena!)

4. **Horacio:** ...Y mañana hay otra excursión al volcán. Se dice que hay una vista increíble desde allí. ¿Qué te parece ser parte del grupo?
   Tú: (¡Fenomenal! / ¡Qué barbaridad!)

Escribe

Peer editing (TEXTBOOK P. 208)

5-31 Escribe. Te diviertes mucho en Costa Rica, y decides escribirle una tarjeta postal a tu mejor amigo/a para describir tu viaje y tus actividades. Usa el pretérito, el imperfecto y el subjuntivo donde sea apropiado. Escribe por lo menos **siete** oraciones. Después de escribir tu tarjeta, compártela con un/a compañero/a para que pueda revisarla.

_____

_____

_____

_____

_____

_____

_____

_____

_____

Vistazo cultural (TEXTBOOK P. 210)

5-32 Vistazo cultural. Estás muy interesado/a en la sección *Vistazo cultural* porque se menciona Costa Rica. Después de leer, asocia el lugar apropiado con las descripciones que correspondan.

1. _____ 1914

2. _____ Concepción y Maderas

3. _____ La costa de Nicaragua

4. _____ *Los diablos rojos*

5. _____ Una gira en líneas de cable

6. _____ La tecnología "verde"

7. _____ Los tiburones de agua dulce

8. _____ Un viaje de *jeep-boat-jeep*

a. El Canal de Panamá

b. El canopy de Costa Rica

c. El reciclaje en Costa Rica

d. La Ciudad de Panamá

e. La Isla Ometepe

f. Las Islas de Maíz

g. El Lago Nicaragua

h. El volcán Arenal; la selva de Monteverde

5-33 Costa Rica. ¿Qué te interesa más en cuanto a la información que leíste sobre Costa Rica? ¿Te gustaría visitar los lugares y participar en las actividades mencionadas en el libro mientras estás allí? ¿Qué te parece la tecnología "verde"? Escribe un párrafo en el cual contestas estas preguntas.

_____

_____

_____

_____

_____

_____

_____

Como siempre, en este capítulo has ayudado a tus amigos y has aprendido mucho durante el proceso. Ahora, es hora de relajarte un poco. ¡Que te diviertas durante el resto de tus vacaciones en Costa Rica!

Laberinto peligroso

Episodio 5

5-34 Laberinto peligroso: Después de leer. En actividad **5-43** en el libro de texto, había una lista de palabras que buscaste en el diccionario. ¿Hubo otras palabras que tuviste que buscar en el diccionario mientras leías? ¿Cuáles son? ¿Cuáles fueron las definiciones de estas palabras, según el diccionario?

_____

_____

_____

_____

_____

_____

_____

5-35 Laberinto peligroso: Después de mirar. Después de mirar el video, completa las siguientes oraciones.

1. La policía descubre que Celia...
   a. fue agente del FBI.
   b. nació el 16 de marzo.
   c. robó mapas de la biblioteca.
   d. a y b

2. Cuando Cisco descubre que
   Celia y él son sospechosos, está...
   a. enojado.
   b. nervioso.
   c. tranquilo.
   d. triste.

3. Celia y Cisco entran en la biblioteca...
   a. a las nueve.
   b. a las diez.
   c. a las tres y veinte.
   d. a las tres y media.

4. El sistema de seguridad de la biblioteca...
   a. es bastante sofisticado.
   b. estaba roto el día del robo.
   c. no es muy avanzado.
   d. no funciona.

5-36 La tecnología. Celia, Cisco y la bibliotecaria hablan del robo. Piensa en lo que aprendiste del episodio y de la foto siguiente para contestar las preguntas.

1. ¿Cómo está la bibliotecaria? ¿Por qué?

   _____

   _____

   _____

2. ¿Qué papel (*role*) tuvo la tecnología en el robo de la biblioteca? ¿Crees que la tecnología en general es importante en cuanto a la seguridad? ¿Por qué sí o por qué no?

   _____

   _____

   _____

Experiential Learning Activities

5-37 El progreso de la tecnología. Imagina que un/a amigo/a de algunos de tus compañeros de clase ha estado dormido/a por los últimos diez años y no sabe mucho de los adelantos de la tecnología en cuanto a las computadoras y al Internet. Explícale cómo obtener acceso al Internet y cómo usar *Microsoft Word* para escribir una carta o un documento.

5-38 En tu universidad. Busca una copia de la guía de recursos tecnológicos de tu universidad y tradúcela al español. Después de completar la traducción, ofrece algunas copias a los estudiantes hispanos.

Service Learning Activity

5-39 La tecnología de los Mayas. A tu profesor/a de español le interesa la astronomía. Con un grupo de compañeros de clase, planea un viaje a México, donde ustedes visitarán las ruinas mayas. Escribe una descripción de la tecnología que usaban los mayas para hacer un mapa de las estrellas y la función de la astronomía en su vida diaria. Finalmente, preséntales esta información a los estudiantes.

Native Speaker Ancillary

Lectura

5-40 ¡Viajemos a Casabindo, Argentina! Lee el siguiente artículo con cuidado. Luego, contesta las preguntas y comparte tus respuestas con tus compañeros de clase.

En el departamento de Cochinoca, asentamiento hispánico de Casabindo que subsiste desde hace casi cien años a unos 1.780 km. de Buenos Aires, los habitantes pasan una vida tranquila. Pues, aunque la localidad se ubica a unos 3.377 metros sobre el nivel del mar y comprende unos paisajes extraordinarios, no atrae mucha atención turística. Durante el año, duerme.

Sin embargo, todo cambia el 15 de agosto. Al amanecer, la localidad se despierta para acoger a miles de turistas internacionales que llegan para participar en la celebración del Día de la Virgen de la Asunción. El programa de actividades es amplio y comprende danza, misa, corrida de toros y comida típica. El día empieza con una danza de los Samilantes (unos hombres que se disfrazan de ñandúes con trajes de plumas) que bailan al ritmo de los instrumentos típicos. Luego se celebra una misa litúrgica que demuestra gran devoción a la Virgen.

A continuación de la misa, se inicia la procesión con la imagen religiosa de la Virgen sobre los hombros de los devotos. En los puestos, se sirve comida típica todo el día: humitas, empanadas y locro. La corrida de toros atrae atención mundial, puesto que éste es el único lugar del país donde todavía se realizan corridas de toros; entonces, los viajeros llegan para ver este espectáculo que, según dicen, se practica sin hacerles daño a los toros. Durante el día entero hay fiestas y celebraciones, y la localidad apenas puede aguantar la cantidad de turistas que llegan.

Cuando haya pasado la tormenta, finaliza el 15 de agosto y todos regresan a su casa. Casabindo se duerme otra vez.

1. ¿Dónde se ubica Casabindo? ¿Qué tiene de extraordinario?

_____

_____

2. ¿Quiénes son los Samilantes? ¿Qué hacen?

_____

_____

3. ¿Qué incluye el programa de actividades? ¿Qué tipo de comida se sirve en los puestos?

_____

_____

4. ¿Qué significa "cuando haya pasado la tormenta"? ¿A qué se refiere?

_____

_____

5. Según dicen, ¿cómo es la corrida de toros?

_____

_____

Escritura

5-41 Cinco días en el Yucatán. Leímos en el **Capítulo 5** sobre el ecoturismo, que significa el turismo ecológico y que es un concepto y un movimiento que principió en los años 80. Muchos países trabajan para mantener la belleza natural de su terreno.

A continuación, se verá un plan de excursiones del ecoturismo en el Yucatán. Escribe un ensayo descriptivo sobre lo que hiciste durante el viaje (suponiendo que tú participaste en él). Intercala tanto el pretérito como el imperfecto, prestando atención especial al uso de **por** y **para.** A la vez, podrás incluir más detalles para que haya más fluidez en tu escritura. Por ejemplo, podrás empezar tu ensayo de la siguiente manera:

MODELO   *El primer día que llegué a Mérida, aunque cansado/a, disfruté de la música y del baile folclórico*
            yucatecos en el Parque Nacional. Lo pasé en grande puesto que a mí me encantó la música. Me quedé
            en el Hotel Barceló.

Día 1 Jueves: Llegada a Mérida. Disfruta de la música y baile folclórico yucatecos en el Parque Nacional. Pernocta en el Hotel Barceló.

Día 2 Viernes: Visita por la mañana al sitio arqueológico de Dzibilchaltún y su excelente museo. En la tarde, paseo por la ciudad de Mérida, incluyendo el Museo Regional de Antropología.

Día 3 Sabado: Salida a Celestún. Abordaremos lanchas para explorar el estuario y observar los flamencos rosas y muchas otras aves acuáticas. Disfruta de una comida frente a la playa antes de emprender el viaje a Uxmal. Pernocta Hotel Hacienda Uxmal.

Día 4 Domingo: Visita por la mañana al sitio arqueológico de Uxmal. Después de la comida visita a las ruinas de Kabah. Pernocta Hotel Hacienda Uxmal.

Día 5 Lunes: Salida temprano hacia el aeropuerto de Mérida para tomar el vuelo a casa.

_____

_____

_____

_____

_____

_____

Un paso más

En el **Capítulo 5** aprendimos muchas palabras del vocabulario relacionadas con las vacaciones. La palabra "lentes" es interesante porque según la región de habla hispana, puede que se emplee otra palabra: por ejemplo, anteojos, espejuelos o gafas.

El famoso poeta español Francisco de Quevedo, quien escribió a finales del siglo XVI y a principios del XVII, tenía unos lentes muy marcados—cristales redondos y pequeños. En España, estos lentes ahora se llaman *quevedos* por tener el mismo marco que llevaba el famoso poeta.

Refranes

5-42 Refranes sobre los viajes. A continuación se presentan dos refranes que tienen que ver con el tema de los viajes. Lee cada uno y luego explica el significado. ¿Puedes pensar en algún contexto para cada uno?

1. "Martes y trece ni te cases ni te embarques."

   _____

   _____

2. "El huésped constante, nunca es bien recibido."

   _____

   _____

Activities for *Letras:* Literary Reader for *¡Anda! Curso intermedio*

5-43 Letras: Antonio Machado. Después de leer la biografía de Antonio Machado, indica si las siguientes preguntas son **Ciertas** o **Falsas** o si **No se dice** en el texto.

1. Antonio Machado es español.   Cierto   Falso   No se dice.

2. Antonio Machado era amigo de Francisco Franco.   Cierto   Falso   No se dice.

3. Antonio Machado se exilió en Francia.   Cierto   Falso   No se dice.

4. Los temas de sus obras son muy alegres, en general.   Cierto   Falso   No se dice.

5. Antonio Machado ha escrito cientos de poemas.   Cierto   Falso   No se dice.

5-44 Letras: Términos literarios: El romance. Lee el siguiente poema, y luego indica si es un romance o no. ¿Cómo sabes?

Poema para Antonio Machado (después de leer uno de sus poemas)

Señor Antonio Machado,
¿por qué escribió así,
con tanta melancolía
que me interesa a mí?

Sufrió exilio en Francia
cuando Franco todo ganó.
Aunque salió de su patria
se ve que no la olvidó.

Ahora leo su obra
en mi clase de español,
y comprendo su tristeza
cuando Franco tomó control.

Gracias por escribir tanto–
me ayuda a entender
cómo algo nostálgico
a uno le hace creer.

_____

_____

_____

5-45 Letras: Después de leer. Después de leer "He andado muchos caminos," contesta las siguientes preguntas.

1. El narrador del poema...
   a. es una persona optimista.
   b. ha viajado mucho.
   c. no ha visto mucho.
   d. se ha quedado en casa.

2. El narrador ha visto...
   a. a gente buena y a gente mala.
   b. a nadie; estaba a solas.
   c. solamente a gente buena.
   d. solamente a gente mala.

3. ¿Qué hace la gente mala?
   a. Viaja.
   b. Contamina la tierra.
   c. Sueña.
   c. Trabaja mucho.

4. ¿Qué hace la gente buena?
   a. Muere.
   b. Sueña.
   c. Trabaja.
   d. a, b y c

6

¡Sí, lo sé!

Este semestre has ayudado a muchas personas con varias cosas. Ahora les toca a tus amigos ayudarte a preparar para tu examen final en español. En este capítulo, los personajes desde el **Capítulo Preliminar A** hasta el **Capítulo 5** te van a ayudar a repasar todo lo que aprendiste en cada capítulo de tu libro de texto. ¡Buena suerte!

Capítulo Preliminar A y Capítulo 1 (TEXTBOOK P. 222)

6-1 ¿Quíenes son? Tu amigo Carlos, del **Capítulo Preliminar A,** va a describir a todas las personas que has ayudado durante el semestre. Escucha lo que dice, y luego escoge el nombre de cada persona que describe.

| Jonathan | Monique | Patricia | Sara | Scott |

1. Es _____.

2. Es _____.

3. Es _____.

4. Es _____.

5. Es _____.

6-2 ¿Cómo es Carlos? Carlos ha descrito a muchas personas. Ahora, ¿puedes describirlo a él? ¿Cómo es su personalidad? ¿Cómo es físicamente? Escribe un párrafo de **cinco a siete** oraciones.

_____

_____

_____

_____

_____

_____

6-3 Sara quiere saber. Sara, tu amiga del **Capítulo 1,** quiere saber cómo van tus preparaciones para el final del semestre. Ella quiere hacerte algunas preguntas. Escribe las preguntas, usando las notas que ella tiene abajo. Usa el presente perfecto, y sigue el modelo con cuidado.

MODELO   reservar un lugar en la biblioteca para estudiar

　　　　　¿Has reservado un lugar en la biblioteca para estudiar?

1. empezar a repasar el vocabulario

_____

2. practicar cómo conjugar los verbos

_____

3. leer las secciones de cultura del libro de texto

_____

4. escribirle un e-mail a tu profesor con preguntas

_____

5. ir a una sesión de repaso

_____

6. hacer las actividades en este manual

_____

6-4 A contestar. Ahora contesta las preguntas de Sara de la actividad **6-3** oralmente según lo que tú has hecho, usando el presente perfecto.

MODELO   ¿Has reservado un lugar en la biblioteca para estudiar?

No, todavía no he reservado un lugar en la biblioteca para estudiar.

6-5 Más información. Sara quiere saber aún más sobre tu semestre y tu experiencia con el español para ayudarte a estudiar. Escribe las preguntas que ella te hace, y usa la forma correcta de los verbos como **gustar.**

MODELO   gustar la clase de español

¿Te gusta la clase de español?

1. caer bien tu profesor

_____

2. faltar unas tareas

_____

3. interesar ir a México

_____

4. quedar muchas horas de estudiar

_____

5. caer mal tus compañeros de clase

_____

6. parecer fácil la clase de español

_____

6-6 El día de Sara. Para ayudarte con el pretérito, Sara te cuenta sobre su día ayer. Completa su monólogo con la forma correcta del verbo en el pretérito.

Bueno, ayer yo (1. ir) _____ a mi trabajo en el almacén "De moda" a las 8:00.

Mi amiga Alicia y yo (2. trabajar) _____ por cuatro horas, y luego nosotras

(3. comer) _____ en un café cerca de nuestra tienda. Mis hermanos (4. venir)

_____ para visitarme y para comprar unas cosas. Ellos querían usar mi descuento,

pero yo les (5. decir) _____ que no; va contra las reglas. Ah, y luego un hombre

(6. robar) _____ unos calcetines y un bolso. Mi jefe (7. llamar)

_____ a la policía, pero el ladrón se (8. escapar) _____. De

verdad, ayer (9. ser) _____ un día interesante.

Capítulo 2 (TEXTBOOK P. 226)

6-7 ¡Vamos a...! Ricardo, el futbolista del **Capítulo 2,** te habla sobre cómo va a relajarse durante el período de los exámenes finales. Escucha lo que dice y luego decide si las oraciones son **Ciertas** o **Falsas** o si **No se dice.**

1. Ricardo dice que es bueno estudiar todo el tiempo.	Cierto	Falso	No se dice.
2. Ricardo y Memo van a patinar.	Cierto	Falso	No se dice.
3. Los tres amigos van a jugar al boliche y hacer jogging.	Cierto	Falso	No se dice.
4. El sábado Ricardo y Memo van a salir a cenar después de ir al gimnasio.	Cierto	Falso	No se dice.
5. Ricardo quiere que tú participes en las actividades también.	Cierto	Falso	No se dice.

6-8 Unos mandatos. Para practicar, Ricardo quiere que tú escribas mandatos de nosotros/as para las siguientes oraciones.

MODELO   Vamos a tomar un descanso.

Tomemos un descanso.

1. Vamos a patinar.

_____

2. Vamos a jugar al boliche.

_____

3. Vamos a hacer jogging.

_____

4. Vamos a tirar un platillo volador.

_____

5. Vamos a levantar pesas.

_____

6-9 Más ayuda de Ricardo. Ahora Ricardo quiere ayudarte con el subjuntivo. Completa sus recomendaciones con las respuestas correctas.

Quiero que tú (1. escribas un horario / leas libros de espías); es importante para organizarte. Luego, recuerda que es bueno que (2. empieces los exámenes mañana / tengas muchos días para estudiar); siempre es bueno tener tiempo adecuado para prepararte. Es necesario que (3. estudies / pelees) un poco cada día; prepararse para los exámenes es como entrenar para un deporte. Quiero que (4. comentes en un blog / hagas ejercicios) también; es bueno para la concentración ser activo/a y mover el cuerpo. Finalmente, ojalá que (5. duermas / tejas) lo suficiente; dicen que necesitamos por lo menos ocho horas cada noche. Si no, vas a tener mucho sueño durante los exámenes.

6-10 La ayuda de Monique. Monique quiere ayudarte también, pero no sabe tanto español como Ricardo. Escríbele un e-mail de por lo menos **cinco** oraciones con recomendaciones de cómo ella te puede ayudar. Usa el subjuntivo, y usa la primera oración como modelo.

Querida Monique:

¡Gracias por tu oferta! *Quiero que me traigas comida esta noche; no tengo tiempo para ir a la cafetería.*

_____

_____

_____

_____

_____

_____

Abrazos, _____

Capítulo 3 (TEXTBOOK P. 228)

6-11 Los consejos de Carmen. Carmen, tu amiga española del **Capítulo 3,** te llama. Escucha lo que dice y luego contesta las preguntas.

1. ¿Qué han hecho Carmen y Blair en el dúplex?
   a. Han comprado un refrigerador.
   b. Han comprado unas ollas y cacerolas.
   c. Han limpiado el fregadero.
   d. Han puesto unos azulejos nuevos en la cocina.

2. ¿Qué han hecho todos los amigos para la casa?
   a. Han comprado un refrigerador.
   b. Han comprado una cafetera.
   c. Han comprado un fregadero.
   d. Han comprado una lavadora y una secadora.

3. ¿Dónde quiere Carmen que estudies?
   a. en su dormitorio
   b. en la biblioteca
   c. en el dormitorio de Blair
   d. en la cocina

4. ¿Dónde estudia Carmen?
   a. en su dormitorio
   b. en la cocina
   c. en la biblioteca
   d. en el salón de clase

5. ¿Qué dice Carmen en cuanto a tus exámenes?
   a. No vas a tener ningún problema.
   b. Está alegre de ayudarte.
   c. Necesitas estudiar muchísimo.
   b. a y b

6-12 Los recuerdos de Carmen. Decides estudiar en el dormitorio de Carmen esta tarde. Antes de salir para la biblioteca, Carmen comparte unos recuerdos de su experiencia con los exámenes en España. Llena los espacios con la forma correcta del verbo en el imperfecto.

Vale, (1. ser) _____ muy diferente que estudiar en la universidad en los

Estados Unidos. Yo siempre (2. estar) _____ más estresada y nerviosa. Todas

mis amigas y yo (3. tener) _____ miedo de recibir malas notas. También, la

universidad (4. anunciar) _____ las notas poniendo una lista en la pared con

los nombres y las notas de todos los estudiantes. Por eso, todos (5. ver)

_____ sus notas.

6-13 Los nervios. Has estudiado mucho sin un descanso, y ahora estás nervioso/a por los exámenes. Carmen vuelve de la biblioteca e intenta hacerte sentir más optimista. Completa sus oraciones con la forma correcta del verbo en el subjuntivo o en el indicativo, según el caso.

1. Estoy segura de que tú siempre _____ (recibir) buenas notas en los exámenes.

2. Dudo que tú_____ (olvidarse) de todas las cosas que aprendiste.

3. No creo que tú _____ (tener) que preocuparte tanto.

4. Pienso que los exámenes siempre _____ (ser) fáciles para ti.

5. Es probable que mañana tu profesor/a _____ (estar) en su oficina para contestar tus preguntas.

6-14 ¡Volver a casa! Carmen te dice lo que le pasó por la tarde; completa su narración con la forma correcta de los verbos.

¡Ay de mí! En la biblioteca yo (1. leí / leyó) un montón de libros y artículos. Entonces (2. decidí / decidió) salir. (3. Crucé / Cruzó) la Calle Columbia. Caminaba por la acera, cuando un loco en su bicicleta casi (4. choqué / chocó) conmigo. Entonces (5. empecé / empezó) a llover, y no tenía mi paraguas. ¡Qué desastre!

6-15 Una llamada telefónica. Después de ir a casa, decides llamar a Carmen para decirle "gracias" por dejarte estudiar en su casa. Ella no contesta, entonces le dejas un mensaje describiendo tus sentimientos, deseos y dudas sobre los exámenes. Usa el subjuntivo y **estar** + el participio pasado.

Capítulo 4 (TEXTBOOK P. 231)

6-16 El supermercado. Tu amiga Patricia, del **Capítulo 4,** va al supermercado y te llama para ver si necesitas algo. Escucha lo que dice, y escoge todas las palabras que oyes de la lista de abajo.

el aguacate	la col
la cereza	la coliflor
la ciruela	las habichuelas
la papaya	los hongos
el plátano	la zanahoria
la piña	las palomitas de maíz
el ajo	el batido
el apio	el bombón

Nombre: _____ Fecha: _____

6-17 Una visita. Patricia te trae algunas cosas del supermercado, y ustedes charlan un poco antes de que salga. Ella quiere animarte un poco. Llena los espacios con la forma correcta de los verbos en el presente perfecto del subjuntivo.

Patricia: Oye, es mejor que tú te (1. preparar) _____ mucho para los

exámenes. Muchos estudiantes no han estudiado tanto como tú. Dudo que tú no (2. hacer)

_____ lo más posible para recibir buenas notas. Es bueno que tus amigos te

(3. ayudar) _____, porque tú los has ayudado mucho este semestre. Es

importante también que tu profesor/a te (4. dar) _____ unos ejercicios de

repaso. Muchos profesores no los dan. No creo que tú (5. dormir) _____

bastante; pareces estar muy cansado/a. Si quieres tomar una siesta, yo te puedo llamar en una hora

para despertarte.

6-18 Reacciones. Patricia te dice algunas cosas que han pasado durante la semana pasada. Reacciona a sus oraciones usando el presente perfecto del subjuntivo, y sigue el modelo con cuidado.

MODELO   Yo he ido a la fiesta de cumpleaños de mi amiga, Laura. (Es bueno que)

　　　　　Es bueno que hayas ido a la fiesta.

1. Yo he escrito tres ensayos muy largos. (Es una lástima que)

　　_____

2. Luis y yo hemos asistido al bautizo del hijo de nuestra sobrina. (Me alegro de que)

　　_____

3. Mis primos ya han vuelto de su luna de miel. (Me sorprende que)

　　_____

4. El hijo de mi amiga, Juanito, ha tenido su primera comunión. (Es bueno que)

　　_____

5. No he estudiado mucho a causa de tantas actividades sociales. (Es malo que)

　　_____

Nombre: _____ Fecha: _____

6-19 La quinceañera. Antes de salir, Patricia te muestra una foto de los quince años de su sobrina y te cuenta sobre el evento. Llena los espacios con la forma correcta del pretérito o del imperfecto.

De veras, nosotros (1. pasar) _____ un buen día. (2. hacer)

_____ muy buen tiempo, aunque (3. estar) _____

un poco nublado. (4. ser) _____ las once cuando la misa (5. terminar)

_____. Susana (6. estar) _____ muy elegante

en su vestido blanco y azul. En el baile, sus padres le (7. cambiar) _____ los

zapatos de ella, y sus padrinos le (8. dar) _____ su última muñeca.

Nosotros (9. bailar) _____ mucho, y yo sé que yo (10. comer)

_____ demasiado. ¡Fue un día inolvidable!

6-20 El semestre pasado. Después de que Patricia sale, tú piensas en los exámenes del semestre pasado, y quizás de la escuela secundaria. Completa las oraciones usando el pluscuamperfecto, y sigue el modelo con cuidado.

MODELO Después del último día de clases, yo *había empezado a organizar mis notas.*

1. Para el día antes del primer examen, yo

   _____

2. Para el primer día de exámenes, mis amigos y yo

   _____

3. Para el segundo día de exámenes, mi mejor amigo/a

   _____

4. Para el último día de exámenes, yo

   _____

5. Para el primer día de las vacaciones, mis amigos

   _____

Capítulo 5 (TEXTBOOK P. 233)

6-21 Ayuda tecnológica. Tienes problemas con tu computadora, y la necesitas para terminar un trabajo escrito. Llamas a Adrián, tu amigo del **Capítulo 5,** para pedirle ayuda. Escucha lo que dice y escoge todas las palabras del vocabulario que oyes.

la computadora	digitalizar
borrar	el Internet
enchufar	el cursor
arrancar	el enlace
la aplicación	el mirón
hacer clic	escanear
el archivo	el disco duro
hacer la conexión	los datos
actualizar	hacer un archivo
cifrar	la contraseña
descargar	

6-22 Más ayuda. Adrián viene a tu casa para darte más ayuda y consejos. Lee la primera cláusula de sus frases, e indica si necesitas terminarlas con el presente del indicativo o el presente del subjuntivo.

1. Necesitas una computadora que…   presente indicativo   presente subjuntivo

2. Busca un sitio de Internet que…   presente indicativo   presente subjuntivo

3. No hay nadie que…   presente indicativo   presente subjuntivo

4. Busca el sitio de la compañía que…   presente indicativo   presente subjuntivo

5. Habla con el profesor que…   presente indicativo   presente subjuntivo

6-23 A terminar. Ahora termina las oraciones con la forma correcta del presente del indicativo o el presente del subjuntivo.

1. Necesitas una computadora que _____ (funcionar).

2. Busca un sitio de Internet que _____ (tener) información sobre este virus.

3. No hay nadie que _____ (poder) eliminar el virus.

4. Busca el sitio de la compañía que _____ (vender) este modelo de computadora.

5. Habla con el profesor que _____ (querer) el trabajo escrito, para ver si lo puedes entregar más tarde.

6-24 Más consejos. Mientras esperas una respuesta por e-mail sobre el virus que ha contaminado tu computadora, Adrián te da unos consejos. Selecciona las palabras apropiadas.

Escucha: pareces estar muy cansado/a. (1. Para / Por / Que / Quien) una persona (2. para / por / que / quien) normalmente está muy animada, estás muy callado/a. Creo (3. para / por / que / quien) tú necesitas tomar unas vacaciones pronto. Puedes ir (4. para / por / que / quien) un fin de semana a la playa u otro lugar tranquilo (5. para / por / que / quien) relajarte un poco. Puedes pasear (6. para / por / que / quien) la playa o leer un libro (7. para / por / que / quien) no tiene nada que ver con (*has nothing to do with*) las clases. Puedes ir a solas, o con un/a amigo/a; no me importa con (8. para / por / que / quien) vayas. Tú eres una persona de (9. para / por / que / quien) me preocupo. Quiero (10. para / por / que / quien) estés bien.

6-25 Unas vacaciones. Ya casi has terminado con los exámenes finales y con todo el trabajo del semestre. Piensas que Adrián tiene razón. Lo llamas para decirle que vas a tomar unas vacaciones. Dile adónde vas y lo que buscas, necesitas o quieres para las vacaciones. También reacciona al hecho (*fact*) de que el semestre casi ha terminado. Usa el subjuntivo y el vocabulario del **Capítulo 5,** y responde oralmente.

Un poco de todo (TEXTBOOK P. 235)

6-26 ¿De dónde es? Jorge y Linda, los padres de Sara del **Capítulo 1,** quieren ayudarte a repasar alguna información cultural. Asocia las siguientes personas o cosas con su país de origen.

1. _____ Santiago Calatrava a. Costa Rica
2. _____ El canal de 1914 b. El Salvador
3. _____ El Festival de la Calle Ocho c. España
4. _____ Xochimilco d. Estados Unidos
5. _____ Concepción y Maderas e. Guatemala
6. _____ el volcán Arenal f. Honduras
7. _____ pepián g. México
8. _____ pupusas h. Nicaragua
9. _____ el Día de Garífuna i. Panamá

6-27 ¿Adónde quieres viajar? De los países que estudiaste este semestre (excepto los Estados Unidos), ¿qué país quieres visitar más? ¿Por qué? ¿Qué actividades quieres hacer allí? Escribe un párrafo que conteste estas preguntas. Usa la información cultural y el vocabulario del libro de texto.

_____

_____

_____

_____

_____

_____

_____

6-28 Laberinto peligroso. Tu amigo Jorge, del **Capítulo 3,** quiere ayudarte a repasar lo que viste en los videos de *Laberinto peligroso.* Indica si las frases son **Ciertas** o **Falsas,** o si **No se dice.**

1. Javier, Celia y Cisco asisten a una conferencia.	Cierto	Falso	No se dice.
2. Celia no se siente bien en la conferencia.	Cierto	Falso	No se dice.
3. Javier enseña una clase.	Cierto	Falso	No se dice.
4. Javier quiere salir con Carmen.	Cierto	Falso	No se dice.
5. Cisco está investigando plantas medicinales.	Cierto	Falso	No se dice.
6. Celia recibe una nota misteriosa en su bolsa.	Cierto	Falso	No se dice.
7. El Dr. Huesos puso la nota en la bolsa de Carmen.	Cierto	Falso	No se dice.
8. Javier encuentra información sobre una planta "mágica".	Cierto	Falso	No se dice.
9. Hay un robo en la tienda que había en la conferencia.	Cierto	Falso	No se dice.
10. Javier y Cisco reciben el mismo mensaje en sus computadoras.	Cierto	Falso	No se dice.

6-29 ¿Cómo son los personajes? Usa el vocabulario del **Capítulo 1** para describir oralmente, en **dos o tres** oraciones, a los personajes de *Laberinto peligroso* que ves en las fotos. Debes describir la apariencia física y la personalidad de cada personaje.

El Dr. Huesos

La bibliotecaria

El detective que entrevista a Celia y a Cisco

Experiential Learning Activities

6-30 Los gauchos. Imagina que eres un gaucho que vive en Argentina; describe tu rutina diaria.

_____

_____

_____

_____

_____

_____

6-31 Una fiesta de aniversario. Imagina que estás planeando una fiesta de aniversario para alguien en tu familia o grupo de amigos. En una hoja aparte, escribe el menú y las actividades del día.

6-32 Tu carro nuevo. Imagina que vas a comprar un carro; prepárate para decirle al vendedor todas las características que quieres que el carro tenga.

Native Speaker Ancillary

Lectura

6-33 Convocatoria para participar en los festejos de los Cien Años de la UNAM. Lee el artículo con cuidado y luego contesta las siguientes preguntas individualmente. Finalmente, comparte tus respuestas con tus compañeros de clase.

En el año 2010, la Universidad Autónoma de México (UNAM) celebra su centésimo aniversario. La fecha del aniversario es también importante porque coincide con el comienzo de la Revolución Mexicana, puesto que ambos datan del año 1910. Durante sus cien años de existencia, la UNAM, con todos sus acontecimientos, se ha destacado como el líder de la institución de educación superior nacional en cuanto a toda área de docencia, investigación y difusión cultural. Como parte de los preparativos, los oficiales de la UNAM invitan a su estudiantado a participar en los detalles de la celebración. Específicamente, convocan a los estudiantes inscriptos a un concurso para la creación y diseño del logotipo (un emblema que representa las actividades o rasgos característicos de la institución) representativo de los festejos de este aniversario tan importante. La Comisión Universitaria para los Festejos de los Cien Años ha establecido los siguientes criterios:

- Sólo los estudiantes inscriptos podrán participar en el concurso

- Se podrá entregar propuestas de manera colectiva o individual

- Sólo se aceptarán diseños originales e inéditos

- Podrán entregarse un máximo de tres propuestas por participante

Los tres mejores diseños ganarán premios: el primer lugar ganará $20,000 M.N., el segundo lugar ganará $10,000 M.N., y el tercer lugar ganará $5,000 M.N. Pues, aunque no se premiarán todos, habrá reconocimiento oficial a los cinco primeros lugares.

Además, el diseño ganador pasará a formar parte del Patrimonio Universitario y podrá ser utilizado en los impresos de la UNAM y difundido en las actividades conmemorativas de los Cien Años de la Universidad Nacional.

1. ¿A quiénes va dirigida esta convocatoria? ¿Para qué sirve?

   _____

   _____

2. ¿Podrías tú participar en este concurso? ¿Por qué sí o por qué no?

   _____

   _____

3. ¿Es posible trabajar en colaboración con otros para entregar un diseño?

_____

_____

4. ¿Qué diseños se premiarán? ¿Qué pasará con el cuarto y el quinto lugar?

_____

_____

5. ¿Qué significa "M.N."? ¿Qué divisa se usa en México?

_____

_____

Escritura

6-34 Una fecha importante para tu universidad. Vuelve a leer la lectura provista, *Convocatoria para participar en los festejos de los Cien Años de la UNAM*, para redactar tu propia convocatoria para tu universidad. Investiga primero en qué año tu universidad va a celebrar un aniversario u otro acontecimiento importante, y luego escribe los detalles para el concurso. ¿Quieres que se entregue un logotipo u otro tipo de diseño? Apunta tus ideas primero y describe el concurso con los criterios específicos.

_____

_____

_____

_____

_____

Un paso más

En muchos países hispanos no existe el concepto de clases optativas (electivas). Cuando uno cursa algún programa, hay un plan fijo con poca variación o desviación. Aunque, muchas veces, hay una o dos clases optativas para cualquier programa, éstas están relacionadas estrechamente con el programa seleccionado. Es decir que uno se especializa en un curso de estudio que resulta ser más enfocado en la materia escogida. Por eso, se dice que un título universitario de un país hispano se asemeja más a una maestría de los Estados Unidos porque hay más énfasis en el curso de estudio que en una formación académica general.

Refranes

6-35 Refranes sobre la educación. A continuación se presentan tres refranes que tienen que ver con el conocimiento o la educación en general. Lee cada uno y luego explica el significado.

1. "A buen entendedor, pocas palabras."

   _____

   _____

2. "Una palabra de un sabio vale por cien de un tonto."

   _____

   _____

3. "No desprecies el consejo de los sabios y los viejos."

   _____

   _____

Activities for *Letras*: **Literary Reader for** *¡Anda! Curso intermedio*

6-36 Letras: Términos literarios. Luis, uno de tus amigos del **Capítulo 4,** quiere ayudarte a repasar los términos literarios que aprendiste. Escoge el término que corresponda con cada ejemplo.

1. _____ La vida es un río que nos lleva al océano de nuestros sueños.

2. _____ Es el hombre más guapo de todo el mundo.

3. _____ Un niño es como una rosa, que se abre un poco más cada día hasta que se puede ver la verdad de su carácter en el centro.

4. _____ La lluvia tocó una marcha en mi ventana.

5. _____ "¿Cómo sabes tú la verdad de cómo soy? ¿Ni de dónde vengo, ni adónde voy?"

6. _____ Convertir una lámpara rota y vieja en "una antigüedad".

7. _____ "Como quisiera verte una vez más…"

8. _____ Otra manera de decir "torta de chocolate": "Es un ejemplo de decadencia total; tres capas de chocolate llenas de una crema rica. ¡Puro paraíso!"

a. el apóstrofe

b. la circunlocución

c. la elipsis

d. el eufemismo

e. la hipérbole

f. la metáfora

g. la prosopopeya

h. el símil

6-37 Letras: ¿De quién es? Ana Laura, tu amiga del **Capítulo 5,** quiere ayudarte a repasar las lecturas que leíste. Asocia el autor/la autora con el dibujo que mejor representa la obra que leíste.

1. _____

4. _____

2. _____

5. _____

3. _____

a. Isabel Allende

b. Julia de Burgos

c. Sandra Cisneros

d. Eduardo Galeano

e. Antonio Machado

Preliminar B

Introducciones y repasos

Mientras estás en la biblioteca, conoces a David y a Marisol, dos estudiantes de intercambio de Latinoamérica. Como quieres practicar el español para prepararte bien para el semestre, y como ellos quieren adaptarse a la vida universitaria norteamericana, ustedes deciden reunirse con frecuencia.

1. Para empezar y Repaso (TEXTBOOK P. 244)

B-1 La historia de David y Marisol. David y Marisol te cuentan sobre sus vidas antes de llegar a los Estados Unidos. Completa las oraciones con la forma correcta de los verbos en el pretérito o el imperfecto.

David: Hace dos meses que yo (1. llegar) _____ a los Estados

Unidos. Antes, (2. vivir) _____ en la misma ciudad por toda

mi vida, y pienso volver cuando termine mis estudios aquí. Cuando (3. ser)

_____ niño, mis padres y yo siempre (4. hacer)

_____ un viaje durante el verano, pero nunca había venido a

los Estados Unidos.

Marisol: Yo tampoco. Recuerdo el día en que yo (5. comprar) _____ mi

boleto de avión para los Estados Unidos. Mi mamá (6. estar)

_____ muy nerviosa; los Estados Unidos están lejos de Perú.

Pero al final ella (7. acostumbrarse) _____ a la idea. Hace un

mes que yo (8. salir) _____ del Perú.

Nombre: _____ Fecha: _____

2. El aspecto físico y la personalidad (TEXTBOOK P. 244)

B-2 ¿Cómo son? David y Marisol describen a sus mejores amigos. Escucha lo que dicen y luego indica si las características en la lista mejor describen a Noé o a Luisa.

1. inteligente   Noé   Luisa
2. extrovertido/a   Noé   Luisa
3. callado/a   Noé   Luisa
4. perforación del cuerpo Noé   Luisa
5. barba   Noé   Luisa
6. rubio/a   Noé   Luisa
7. moreno/a   Noé   Luisa
8. pelo rizado   Noé   Luisa
9. tatuaje   Noé   Luisa
10. cicatriz   Noé   Luisa
11. bien educado/a   Noé   Luisa
12. chistoso/a   Noé   Luisa

B-3 Una persona especial. Ahora describe a una persona importante en tu vida. Menciona algunas características físicas y algunos aspectos de su personalidad.

_____
_____
_____
_____
_____
_____
_____
_____
_____

3. Algunos verbos como *gustar* (TEXTBOOK P. 245)

B-4 Los gustos. David y Marisol te cuentan sobre algunas de sus preferencias. Escribe oraciones con las palabras dadas y la forma correcta de los verbos como **gustar.**

MODELO David / encantar / la música rap

A David le encanta la música rap.

1. Marisol / fascinar / la comida italiana

_____

2. David / interesar / la historia norteamericana

_____

3. Marisol / encantar / las telenovelas

_____

4. David y Marisol / molestar / las personas egoístas

_____

5. David y Marisol / caer bien / tú

_____

B-5 Tus gustos. David y Marisol quieren saber tus gustos y preferencias también. Escribe un párrafo de siete oraciones usando verbos como **gustar.**

_____

_____

_____

_____

_____

_____

_____

_____

_____

_____

4. Algunos estados (TEXTBOOK P. 246)

B-6 Una telenovela. Marisol intenta describir a los personajes de su telenovela favorita, *¡Así es la vida!* Completa el párrafo con las palabras de vocabulario correctas. ¡OJO! Hay que cambiar los adjetivos para que correspondan a los sustantivos.

| celoso/a | cómodo/a | confundido/a | flojo/a | orgulloso/a | se porta mal | tacaño/a |

Bueno, el personaje principal es una mujer que se llama Mónica. Ella siempre (1)

_____, pero todo el mundo la quiere. Su ex-esposo, Enrique, siempre está

(2) _____ de los varios amantes que tiene Mónica. La hermana de Mónica,

Isabel, tiene problemas psicológicos; siempre está (3) _____ y el año pasado

sufrió de amnesia. La madre de Mónica e Isabel, doña Inmaculada, es una mujer

(4) _____; viene de una familia muy importante. Su familia también es rica,

pero a ella no le gusta gastar dinero; es (5) _____. Su tercer esposo, don

Eugenio, es un hombre muy (6) _____; nunca trabaja, pero le gusta tener

una vida (7) _____. ¡No puedo esperar a ver el próximo episodio!

B-7 Tu programa favorito. Ahora describe a los personajes de tu programa favorito de televisión, o tu película o novela favorita. Haz la descripción oralmente y usa el vocabulario del libro de texto.

5. El presente perfecto de indicativo (TEXTBOOK P. 246)

B-8 Preparaciones. Marisol y sus amigas Carrie y Rosa tienen un examen en la clase de geografía, y tú quieres saber qué han hecho para prepararse. También quieres ayudarlas. Lee las oraciones e indica lo que han hecho y lo que todavía no han hecho. Sigue los modelos con cuidado.

MODELOS Marisol / mirar la guía de estudio (¡Sí!)

Marisol ha mirado la guía de estudio.

Carrie y Rosa / leer sus notas (¡No!)

Carrie y Rosa no han leído sus notas.

1. Marisol / ir a la oficina del profesor (¡No!)

   _____

2. Marisol, Carrie y Rosa / reunirse para estudiar (¡Sí!)

   _____

3. Rosa / hablar con unos compañeros de clase (¡Sí!)

   _____

4. Marisol y yo / repasar los términos difíciles (¡No!)

   _____

5. Rosa / hacer todas las actividades de repaso (¡Sí!)

   _____

B-9 Un trabajo para David. David busca un trabajo y llama para hablarte sobre el proceso. Escucha lo que dice, e indica lo que David ya ha hecho de la siguiente lista.

hablar con una agencia de empleo
leer los anuncios en el periódico
llamar a sus contactos
buscar en el Internet
escribir un currículum (*résumé*)
ir a una feria de trabajos

6. La familia (TEXTBOOK P. 247)

B-10 La familia de Marisol. Marisol describe a su familia. Escucha lo que dice y asocia el adjetivo apropiado con cada persona que menciona.

1. _____ Liliana   a. agradable

2. _____ Fernando   b. callado/a

3. _____ Pablo   c. educado/a

4. _____ Raúl   d. extrovertido/a

5. _____ Perla   e. presumido/a

Nombre: _____   Fecha: _____

B-11 La familia ideal. En tu opinión, ¿cómo son los parientes ideales? Haz una lista de adjetivos que describen a las siguientes personas.

1. La madre ideal:

_____

_____

_____

2. El padre ideal:

_____

_____

_____

3. Los hermanos ideales:

_____

_____

_____

4. Los tíos ideales:

_____

_____

_____

5. Un primo ideal:

_____

_____

_____

6. Los abuelos ideales:

_____

_____

_____

7. Los hijos ideales:

_____

_____

_____

7. Algunos deportes (TEXTBOOK P. 248)

B-12 Los deportes. A David le gustan mucho los deportes. Para hablar mejor con él, decides repasar tu vocabulario. Selecciona todos los deportes que ves en el dibujo.

boxear   jugar al voleibol   practicar lucha libre
cazar   levantar pesas   practicar ciclismo
jugar al boliche   patinar en monopatín
jugar al hockey   practicar atletismo

Nombre: _____   Fecha: _____

8. Los mandatos de *nosotros/as* (TEXTBOOK P. 249)

B-13 El fin de semana. Marisol, David y tú quieren pasar tiempo juntos el sábado que viene, pero necesitan decidir lo que van a hacer. Escribe las oraciones de nuevo usando la forma de un mandato de nosotros.

MODELO   **David:** Vamos a bailar en un club.

                   Tú: *Bailemos en un club.*

1. **David:** Vamos a alquilar un video.

   Tú: _____

2. **Marisol:** Vamos a comer en un restaurante italiano.

   Tú: _____

3. **David:** Vamos a jugar al tenis.

   Tú: _____

4. **Marisol:** Vamos a correr en el parque.

   Tú: _____

5. **David:** Vamos a mirar la televisión.

   Tú: _____

B-14 Otras ideas. Tú tienes otras ideas sobre lo que deben hacer este sábado. Describe tus ideas oralmente usando cinco mandatos de nosotros. ¡OJO! No uses las ideas ya mencionadas en la actividad **B-13.**

9. Algunos pasatiempos y el subjuntivo (Textbook p. 250)

B-15 Los pasatiempos. Quieres hablar con David y Marisol sobre los pasatiempos, pero tienes que repasar el vocabulario. Asocia el equivalente en inglés que corresponda a cada pasatiempo.

1. _____ bucear   a. to collect stamps

2. _____ coleccionar sellos   b. to fish

3. _____ coser   c. to knit

4. _____ jugar al ajedrez   d. to play checkers

5. _____ jugar a las damas   e. to play chess

6. _____ jugar al póquer   f. to play poker

7. _____ jugar videojuegos   g. to play videogames

8. _____ pasear en barco   h. to scuba dive

9. _____ pescar   i. to sail

10. _____ tejer   j. to sew

B-16 Unas actividades. David y Marisol quieren participar en algunas actividades en campus, pero no saben en cuáles deben participar. Dales unas recomendaciones basadas en sus intereses. Usa el presente de subjuntivo.

MODELO **Marisol:** Me gusta mucho hacer ropa y tejer.

Tú: (recomendar / ir al club de costura)

Recomiendo que vayas al club de costura.

1. **David:** Me gustan mucho los deportes de la playa, pero no puedo ir a la playa.

   Tú: (recomendar / tirar un platillo volador en el cuadrángulo [*quad*])

   _____

2. **Marisol:** Me gusta mucho leer libros de espías.

   Tú: (sugerir / asistir a una reunión del club de lectura)

   _____

3. **David:** Me gustan mucho los juegos de estrategia.

   Tú: (querer / hacerte miembro del club de ajedrez)

   _____

4. **Marisol:** Me gusta pintar.

   Tú: (aconsejar / hablar con el presidente del club de arte)

   _____

5. **David:** Tengo unas opiniones muy fuertes sobre la política, y me gusta compartirlas.

   Tú: (sugerir / comentar en un blog)

   _____

10. El subjuntivo para expresar pedidos, mandatos y deseos (TEXTBOOK P. 251)

B-17 Pobre Marisol. Marisol extraña a su familia y David trata de animarla. Completa las oraciones con el presente de subjuntivo.

Marisol, es una lástima que (1. extrañar) _____ a tu familia. Quiero que tú

(2. llamar) _____ a tus padres y a tu amiga Luisa esta noche. Es importante que

ustedes (3. mantenerse) _____ en contacto. Sugiero que Luisa y tú (4. hablar)

_____ por IM cuando tengan tiempo. ¿Quieres que yo te (5. ayudar)

_____ a abrir una cuenta? Además, este fin de semana, recomiendo que nosotros

(6. hacer) _____ algo muy divertido para que no pienses demasiado en Perú.

¿Qué te parece?

B-18 David y Carrie. David está chiflado de (*has a crush on*) Carrie, la amiga de Marisol. Quiere invitarla a salir, pero quiere tus consejos primero. Completa las oraciones de una manera original, usando el presente de subjuntivo.

1. Es importante que _____.

2. Quiero que _____.

3. Recomiendo que _____.

4. Sugiero que _____.

5. Es probable que _____.

11. Los materiales de la casa y sus alrededores
(TEXTBOOK P. 253)

 B-19 Una casa para Marisol. Marisol, Carrie y Rosa deciden mudarse de la residencia estudiantil y alquilar una casa. Escucha lo que dice Marisol, y selecciona las respuestas que mejor completen las oraciones.

1. La primera casa que Marisol menciona tiene
   a. jardín, cerca y garaje.
   b. jardín, garaje y acera.
   c. tres dormitorios.
   d. coche.

2. Según Marisol, es bueno alquilar una casa con garaje porque
   a. necesitan espacio para guardar sus cosas.
   b. Carrie tiene coche.
   c. Rosa tiene coche.
   d. ella tiene coche.

3. La segunda casa que Marisol describe
   a. es muy grande.
   b. tiene piscina.
   c. tiene un muro.
   d. *a, b y c*

4. La tercera casa que Marisol describe
   a. es de ladrillos.
   b. tiene muro.
   c. tiene dos dormitorios.
   d. cuesta mucho dinero.

5. Marisol quiere ver
   a. la primera casa.
   b. la segunda casa.
   c. la tercera casa.
   d. ninguna de las tres casas.

B-20 Las casas de las celebridades. David quiere saber tus opiniones sobre las casas de las celebridades en los Estados Unidos. Piensa en tu celebridad favorita e imagina cómo es su casa. Escribe un párrafo donde dices quién es la celebridad y describes su casa.

_____

_____

_____

_____

_____

_____

_____

_____

_____

_____

12. Usos de los artículos definidos e indefinidos
(TEXTBOOK P. 254)

B-21 Un mensaje de Marisol. Marisol te manda un e-mail sobre la casa que va a alquilar. Completa las oraciones con los artículos definidos y los artículos indefinidos apropiados. Si no se necesita un artículo, escribe una X en el espacio en blanco.

¡Hola! ¿Qué tal? (1) _____ viernes a (2) _____ tres tengo que reunirme con (3) _____ Sr.

Roberts para firmar (4) _____ papeles que él preparó. Entonces, Rosa, Carrie y yo podremos

mudarnos (5) _____ domingo por (6) _____ tarde. (7) _____ electricista tiene que hacer

algunas reparaciones antes de que nos mudemos. Él es (8) _____ venezolano y podía hablar con él

en (9) _____ español. Esto fue muy bueno. Me dijeron que es (10) _____ electricista muy

bueno. Pues, tengo (11) _____ mil cosas que hacer antes de mudarme. Hablamos más tarde. Chao.

13. Dentro del hogar: la sala, la cocina y el dormitorio (TEXTBOOK P. 255)

B-22 El cuarto de tu niñez. Mientras ayudas a Marisol a desempacar (*unpack*) sus cosas, ella te pregunta sobre el dormitorio que tenías cuando eras niño/a. Descríbelo oralmente, usando el imperfecto.

B-23 La cocina. Marisol te muestra la cocina de su nueva casa. Mira la cocina y selecciona de la lista de abajo todas las cosas que ves en el dibujo.

la alacena	la despensa	la olla
la batidora	el fregadero	la sartén
la cacerola	el horno	la sopera
la cafetera	el mostrador	la toalla

14. El subjuntivo para expresar sentimientos, emociones y dudas (TEXTBOOK P. 258)

B-24 Un e-mail para Carrie. Después de salir con Carrie por primera vez, David le escribe un e-mail. Completa las oraciones con la forma correcta de los verbos en el presente del subjuntivo.

Querida Carrie:

Gracias por una noche inolvidable. Me alegro mucho de que tú (1. querer) _____

salir conmigo otra vez. Dudo que tú (2. poder) _____ saber cuánto me interesas.

Siento mucho que nosotros no nos (3. ver) _____ por cuatro días; es malo que

nosotros (4. tener) _____ tantos exámenes esta semana. Quizás yo te

(5. llamar) _____ mañana, si no estás demasiado ocupada para planear nuestra

próxima cita. Escríbeme pronto.

Cariñosamente,

David

B-25 La respuesta de Carrie. Ahora, imagina que tú eres Carrie. Responde al e-mail de David. Usa el presente de subjuntivo y unas expresiones de emociones, deseos y dudas.

Querido David:

_____

_____

_____

_____

_____

_____

_____

_____

Un abrazo,

Carrie

15. *Estar* + el participio pasado (TEXTBOOK P. 259)

B-26 Una fiesta para Carrie. David y Marisol quieren darle a Carrie una fiesta sorpresa para su cumpleaños. David tiene una lista de cosas que hacer, pero ya están hechas. Indica esto usando **estar** y **el participio pasado.** Sigue el modelo con cuidado.

MODELO Tengo que hacer una lista de invitados.

Ya está hecha.

1. Tengo que escribir indicaciones para los invitados.

   _____

2. Tengo que poner las indicaciones en las invitaciones.

   _____

3. Tengo que mandar las invitaciones.

   _____

4. Tengo que pedir un pastel.

   _____

5. Tengo que comprar un regalo.

   _____

16. Las celebraciones y los eventos de la vida (TEXTBOOK P. 260)

B-27 El cumpleaños de Marisol. Mientras planean la fiesta para Carrie, Marisol les cuenta sobre su cumpleaños favorito. Escucha lo que dice, y luego indica si las frases son **Ciertas** o **Falsas,** o si **No se dice.**

1. La fiesta de cumpleaños favorita de Marisol fue su quince años.	Cierto	Falso	No se dice.
2. Los hermanos de Marisol participaron en su quince años.	Cierto	Falso	No se dice.
3. Luisa, Alejandro y otros tres amigos vinieron a la fiesta del año pasado.	Cierto	Falso	No se dice.
4. Llovió mucho la noche de la fiesta, y por eso fueron a un club.	Cierto	Falso	No se dice.
5. Luisa le dio una bolsa (*purse*).	Cierto	Falso	No se dice.
6. Alejandro le dio un anillo de compromiso (*engagement ring*).	Cierto	Falso	No se dice.
7. Marisol prefiere las fiestas íntimas, no los espectáculos.	Cierto	Falso	No se dice.

B-28 Tu fiesta de cumpleaños favorita. Ahora escribe un párrafo que describa tu fiesta de cumpleaños favorita. Usa el pretérito, el imperfecto y el vocabulario de las celebraciones, y escribe por lo menos **siete** oraciones.

_____

_____

_____

_____

_____

_____

_____

_____

17. El pasado perfecto (pluscuamperfecto) (TEXTBOOK P. 261)

B-29 Cuando cumplí 19 años... Carrie cumple 19 años, y algunos de sus invitados recuerdan lo que ellos habían hecho cuando cumplieron 19 años. Completa las oraciones usando el pasado perfecto (el pluscuamperfecto).

MODELO   David: Cuando cumplí 19 años, ya ___*había conocido*___ (conocer) a mi amigo Noé.

1. **David:** Cuando cumplí 19 años, ya _____ (decidir) ir a los Estados Unidos.

2. **Marisol:** Cuando cumplí 19 años, ya _____ (salir) con Alejandro por dos años.

3. **Rosa:** Cuando cumplí 19 años, ya _____ (comprar) mi propio coche.

4. **María:** Cuando cumplí 19 años, ya _____ (escribir) una novela.

5. **Mark:** Cuando cumplí 19 años, ya _____ (romperse) una pierna y un brazo.

B-30 Cuando tú cumpliste años... Cuando cumpliste tu edad actual, ¿qué ya habías hecho? Piensa en **cinco** cosas, y responde oralmente. Usa el pluscuamperfecto.

18. La comida y la cocina y Más comida (TEXTBOOK P. 261)

B-31 Una comida para los amigos. Decides preparar una comida "norteamericana" para David y Marisol, y piensas hacer pollo frito con puré de papas (*mashed potatoes*). En caso de que quieran las recetas, decides repasar algunos de los verbos que tienen que ver con la cocina. Empareja el verbo en inglés que corresponde con el verbo en español.

1. _____ añadir

2. _____ asar

3. _____ batir

4. _____ calentar

5. _____ cubrir

6. _____ derretir

7. _____ freír

8. _____ hervir

9. _____ recalentar

a. to add

b. to beat

c. to boil

d. to cover

e. to fry

f. to heat

g. to melt

h. to reheat

i. to roast

B-32 Una comida saludable. Te gustan el pollo frito y el puré de papas, pero no son muy saludables. Escribe un párrafo donde planeas una comida saludable. ¿Cuáles son los ingredientes principales? ¿Cómo se preparan los platos? Usa el vocabulario del **Capítulo 4** y los mandatos.

_____

_____

_____

_____

_____

_____

_____

_____

_____

_____

19. El presente perfecto de subjuntivo (TEXTBOOK P. 263)

B-33 ¡Mucho trabajo! Marisol tiene que escribir tres trabajos y David tiene dos exámenes. ¡Los dos se sienten estresados! Anímalos (*encourage them*). Usa el presente perfecto del subjuntivo y sigue el modelo con cuidado.

MODELO **David:** He estudiado por 8 horas para mi examen de historia.

Tú: Ser bueno que / estudiar tanto

Es bueno que hayas estudiado tanto.

1. **Marisol:** He pasado 5 horas en la biblioteca.

   Tú: Ser importante que / investigar tantas horas

   _____

2. **David:** He leído todo mis apuntes para mi examen de biología.

   Tú: Ser bueno que / tener apuntes muy buenos

   _____

3. **Marisol:** He escrito dos páginas, pero el trabajo debe ser de diez.

   Tú: Ser mejor que / empezar a escribir

   _____

4. **David:** He ido a la oficina de mi profesor.

   Tú: Ser importante que / hablar con él

   _____

5. **Marisol y David:** No hemos dormido por 24 horas.

   Tú: Ser una lástima que / ustedes no dormir

   _____

20. Los viajes (TEXTBOOK P. 264)

B-34 Una isla desierta. David está tan ocupado y estresado que le gusta imaginar que se muda a una isla desierta. Escoge todas las palabras y expresiones de la lista de abajo que corresponden con una isla desierta.

la aduana	la frontera	la sombrilla
la arena	los lentes de sol	tomar el sol
firmar	el guía	

21. Viajando por coche (TEXTBOOK P. 265)

B-35 Un coche para David. David quiere comprar un coche y te habla sobre lo que busca. Completa las oraciones con las palabras correctas.

> un navegador personal   una limosina   el seguro de coche   una transmisión
> un vehículo utilitario deportivo

No busco un coche grande como (1) _____, ni un coche tan elegante como

(2) _____, pero quisiera un coche bastante nuevo y en buenas condiciones.

No quiero pagar mucho por (3) _____, pero sé que

es muy importante tenerlo en caso de tener un accidente (y para seguir la ley, claro).

No quiero pagar por muchas reparaciones tampoco; el coche que tenía en Colombia tenía

(4) _____ mala y fue muy caro reemplazarla. También quiero tener

(5) _____; no me gusta perderme, y es difícil mirar un mapa y

conducir a la vez.

22. Los pronombres relativos *que* y *quien* (TEXTBOOK P. 266)

B-36 Pobre David. David te llama para hablar sobre el coche que acaba de comprar. Escoge entre **que** o **quien**, según el caso.

El hombre (1. que / quien) me vendió el coche es un ladrón. El coche (2. que / quien) compré no

funciona. El mecánico con (3. que / quien) hablé me dijo (4. que / quien) el coche es una porquería

(*lemon*). El agente de seguros, a (5. que / quien) llamé, me dijo lo mismo. ¡No sé qué hacer!

23. Las vacaciones (TEXTBOOK P. 267)

B-37 Un viaje a la capital. Carrie quiere hacer un viaje a Washington, D.C. con Marisol y Rosa. David está un poco nervioso porque las tres van a viajar por coche. Quiere asegurarse de que las tres amigas tengan todo lo que necesiten para el viaje. Ayúdalo a escoger las palabras apropiadas.

> alquilar un coche   un atasco   la carretera   un itinerario   un mapa

1. Esta cosa es muy importante para no perderse. Necesitan _____.

2. Es buena idea hacer uno de estos, porque es un plan de tu viaje. Es _____.

3. Es un tipo de calle donde se puede conducir muy rápidamente, como 65 millas por hora. Tengan

   cuidado en _____.

4. La capital es una ciudad muy grande; muchas personas conducen allí. Con tantos coches, es

   probable que haya _____.

5. El coche de Rosa es bastante viejo. El mío, como sabes, está descompuesto. Es una lástima que

   ustedes no puedan _____, pero son demasiado jóvenes.

B-38 Una tarjeta postal. Marisol te manda una tarjeta postal de la capital, pero no puedes leer algunas palabras porque la lluvia las borró. Escoge las palabras correctas para completar el mensaje.

¡Hola! Aquí estamos en la capital. Nos divertimos mucho. Hoy fuimos a ver (1. los monumentos nacionales / la oficina de turismo / el paisaje). ¡Hay tantos! Mi favorito fue dedicado a Jorge Washington—¡es tan alto! Y (2. la gira / el guía / el sello) nos dio mucha información fascinante. Nuestro hotel es muy elegante también. Hay (3. un camarero / un faro / un portero) que siempre nos saluda cuando entramos al hotel. Ayer nos ayudó a encontrar un taxi; conducir por la ciudad es difícil. Anoche usamos (4. la guardia / la recepcionista / el servicio). Pedí una hamburguesa con queso a las once de la noche. ¡Increíble! Mañana vamos de compras. Te compraré (5. un recuerdo / un timbre / un volante) de la Casa Blanca. ¡Chao! —Marisol

24. La tecnología y la informática (TEXTBOOK P. 267)

B-39 Un mensaje para Carrie. David sabe que Carrie está muy ocupada en su viaje, pero quiere hablar con ella. Le deja un mensaje. Completa las oraciones con las palabras del vocabulario correctas.

archivos   contraseña   correo de voz   enlace   informática

Hola, nena. Siento molestarte en tu viaje, pero quisiera oír tu voz. He tenido un día terrible. Pensé

que tenía un virus en la computadora. Mi amigo Joe estudia (1) _____ y me

ayudó. No había ningún virus, pero alguien intentó robar mi (2) _____. Joe

cree que pasó porque hice clic en un (3) _____ en un e-mail que recibí. ¡Qué

barbaridad! No perdí ninguno de mis (4) _____, afortunadamente. Tenía

miedo. Bueno, llámame cuando puedas. Y, si no contesto, déjame un mensaje en el

(5) _____. Un beso.

25. El subjuntivo con antecedentes indefinidos o que no existen (TEXTBOOK P. 268)

B-40 Un compañero de cuarto. David busca un compañero de cuarto. Indica si necesita el presente del indicativo o el presente del subjuntivo para completar la oración.

1. Busco un compañero de cuarto que…   presente de indicativo   presente de subjuntivo

2. Necesito hablar con el muchacho que…   presente de indicativo   presente de subjuntivo

3. Quiero vivir con una persona que…   presente de indicativo   presente de subjuntivo

4. Quiero vivir con el estudiante que…   presente de indicativo   presente de subjuntivo

5. Busco al muchacho que…   presente de indicativo   presente de subjuntivo

B-41 Un tutor para Marisol. Marisol tiene problemas con las matemáticas, y quiere encontrar un tutor para su clase de cálculo. Completa las oraciones con la forma correcta del verbo en el presente del subjuntivo o el presente del indicativo.

Necesito un tutor que (1. ser) _____ simpático y que (2. comprender)

_____ bien el cálculo. Quiero un tutor que (3. venir)

_____ a mi casa. No tengo mucho dinero, entonces necesito un tutor que no

(4. querer) _____ muchísimo dinero. Puedo llamar al tutor que Carrie me

(5. recomendar) _____; él es muy amable. También necesito hablar con

la mujer que mi profesor siempre (6. mencionar) _____ en clase. Respeto

su opinión.

26. Las acciones relacionadas con la tecnología (TEXTBOOK P. 269)

B-42 Un trabajo. Mientras Carrie está de viaje, David escribe un trabajo para una de sus clases. Quiere combinar parte de uno de sus trabajos ya escritos con un trabajo nuevo. Ayúdalo a poner los pasos en orden lógico.

1. _____ arrancar

2. _____ cortar la sección del trabajo original

3. _____ guardar el archivo

4. _____ hacer un archivo de reserva

5. _____ hacer clic en los iconos de los dos trabajos para abrirlos

6. _____ hacer la conexión

7. _____ pegar la sección en el segundo trabajo

a. primero

b. segundo

c. tercero

d. cuarto

e. quinto

f. sexto

g. séptimo

Ahora tú, Marisol y David son muy buenos amigos. Ellos te han ayudado con el español y, como siempre, tú los has ayudado a acostumbrarse a la vida universitaria norteamericana. ¡Buen trabajo!

27. Laberinto peligroso (TEXTBOOK P. 270)

B-43 Antes de mirar. Mira las fotos de los personajes principales y escribe dos o tres oraciones que describan a cada personaje para explicar quién es. Usa los episodios previos como base. Si no miraste el video en tu clase de español previa, haz unas predicciones de cómo y quién es cada personaje.

1. Celia

_____

_____

_____

2. Javier

_____

_____

_____

3. Cisco

_____

_____

_____

4. El Dr. Huesos

_____

_____

_____

B-44 Después de mirar. Indica si las oraciones siguientes pertenecen a Celia, Javier o Cisco o si no se dice, según este episodio del video.

1. Es una persona misteriosa.	Celia	Javier	Cisco	No se dice.
2. Es un mujeriego (*ladies' man*).	Celia	Javier	Cisco	No se dice.
3. Es una persona a quien le gusta enseñar.	Celia	Javier	Cisco	No se dice.
4. Le gustan muchísimo los deportes.	Celia	Javier	Cisco	No se dice.
5. Trabajaba para el FBI.	Celia	Javier	Cisco	No se dice.
6. Está enamorado de Celia.	Celia	Javier	Cisco	No se dice.
7. Se enfermó en algunos episodios.	Celia	Javier	Cisco	No se dice.
8. Robó algunos mapas de la biblioteca.	Celia	Javier	Cisco	No se dice.
9. Recibió una nota en el café.	Celia	Javier	Cisco	No se dice.
10. Es periodista.	Celia	Javier	Cisco	No se dice.

Experiential Learning Activity

B-45 En Perú. Estás pasando las vacaciones en Sudamérica, y se te descompone el carro mientras viajas por Perú. Prepárate para decirle al mecánico qué ha ocurrido, y propón un plan para reparar el carro.

Service Learning Activity

B-46 Un restaurante hispano. Tú quieres abrir un restaurante de comida hispana, pero primero tienes que entregar un plan. Prepara un presupuesto (*budget*) de los gastos que anticipas, y averigua (*find out*) qué más tienes que hacer antes de abrir tu propio negocio.

Native Speaker Ancillary

Lectura

B-47 El nopal: símbolo nacional de México. Lee el artículo con cuidado. Contesta las siguientes preguntas individualmente, y luego comparte tus respuestas con tus compañeros de clase.

El nopal, o *la tuna,* es un cácteo de tallos aplastados fácilmente reconocido cuyo fruto se llama el higo chumbo. Esta planta se originó en Mesoamérica y tiene una historia muy rica e interesante. El nopal desempeña un papel importante tanto en la historia nacional como en la gastronomía mexicana. Según indica la leyenda azteca, durante el siglo XIV, el dios Huitzilopochtli les ordenó a los aztecas que localizaran su tierra natal. Allí, les dijo, presenciaba un águila real luchando contra una serpiente sobre un nopal ("nochtli" en su lengua nativa) en el centro de un lago. Al descubrir la región con este símbolo predicha por el dios, sabían que habían encontrado su tierra. Así, al encontrarla le pusieron el nombre "Tenochtitlán," que significa "lugar del nopal". Por su importancia histórica, este símbolo figura prominentemente en la bandera mexicana. Todos los mexicanos reconocen el símbolo del águila, pero no todos saben la historia relacionada con la selección del símbolo y su incorporación en el escudo de México.

Como ingrediente principal en muchos platos mexicanos, el nopal es muy importante por ser rico en vitaminas A y C. Hay tacos de nopal y hasta helados y licuados que saben a nopal, que se pueden comprar en los mercados. Además, esta fruta se conoce por su valor medicinal, puesto que se dice que puede regular el nivel de la glucosa y el colesterol en la sangre.

A nivel funcional, el nopal con sus pencas (hojas carnosas) espinadas sirve como una barrera natural que impide las intrusiones no deseadas en las propiedades, porque el nopal puede alcanzar una altura de cuatro metros.

En fin, el nopal desempeña un papel muy importante en la cultura mexicana desde un punto de vista histórico, gastronómico y funcional.

1. ¿Qué es el nopal? ¿Qué dice?

_____

_____

2. ¿Qué significa "Tenochtitlán"? ¿Qué dice la leyenda?

_____

_____

3. ¿Qué símbolo se ve en el escudo nacional de México?

_____

_____

4. ¿Qué beneficios medicinales da el nopal? ¿Qué otro tipo de protección proporciona?

_____

_____

5. ¿Has probado algún plato a base del nopal? ¿Te gustó? ¿A qué sabe?

_____

_____

Escritura

B-48 La bandera mexicana. Investiga la evolución histórica de la bandera mexicana. Luego, escribe un ensayo de tres párrafos: en el primer párrafo describe cómo era antes, en el segundo cómo es ahora y en el tercer párrafo indica como se asemejan las dos versiones de la bandera. ¿Ha cambiado mucho?

_____

_____

_____

_____

_____

_____

Un paso más

En la preparación de comidas hispanas, las vasijas o utensilios que se emplean para cocinar tienen nombres muy especiales. Por ejemplo, una paellera se usa para preparar las ricas paellas españolas. Algunas veces, un plato, o la comida misma, también conlleva el nombre de la vasija en la que se prepara; el término "paila" se aplica tanto al utensilio, una sartén metálica y redonda, como al plato, un guisado. Otro ejemplo se demuestra con la palabra "cazuela". Una cazuela es una vasija hecha de greda (arcilla arenosa) que también se refiere al caldo o a la sopa que se prepara adentro.

Refranes

B-49 Refranes sobre el nopal. Como aprendimos en la lectura, el nopal tiene mucha importancia histórica y contemporánea para los mexicanos. A continuación se ven dos refranes relacionados con las características del nopal. Investiga y explica el significado de cada uno, y relaciona su mensaje con algún aspecto de tu vida.

1. "No le busques tunas a los huizaches." (*Huizache es un término general para las varias plantas arbustivas.*)

_____

_____

2. "Al nopal, lo van a ver sólo cuando tiene tunas."

_____

_____

7

Bienvenidos a mi mundo

En este capítulo, conoces a dos nuevos amigos: Manuel, tu compañero de laboratorio de biología, y Gloria, la dueña de la tienda donde trabaja tu amiga Natalie. Vas a usar el español para ayudar a Natalie y también para conocer mejor a Manuel y a Gloria.

1. Algunas tiendas y algunos lugares en la ciudad (TEXTBOOK P. 274)

7-1 La ciudad. Manuel quiere saber un poco sobre tu pueblo o ciudad. Para hablar con él en español, necesitas repasar el vocabulario. Asocia la palabra en inglés con la palabra correspondiente en español.

1. _____ bread store

2. _____ cathedral

3. _____ clothing store

4. _____ doctor's office

5. _____ dry cleaner's

6. _____ factory

7. _____ hardware store

8. _____ ice-cream store

9. _____ mosque

10. _____ shoe store

a. la catedral

b. el consultorio

c. la fábrica

d. la ferretería

e. la heladería

f. la mezquita

g. la panadería

h. la tienda de ropa

i. la tintorería

j. la zapatería

7-2 Un letrero. Natalie tiene que escribir un letrero para anunciar una rebaja en la tienda de ropa de Gloria. Gloria quiere que lo escriba en inglés y en español. Ayuda a Natalie, escogiendo las palabras apropiadas de la lista que sigue para describir el evento.

el dependiente	la ganga	la oferta
el dinero en efectivo	la liquidación	la rebaja
el escaparate	el mostrador	la tarjeta de crédito

7-3 Santiago. Manuel te describe Santiago, Chile, su ciudad. Escucha lo que dice, y luego escoge la respuesta que mejor completa cada frase.

1. Según Manuel, Santiago...
    a. es la capital de Chile.
    b. es cosmopolita.
    c. tiene muchos edificios históricos.
    d. *a, b y c*

2. El edificio más viejo de Santiago es...
    a. la Plaza de Armas.
    b. la Catedral Metropolitana.
    c. el Centro Costanera.
    d. la iglesia de San Francisco.

3. Manuel dice que...
    a. es difícil viajar por Santiago.
    b. no hay un sistema de transporte público.
    c. hay un buen sistema de transporte público.
    d. *a y b*

4. La Catedral Metropolitana...
    a. es el edificio más viejo de Santiago.
    b. se reconstruyó muchas veces.
    c. fue construida en el año 1748.
    d. *b y c*

5. El Centro Costanera...
    a. es un centro religioso.
    b. es colonial.
    c. va a ser un centro comercial.
    d. fue destruido a causa de desastres naturales.

7-4 Tu ciudad. Ahora describe tu pueblo o ciudad. ¿Cómo es? ¿Cuáles son tus lugares favoritos? ¿Cuáles son algunos de los lugares principales? Escribe un párrafo de **siete a diez** oraciones.

_____

_____

_____

_____

_____

_____

_____

_____

Repaso

Ser y estar (TEXTBOOK P. 275)

7-5 El laboratorio de biología. Tú estás hablando con Manuel después del laboratorio de biología. Rellena el espacio en blanco con la forma correcta de **ser** o **estar** en el presente del indicativo.

Manuel: No sé donde (1) _____ el microscopio que usamos el otro día.

Tú: Creo que (2) _____ en el gabinete (*cabinet*) a la izquierda.

Manuel: El Dr. Johnson (3) _____ nuestro profesor, pero ¿quién

(4) _____ Kenny?

Tú: Kenny (5) _____ su asistente. Él (6) _____ un estudiante

graduado y (7) _____ muy simpático, ¿no crees?

Manuel: Sí, claro. Creo que Kenny y el Dr. Johnson (8) _____ escribiendo un

artículo sobre fotosíntesis.

Tú: Sí, creo que (9) _____ el tema de la tesis de Kenny. Mira, afuera

(10) _____ lloviendo mucho. ¿Por qué no nos quedamos aquí un rato?

Manuel: ¡Buena idea! Podemos empezar el informe para el laboratorio.

7-6 ¿Cuándo se usa...? Natalie quiere entender mejor cuándo se usa **ser** y cuándo se usa **estar**. Lee la lista de razones y escoge entre **ser** y **estar.**

1. un cambio de condición   ser   estar

2. características físicas inherentes   ser   estar

3. decir la hora   ser   estar

4. localización de personas, lugares u objetos   ser   estar

5. nacionalidad u origen   ser   estar

6. el presente progresivo   ser   estar

2. El subjuntivo en cláusulas adverbiales (expresando tiempo, manera, lugar e intención) (TEXTBOOK P. 279)

7-7 Siempre, nunca, a veces. Después de hablar con Gloria, la jefa de Natalie, te das cuenta de que necesitas repasar un poco el subjuntivo. Lee la lista de conjunciones adverbiales, y luego indica si después de ellos **siempre** se usa el subjuntivo, **nunca** se usa el subjuntivo o **a veces** se usa el subjuntivo.

1. Ahora que   siempre   nunca   a veces
2. Antes de que   siempre   nunca   a veces
3. Aunque   siempre   nunca   a veces
4. Con tal (de) que   siempre   nunca   a veces
5. Cuando   siempre   nunca   a veces
6. En cuanto   siempre   nunca   a veces
7. Hasta que   siempre   nunca   a veces
8. Para que   siempre   nunca   a veces
9. Tan pronto como   siempre   nunca   a veces
10. Ya que   siempre   nunca   a veces

7-8 La historia de Gloria. Gloria, la dueña de la tienda donde trabaja tu amiga Natalie, te cuenta sobre su trabajo. Completa el párrafo con la forma correcta de los verbos en el presente del subjuntivo o el presente del indicativo.

Soy una mujer de cuarenta años, pero antes de que tú (1. pensar) _____ que mi

vida ya ha pasado, quiero decirte algunas cosas para que no (2. tener) _____ una

opinión equivocada. Ser dueña de mi propio negocio es un sueño que he tenido toda mi vida,

aunque no (3. parecer) _____ ser algo romántico o especial. Tener tu propio

negocio es tener independencia. Y, a menos que algo (4. pasar) _____ con la

economía, creo que voy a tener un año muy exitoso. Ahora que Natalie (5. trabajar)

_____ conmigo, yo puedo pensar en cómo mejorar mi negocio. Tan pronto como

mi sobrino Julián (6. volver) _____ de su viaje a Paraguay, vamos a crear una página

web y vender algunas cosas por Internet.

Notas culturales

La ropa como símbolo cultural (TEXTBOOK P. 283)

7-9 ¿Qué prenda es? Gloria quiere incorporar unas prendas tradicionales de Latinoamérica a su tienda. Lee cada descripción y luego indica qué prenda es.

1. Es de Bolivia.   una guayabera   una blusa o camisa de *aho po'i*   una pollera

2. Es del Caribe.   una guayabera   una blusa o camisa de *aho po'i*   una pollera

3. Es de Paraguay.   una guayabera   una blusa o camisa de *aho po'i*   una pollera

4. Tiene cuatro bolsillos.   una guayabera   una blusa o camisa de *aho po'i*   una pollera

5. Es para hombres y mujeres.   una guayabera   una blusa o camisa de *aho po'i*   una pollera

6. Es una falda.   una guayabera   una blusa o camisa de *aho po'i*   una pollera

7. Es bordado a mano.   una guayabera   una blusa o camisa de *aho po'i*   una pollera

7-10 ¿Cuál te gusta mas? De las prendas descritas en la sección *Notas culturales*, ¿cuál te gusta más? Responde oralmente, y explica por qué te gusta.

Escucha (TEXTBOOK P. 286)

7-11 Un mensaje de Manuel. Manuel te deja un mensaje en tu teléfono celular. Antes de escuchar el mensaje, mira la foto que él te manda. ¿Cuál es el tema del mensaje de Manuel? ¿Dónde está? ¿Qué hora es? Escribe **dos o tres** oraciones que describan la foto, en preparación para escuchar el mensaje.

_____

_____

_____

_____

_____

7-12 El mensaje. Escucha el mensaje de Manuel, y luego selecciona la respuesta que mejor complete las frases.

1. Manuel te llama desde…
   a. la biblioteca.
   b. un café.
   c. la clase de biología.
   d. la clase de historia.

2. Manuel está con…
   a. dos amigas.
   b. su compañero de cuarto.
   c. su novia y una amiga.
   d. No está con nadie.

3. Manuel quiere que…
   a. vengas a reunirte con él.
   b. tomes un café antes de la clase.
   c. conozcas a Jennifer y Maite.
   d. *a, b* y *c*

4. Manuel quiere que lo llames…
   a. si no puedes venir.
   b. si tienes clase.
   c. si necesitas indicaciones.
   d. si no vas a la clase de biología.

5. El número de teléfono de Manuel es…
   a. 555-4567.
   b. 555-5476.
   c. 565-4565.
   d. 565-4567.

3. Algunos artículos en las tiendas (Textbook p. 287)

7-13 Un crucigrama. Desafortunadamente, no puedes ir a tomar un café con Manuel porque vas a almorzar con Natalie. Mientras esperas a Natalie en el restaurante, haz el crucigrama en el periódico. El tema es "De compras".

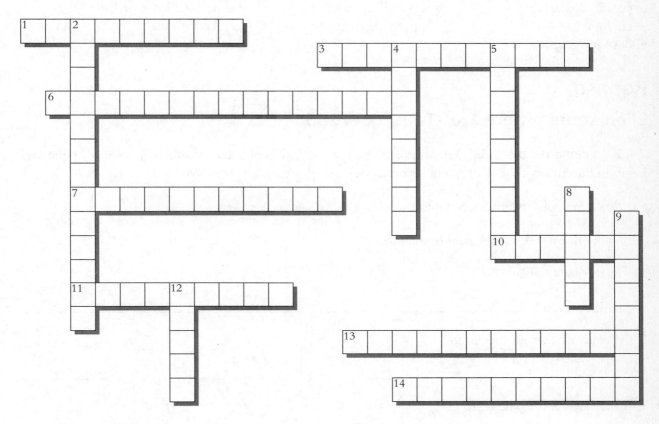

1. Se usa para afeitarse.

2. Se usa para poner color en las uñas.

3. Se usa para poner color en los labios.

4. Se mandan para los cumpleaños, la Navidad y otras celebraciones.

5. Se guarda el dinero en esto.

6. Se usa para cubrir los regalos.

7. Se usa para evitar olores.

8. Se usan para los aparatos o los juguetes electrónicos.

9. Se usa para dar luz.

10. Se lleva en el dedo.

11. Cuando los zapatos no te quedan bien, están

_____.

12. Puede ser alto o bajo.

13. Tiene que ver con las bolsas, las billeteras y

los zapatos : están _____ ____

_____.

14. Si hace calor, se lleva una camisa de

_____ _____.

7-14 El viaje de Natalie. Mientras almuerzas con Natalie, ella te dice que no tiene que trabajar el viernes, y quiere ir a la universidad de su amiga Beth para el fin de semana. Necesita tu ayuda para hacer su maleta. Escoge las cosas que necesita para su viaje de la lista de abajo.

la bombilla   el papel para envolver   las pilas
el cepillo de dientes   el papel higiénico   la ropa interior
el champú   la pasta de dientes   las tarjetas
el desodorante

Repaso

El presente progresivo (TEXTBOOK P. 288)

7-15 La clase de biología. Mientras estás en la clase de biología con Manuel, él observa lo que está pasando durante la clase. Completa las oraciones con el presente progresivo.

MODELO Yo / observar a los estudiantes

    Yo estoy observando a los estudiantes.

1. el profesor / hablar

_____

2. Michael / hacer un crucigrama

_____

3. Lori / leer el libro de texto

_____

4. Megan y Donovan / dormir

_____

5. Marcus y yo / escribir en nuestro cuaderno

_____

6. Jerome y Jackson / tomar apuntes

_____

7-16 Tus observaciones. Ahora, observa a las personas y las cosas cerca de ti. Haz observaciones sobre lo que pasa usando el presente progresivo, y responde oralmente.

4. Los tiempos progresivos: el imperfecto y *andar, continuar, seguir, ir, y venir* (TEXTBOOK P. 291)

7-17 La ayuda de Gloria. Pasas por la tienda de Gloria para ver a Natalie. Gloria quiere ayudarte con tu español. Mencionas que estudias el progresivo, y ella te ayuda a memorizar el uso del participio presente con otros verbos. Asocia la definición en inglés que corresponde con cada verbo + el participio presente en español.

1. _____ andar + el participio presente
2. _____ seguir + el participio presente
3. _____ ir + el participio presente
4. _____ venir + el participio presente

a. to do something in a disorganized way
b. to make progress towards a goal
c. to repeatedly do something over time
d. to keep on doing something

7-18 Una conversación. Gloria te habla un poco de su sobrino Julián. Completa lo que dice con la expresión correcta.

> andaba buscando   continúa trabajando   sigue hablando   va estudiando   vienen pidiendo

Bueno, es fastidioso cuando una persona (1) _____ de su vida, como estoy haciendo yo. Siento mucho si te aburre. Natalie es muy trabajadora, y por eso tengo tiempo para hablar. La chica que trabajaba aquí antes (2) _____ cada cosa; ella era tan desordenada. Entonces, el otro día yo te mencioné a mi sobrino Julián. Julián es muy amable, y (3) _____ para programador de computadoras. Asiste a una escuela de tecnología, pero no este semestre, porque necesita ganar más dinero. Tiene veinticuatro años y es un hombre muy dedicado. No es como mis otros sobrinos que (4) _____ dinero. No, Julián (5) _____ y estudiando; es tan trabajador como tu amiga Natalie.

Perfiles (TEXTBOOK P. 293)

7-19 Hombres y mujeres de negocios. Gloria y tú hablan de unos hispanos que han tenido éxito en el mundo de negocios. Por casualidad, son las mismas personas que están mencionadas en la sección *Perfiles* del libro de texto. Indica si las siguientes palabras corresponden a **Sami Hayek, Paloma Picasso** o **Narciso Rodríguez**.

1. Las joyas   Sami Hayek   Paloma Picasso   Narciso Rodríguez

2. Una colonia   Sami Hayek   Paloma Picasso   Narciso Rodríguez

3. muebles modernos	Sami Hayek	Paloma Picasso	Narciso Rodríguez
4. Calvin Klein	Sami Hayek	Paloma Picasso	Narciso Rodríguez
5. Coatzacoalcos, México	Sami Hayek	Paloma Picasso	Narciso Rodríguez
6. Tiffany y Compañía	Sami Hayek	Paloma Picasso	Narciso Rodríguez

7-20 ¿Quién te interesa más? Imagina que tienes la oportunidad de hacer un internado (*internship*) con Sami Hayek, Paloma Picasso o Narciso Rodríguez. ¿Con quién/es quieres trabajar? ¿Por qué? Escribe un párrafo de **cinco a siete** oraciones para explicar tu opinión.

_____

_____

_____

_____

_____

¡Conversemos!

Conversing on the phone and expressing agreement (Part 1) (TEXTBOOK P. 294)

7-21 La llamada de Julián. Gloria quiere que Natalie y Julián se conozcan. Natalie permite que Gloria le dé su número de teléfono a Julián. Él va a llamar mañana, entonces Natalie necesita tu ayuda para prepararse para la conversación. Asocia la expresión en inglés que corresponde con la expresión en español.

1. _____ Cómo no.

a. Can I take a message?

2. _____ Dígame.

b. He/She is not home.

3. _____ De acuerdo.

c. Hello?

4. _____ ¿De parte de quién?

d. I will call you later.

5. _____ Eso es.

e. Of course.

6. _____ Gracias por haber llamado.

f. Okay.

7. _____ No se encuentra.

g. Thank you for calling.

8. _____ ¿Puedo tomar algún recado?

h. That's it.

9. _____ Te habla _____.

i. This is _____.

10. _____ Te llamo más tarde.

j. Whom shall I say is calling?

7-22 La llamada esperada. Julián llama a Natalie, y ella quiere que tú escuches la conversación en el teléfono de la cocina. Escucha, y luego indica si las oraciones son **Ciertas** o **Falsas,** o si **No se dice.**

1. Julián volvió de Paraguay esta mañana.   Cierto   Falso   No se dice.

2. A Julián le encanta hablar por teléfono.   Cierto   Falso   No se dice.

3. Natalie no puede reunirse con Julián el sábado.   Cierto   Falso   No se dice.

4. Julián compró unas prendas bordadas a mano.   Cierto   Falso   No se dice.

5. Natalie y Julián van a salir el domingo.   Cierto   Falso   No se dice.

7-23 Otra vez. Escucha la conversación entre Julián y Natalie otra vez, y rellena los espacios en blanco con la palabra o la expresión correcta.

Natalie: (1) _____

Julián: (2) _____. ¿(3) _____ Natalie (4) _____?

Natalie: (5) _____ Natalie.

Julián: Ah, Natalie, ¿cómo estás? (6) _____ Julián, el sobrino de Gloria.

Natalie: Sí, yo lo sé. Mucho gusto. ¿Qué tal tu viaje?

Julián: Fenomenal. Acabo de volver anoche. Visité a muchos parientes, y compré algunas cosas para la tienda de mi tía Gloria.

Natalie: ¡Qué bien! Yo sé que tu tía va a estar muy feliz.

Julián: (7) _____, Natalie… no hablo muy bien por teléfono. Prefiero conversar en persona. ¿Estás libre este sábado? Quizás podemos tomar un café juntos. ¿Qué te parece?

Natalie: No me gusta el teléfono tampoco. Pues, voy a visitar a mi amiga Beth este fin de semana, entonces no puedo el sábado, pero vuelvo el domingo por la mañana. Puedo reunirme contigo después de las tres el domingo.

Julián: (8) _____. ¿Puedes ir al café que está en la misma calle que la tienda de mi tía Gloria a las tres y media?

Natalie: (9) _____. Nos vemos entonces. (10) _____.

Julián: De nada. No puedo esperar a conocerte en persona. Hasta entonces.

Natalie: ¡Chao!

Escribe

Using a dictionary (TEXTBOOK P. 296)

7-24 Un correo electrónico. Después de tomar café con Julián, Natalie quiere escribirle un correo electrónico, pero necesita buscar unas palabras en el diccionario. Ayúdala a encontrar las palabras correctas en español para completar las siguientes oraciones.

1. Para (*spring break*), yo quiero ir al Caribe.

   _____

2. Si voy al Caribe, puedo aprender a (*scuba dive*).

   _____

3. Ayer yo (*ran into*) tu tía Gloria en el supermercado.

   _____

4. Yo (*realize*) que crear una página de Internet es difícil.

   _____

5. (*Actually*), me gusta mucho trabajar para tu tía.

   _____

7-25 Para terminar. Ahora, usa las oraciones que Natalie escribió en la actividad **7-24** para escribir un correo electrónico que incorpore esas oraciones y algunas nuevas oraciones con más detalles de una manera lógica.

Querido Julián:

_____

_____

_____

_____

_____

_____

_____

_____

_____

_____

_____

Natalie

Nombre: _____ Fecha: _____

Vistazo cultural (TEXTBOOK P. 298)

7-26 Chile y Paraguay. Después de leer la sección *Vistazo cultural* en el libro de texto, hablas con Manuel y Gloria sobre la información que aprendiste. Asocia la cosa que mejor corresponda con cada descripción.

1. _____ una comida
2. _____ un instrumento
3. _____ reconocido por UNESCO
4. _____ un lugar religioso islámico
5. _____ un almacén grande
6. _____ un juguete
7. _____ importante para los peregrinos

a. el arpa paraguaya
b. la Basílica de Nuestra Señora de los Milagros
c. las empanadas
d. Falabella
e. la Mezquita As-Salam
f. las ruinas de las reducciones jesuítas
g. el volantín

7-27 ¿Qué te interesa más? De los lugares mencionados en la sección *Vistazo cultural*, ¿qué lugar te interesa más visitar? ¿Por qué? Explica tu opinión oralmente.

En este capítulo, has conocido a dos nuevos amigos, Manuel y Gloria, y has ayudado mucho a tu amiga Natalie. Es bueno tener tantas oportunidades para practicar el español, ¿verdad?

Laberinto peligroso

Episodio 7

7-28 Practicar las estrategias. Lee el siguiente párrafo de la lectura del **Capítulo 7,** y luego analízalo usando las preguntas de la sección Estrategia: *Identifying elements of texts: tone and voice*. ¿Qué importancia tienen el tono y la voz en cuanto a una lectura? ¿Por qué?

Cisco y Celia se pusieron a estudiar las características del mapa y de la crónica que habían sido robados. Descubrieron que los dos estaban relacionados con una selva tropical en Centroamérica. Empleando *Google Earth*, Celia logró ver el pueblo que aparece en el mapa robado y que se menciona en la crónica. O bien por casualidad o bien por conexión directa entre los dos casos, pudo ver que el pueblo estaba en una zona muy rica en plantas medicinales. Mientras ella estudiaba esos documentos, Cisco, por otro lado, andaba buscando información sobre otros mapas y crónicas relacionados con la misma región. Descubrió que en el ámbito internacional, otros mapas y crónicas también habían desaparecido.

_____

_____

Nombre: _____   Fecha: _____

_____

_____

_____

_____

_____

_____

_____

_____

7-29 Después de mirar. Después de mirar el episodio, lee las siguientes oraciones e indica si son **Ciertas** o **Falsas**, o si **No se dice**.

1. Celia acaba de ir de compras.	Cierto	Falso	No se dice.
2. Javier está cocinando cuando Celia llega.	Cierto	Falso	No se dice.
3. Cisco está celoso de Javier.	Cierto	Falso	No se dice.
4. La policía de España tiene un papel en el caso.	Cierto	Falso	No se dice.
5. Celia revela que sabe más de lo que había dicho antes.	Cierto	Falso	No se dice.
6. Las plantas medicinales se venden a unos drogadictos.	Cierto	Falso	No se dice.
7. La policía sabe que el laboratorio de Cisco se cerró.	Cierto	Falso	No se dice.
8. La policía quiere que Cisco venga inmediatamente.	Cierto	Falso	No se dice.
9. Javier piensa que Cisco robó los mapas.	Cierto	Falso	No se dice.
10. Javier y Celia se quedan en el apartamento de Cisco.	Cierto	Falso	No se dice.

7-30 Algunas cositas. Mira la foto del episodio y luego contesta las siguientes preguntas.

1. ¿Qué crees que compró Celia?

   _____

   _____

   _____

2. ¿Por qué crees que Celia compró tantas cosas nuevas?

   _____

   _____

   _____

3. ¿Cómo reaccionan Javier y Cisco cuando Celia da una explicación de sus compras? ¿Por qué piensas que reaccionan así?

   _____

   _____

   _____

   _____

Experiential Learning Activities

7-31 De compras. Imagina que vas de compras y tienes que comprar unas prendas de vestir, incluso zapatos. Vives en una zona de Guatemala que tiene una tienda donde se venden varios productos. Inventa un diálogo entre tú y el dueño de la tienda. ¡No te olvides de regatear (*haggle*)!

7-32 Todo por un dólar. Ve a una tienda local que venda todo por un dólar y pide una copia de su anuncio de ventas. Tradúcelo al español y ofrece la traducción a los dependientes.

Native Speaker Ancillary

Lectura

7-33 El doce de octubre: ¿celebración o lamentación? Lee la siguiente lectura con cuidado. Contesta las preguntas individualmente, y luego comparte tus respuestas con tus compañeros de clase.

El 12 de octubre es la fecha que conmemora el Día de la Raza en homenaje a la llegada de Cristóbal Colón al continente americano, y es una celebración muy importante en los países hispanos. Se celebra el "descubrimiento" de las Américas y el inicio de la colonización europea del terreno y de sus pobladores.

Para mucha gente, es un aniversario positivo y muy anticipado que se festeja con desfiles, música, platos típicos y bailes. Sin embargo, para los indígenas, no es sino una fecha lamentable porque marca el principio del exterminio de sus pueblos, la pérdida de su libertad y la explotación y confiscación subsiguiente de su tierra. En Chile, tal y como ocurre en otros países, tanto las celebraciones del Día de la Raza como las de fiestas patrias existen para facilitar y promover la "chilenización", o la integración del mapuche a la sociedad mayoritaria. Desafortunadamente, esta integración se les impone a los mapuches muchas veces, porque no la aceptan feliz y voluntariamente. Durante la celebración de la independencia de Chile, el 18 de septiembre, las poblaciones indígenas que viven en la ciudad tienen que levantar en alto la bandera chilena por orden legal aunque prefieran celebrar su propia fecha de independencia, la cual se remonta a años anteriores a la creación del estado de Chile con su propia bandera. Supuestamente, con esta costumbre se integrarán más a la sociedad.

Muchas poblaciones indígenas reaccionan fuerte y activamente contra estos movimientos de integración. Las protestas indígenas van dirigidas al gobierno principalmente por no haber tratado con el problema de la confiscación de sus tierras. Por eso, se puede decir que el 12 de octubre no representa una celebración para todos, pero sí marca un acontecimiento inolvidable para cada americano, sea del sur o del norte.

1. ¿Cuándo se celebra el Día de la Raza?

   _____

2. ¿Cómo podría ser este aniversario una celebración y una lamentación a la vez?

   _____

3. ¿A qué se refiere la "chilenización"?

   _____

4. ¿Por qué protestan los mapuches la celebración de las fiestas patrias y el Día de la Raza? ¿Qué opinas de esto?

   _____

5. ¿Cómo celebras tú el 12 de octubre?

   _____

Nombre: _____ Fecha: _____

Escritura

7-34 Lo positivo y lo negativo. Teniendo en cuenta la lectura provista, "El doce de octubre: ¿celebración o lamentación?", haz una lista de todo lo positivo y todo lo negativo que señala este día festivo en el mundo hispano. Luego, redacta un párrafo describiendo todo lo bueno y otro párrafo para todo lo malo. Después, contempla los aspectos positivos y negativos para llegar a una conclusión —¿es una celebración o una lamentación? Concluye tu ensayo con tus propias ideas.

_____
_____
_____
_____
_____
_____

Un paso más

En este capítulo, aprendimos/repasamos algunos vocablos con el sufijo **-ería**, tales como **frutería, panadería, pescadería, pastelería** y **ferretería.** Típicamente, el sufijo **-ería** significa "un comercio donde se vende algo"; entonces, una frutería es donde se vende fruta, una panadería es donde se vende pan, una pescadería es donde se vende pescado, y una pastelería es donde se venden pasteles. Pues, resulta difícil la cuestión de una ferretería, puesto que se venden herramientas en este lugar.

La *f* y la *h* ortográficas han sido problemáticas en el español por razón del desarrollo y la evolución de la lengua española del latín. Los sonidos resultantes de estas letras también han sufrido cambios a lo largo de la historia lingüística de la lengua. Muchas palabras relacionadas todavía llevan la *f* y la *h* ortográficas: por ejemplo, **fuego** y **hogar, hembra** y **femenino, fierro** y **hierro,** sólo por mencionar algunos. Por eso, no nos sorprende que se vendan **herramientas** en una **ferretería.**

Refranes

7-35 Refranes sobre la sociedad. Lee los dos refranes que siguen y explica tanto el significado como la relevancia que tiene cada uno. ¿Serán parecidos al refrán tan conocido "Dime con quién andas y te diré quién eres"? ¿Por qué o por qué no?

1. "Quien con lobos anda, a aullar aprende."

_____
_____

2. "Pájaros del mismo plumaje vuelan en bandada."

_____
_____

Activities for *Letras:* **Literary Reader for** *¡Anda! Curso intermedio*

7-36 Pablo Neruda. Después de leer la biografía de Pablo Neruda, indica si las siguientes oraciones son **Ciertas** o **Falsas,** o si **No se dice** en la lectura.

1. Neruda fue colombiano.   Cierto   Falso   No se dice.

2. Empezó a escribir cuando era mayor.   Cierto   Falso   No se dice.

3. Tenía una carrera política en su país.   Cierto   Falso   No se dice.

4. Fue exiliado por muchos años.   Cierto   Falso   No se dice.

5. Nunca ganó ningún premio.   Cierto   Falso   No se dice.

6. Murió de un ataque al corazón.   Cierto   Falso   No se dice.

7. Vivió por 75 años.   Cierto   Falso   No se dice.

7-37 Términos literarios. Después de leer sobre los términos literarios, escoge el término que mejor corresponda con la información de abajo.

1. Ayuda al ritmo de un poema, pero no tiene que ver con conjunciones.
   a. anáfora   b. asíndeton   c. polisíndeton   d. surrealismo

2. Tiene que ver con los sueños.
   a. anáfora   b. asíndeton   c. polisíndeton   d. surrealismo

3. Es cuando se eliminan ciertas palabras.
   a. anáfora   b. asíndeton   c. polisíndeton   d. surrealismo

4. Es cuando se repite mucho una conjunción.
   a. anáfora   b. asíndeton   c. polisíndeton   d. surrealismo

5. Tiene imágenes irracionales.
   a. anáfora   b. asíndeton   c. polisíndeton   d. surrealismo

6. Ocurre al comienzo de un verso.
   a. anáfora   b. asíndeton   c. polisíndeton   d. surrealismo

7. Se usa para dramatizar un texto.
   a. anáfora   b. asíndeton   c. polisíndeton   d. surrealismo

8. Empezó durante los años veinte.
   a. anáfora   b. asíndeton   c. polisíndeton   d. surrealismo

Nombre: _____   Fecha: _____

7-38 Después de leer. Después de leer el poema "Walking Around" de Pablo Neruda, contesta las siguientes preguntas.

1. ¿Te has sentido como el narrador del poema? Si no, ¿conoces a una persona (un amigo, un pariente) que se ha sentido así? ¿En qué circunstancias? ¿Qué hiciste para dejar de sentirte así, o qué hizo la persona que conoces?

_____

_____

_____

_____

_____

_____

2. En el poema, Neruda usa muchas imágenes surrealistas para describir cómo se siente. ¿Cuál de las imágenes que usa Neruda describe mejor tus sentimientos o los sentimientos de una persona que conoces? Si ninguna de sus imágenes te sirve, escribe una imagen en el estilo surrealista que lo haga.

_____

_____

_____

_____

_____

_____

8

La vida profesional

En este capítulo, vas a conocer a Rafaela, una estudiante graduada de Uruguay. Ella es una estudiante de intercambio en el departamento de lingüística. También, vas a ayudar a tu amigo Jason, que quiere tener un internado (*internship*) en Argentina el año próximo. Él estudia negocios internacionales. Y, como siempre, ¡vas a practicar y mejorar tus conocimientos del español!

1. Algunas profesiones (TEXTBOOK P. 308)

8-1 Las profesiones. Jason está repasando el vocabulario sobre las profesiones y necesita tu ayuda. Asocia la profesión apropiada con cada descripción.

1. _____ Cuida los dientes.   a. abogado/a

2. _____ Cultiva maíz u otras cosas.   b. amo/a de casa

3. _____ Trabaja para los periódicos.   c. consejero/a

4. _____ Analiza los problemas emocionales.   d. dentista

5. _____ Aconseja a los estudiantes con sus clases. e. granjero/a

6. _____ Cura los animales.   f. ingeniero/a

7. _____ Trabaja en la corte.   g. político/a

8. _____ Trabaja en casa.   h. psicólogo/a

9. _____ Ejerce una profesión tecnológica.   i. reportero/a

10. _____ Se preocupa de las elecciones.   j. veterinario/a

8-2 Antes de escuchar. Después de repasar el vocabulario de las profesiones, Jason va a decirles algo a ti y a Rafaela. Mira los dibujos, y haz una predicción sobre el tema de su monólogo. ¿Por qué piensas así? Responde oralmente.

8-3 La familia de Jason. Mientras repasas el vocabulario con Jason, tu nueva amiga, Rafaela, entra al café. Jason les cuenta sobre las profesiones de sus parientes. Escucha lo que dice, y luego contesta las preguntas.

1. Helen es...
   a. ama de casa.
   b. escritora.
   c. la madre de Jason.
   d. *a, b y c*

2. El/la psicólogo/a es...
   a. el padre de Jason.
   b. la abuela de Jason.
   c. el hermano de Jason.
   d. *a y c*

3. Su abuela...
   a. es ama de casa.
   b. es política.
   c. es pobre.
   d. *a y c*

4. Rick es...
   a. bombero.
   b. un héroe.
   c. político.
   d. *a y b*

5. La familia de Jason...
   a. cree que él es materialista.
   b. no lo comprende.
   c. quiere que Jason vaya a Argentina.
   d. *a y b*

Repaso

Los adjetivos como sustantivos (TEXTBOOK P. 309)

8-4 Los comentarios de Rafaela. Rafaela responde a lo que dice Jason para animarlo un poco. Completa las oraciones con un adjetivo como sustantivo, según las palabras entre paréntesis. La primera sirve como modelo.

Jason, no te preocupes. (La cosa buena) _____*Lo bueno*_____ es que tú sigas tus sueños. (1. La cosa

mala) _____ es que tu familia no te comprende, pero con el tiempo es posible que te

comprenda mejor. Me pasó (2. la misma cosa) _____ cuando yo quería venir a los

Estados Unidos para estudiar una maestría (*masters degree*). Mis abuelos no lo comprendieron ni siquiera

un poco. Muchas veces, yo creo que (3. las personas mayores) _____ son más cautelosos

(*cautious*) debido a todas sus experiencias. (4. La cosa mejor) _____ es que vayas a

Argentina para el internado el año que viene. Soy suramericana, y yo sé que (5. las personas argentinas)

_____ son muy amables y que te van a ayudar mucho con el español y con los negocios.

2. El futuro (TEXTBOOK P. 312)

8-5 La lista de Jason. Aunque todavía no ha recibido el internado, Jason se siente muy optimista al respecto. Ha hecho una lista de cosas que va a hacer cuando vaya a Argentina, pero ha usado la construcción **ir + a** + *infinitivo*. Escribe sus verbos de nuevo, usando el futuro. No te olvides de incluir el pronombre correcto cuando sea necesario.

MODELO   *Voy a salir* para Argentina en agosto.

                Saldré

1. *Voy a vivir* con una familia argentina.

   _____

2. *Voy a decirles* algo sobre la vida en los Estados Unidos.

   _____

3. *Voy a hablar* en español todo el tiempo.

   _____

4. Mi familia *va a visitarme* para la Navidad.

   _____

5. Mi abuela *va a venir* también.

   _____

6. Durante la Navidad, mi hermano y yo *vamos a hacer* muchas cosas juntos.

   _____

7. Mi hermana y mi madre *van a escribirme* mucho por e-mail.

   _____

8. Después del internado, *voy a saber* mucho sobre los negocios internacionales.

   _____

8-6 Los planes de Rafaela. Rafaela también te cuenta sobre sus planes para el año que viene. Completa las oraciones con la forma correcta del verbo en el futuro.

Primero, yo (1. pasar) _____ el mes de julio en Uruguay con mi familia. En

agosto, mis clases (2. empezar) _____, y mis amigos y yo (3. estar)

_____ muy ocupados. En enero, nosotros (4. tener) _____

los exámenes comprensivos. Después de los exámenes, en febrero y marzo, yo (5. escribir)

_____ mi tesis. Mi tesis (6. ser) _____ un análisis de las

vocales (*vowels*) en el habla de cinco sujetos. En mayo, después de defender la tesis, yo (7. graduarse)

_____ con la maestría. ¡Qué año!

3. Más profesiones (TEXTBOOK P. 316)

8-7 El crucigrama. Vas a ayudar a Jason a completar la solicitud para el internado en Argentina. Mientras lo esperas, completas el crucigrama en el periódico. El tema es "Las profesiones". ¡OJO! Debes usar el artículo definido con los sustantivos.

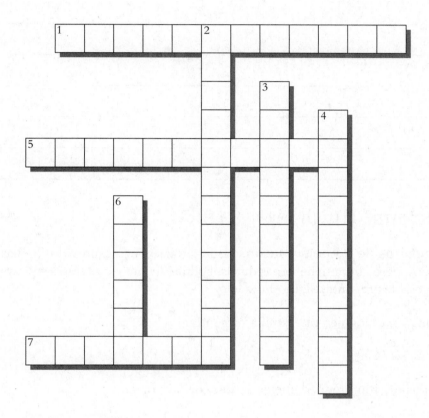

1. Si eres creativo/a y haces anuncios para vender productos en la televisión, estudiaste

   _____ .

2. Las personas que construyen aviones y puentes estudian esto.

3. Si quieres ser propietario/a de un hotel, estudias _____ de hotel.

4. A los policías les fascina esto: _____ criminal.

5. Es lo que estudian los maestros.

6. Si eres diseñador/a o modelo, te interesa esto.

7. Es la profesión de los banqueros.

8-8 Tus estudios. ¿Qué estudias? ¿Qué profesión quieres seguir? ¿Qué profesiones siguen tus amigos y tus parientes? Escribe un párrafo donde explicas tus respuestas.

_____

_____

_____

_____

_____

_____

_____

4. El condicional (TEXTBOOK P. 318)

8-9 Los pensamientos de Rafaela y Jason. Jason y Rafaela han expresado algunas de sus intenciones y deseos, pero ahora tienen unas dudas. Escribe de nuevo las frases subrayadas, usando el condicional en forma de pregunta. Sigue el modelo.

MODELO   **Jason:** Me caerá bien mi "familia" argentina.

¿Me caería bien?

1. **Jason:** Mi familia me comprenderá mejor después del internado.

_____

2. **Rafaela:** Mis amigos y yo nos graduaremos en un año.

_____

3. **Jason:** El programa del internado me aceptará.

_____

4. **Rafaela:** Yo aprobaré mis exámenes comprensivos.

_____

5. **Jason:** Yo podré comunicarme bien en Argentina.

_____

6. **Rafaela:** Mis amigos estadounidenses me visitarán en Uruguay este verano.

_____

8-10 ¡No hay tiempo! Jason está un poco nervioso porque tiene muchas cosas qué hacer. Describe lo que haría con más tiempo. Completa las oraciones con la forma correcta del verbo en el condicional.

Con un poco más tiempo, yo…

1. _____ (llamar) a mi amigo Gabe.

2. _____ (leer) una revista de deportes.

3. _____ (dormir) una siesta.

4. _____ (hacer) toda mi tarea.

5. _____ (ir) a casa para el fin de semana.

6. _____ (poder) salir con mi novia.

7. _____ (escribirle) un e-mail a mi abuela.

8. _____ (lavar) mi ropa.

9. _____ (estar) un poco más tranquilo.

10. _____ (jugar) al ajedrez con mi compañero de cuarto.

Notas culturales

La etiqueta del negocio latino (TEXTBOOK P. 321)

8-11 La etiqueta del negocio latino. Rafaela y tú han hablado acerca de las reglas de etiqueta en Suramérica. Además, hay una sección sobre este tema en el libro de texto. Después de leer la sección *Notas culturales,* indica si las siguientes oraciones son **Ciertas** o **Falsas,** o si **No se dice** en la lectura.

1. Las reglas de etiqueta para los negocios son iguales   Cierto   Falso   No se dice.
   en todos los países latinos.

2. Es mejor vestirse bien para una reunión o entrevista.   Cierto   Falso   No se dice.

3. Es aceptable usar la forma de *tú* con las personas   Cierto   Falso   No se dice.
   en una entrevista.

4. Es mejor usar títulos formales durante la entrevista   Cierto   Falso   No se dice.
   o reunión.

5. No es bueno hacer preguntas personales al principio   Cierto   Falso   No se dice.
   de la reunión.

6. Las reglas de etiqueta para los negocios estadounidenses   Cierto   Falso   No se dice.
   son muy diferentes a las del mundo latino, según
   el artículo.

8-12 La entrevista de Jason. Jason tiene una entrevista con los representantes del negocio argentino donde quiere hacer el internado. Selecciona las frases que indican lo que Jason debe hacer antes de y durante la entrevista.

llevar jeans

llevar un traje con corbata

referirse a su consejero como "el Dr. Hamilton", no como "Ray"

masticar chicle

llevar zapatos de tenis

empezar con muchas preguntas sobre el programa

preguntar sobre el bienestar de la familia del Sr. Martín

llegar tarde

usar las formas de usted y ustedes

Escucha (TEXTBOOK P. 322)

8-13 Los consejos de Rafaela. Rafaela te deja un mensaje en tu teléfono celular. En el mensaje hay información que ella quiere que le des a Jason para la entrevista. Escucha el mensaje y escoge la frase que mejor describa el tema.

1. ¿Cuál es el tema general del mensaje de Rafaela?
   a. preguntas generales para Jason
   b. información sobre el Sr. Martín
   c. cómo dar una presentación
   d. la importancia de los colores en una entrevista

8-14 Una vez más. Ahora estás con Jason en la biblioteca. Escucha el mensaje de Rafaela otra vez. Luego, parafrasea el mensaje oralmente en cinco oraciones para que Jason tenga la información.

5. Una entrevista (Textbook p. 323)

8-15 Práctica para la entrevista. Jason quiere practicar para la entrevista con el Sr. Martín y las otras personas en Argentina. Imagina que tú eres el Sr. Martín, y escoge las palabras que mejor completen el siguiente diálogo.

Jason: Muy buenos días, Sr. Martín. Espero que su familia esté bien.

Tú: Sí, muy bien, gracias. Espero que usted haya tenido un semestre muy exitoso.

Jason: Sí, gracias.

Tú: Bueno, como usted sabe, tenemos que (1. contratar / entrevistar / renunciar) a todos los (2. aspirantes / horarios / beneficios) antes de tomar una decisión. Tengo aquí todas las (3. cartas de presentación / cartas de recomendación / metas) que usted entregó con la solicitud. Tres son de sus profesores y hay una de su jefe.

Jason: Sí. Hace cuatro años que trabajo para él, aunque este año sólo he trabajado durante las vacaciones a causa de mi (4. bono / horario / negocio) de clases.

Tú: Claro que sí. Bueno, lo que dicen estas personas de usted es impresionante. Y también su (5. currículum / formación / sueldo) indica que ha tenido mucha experiencia y que tiene muchas (6. habilidades / empresas / metas) que se necesitan para el internado.

Jason: Sí, señor. He tratado de usar mi tiempo bien, y he tenido una formación muy buena aquí en la universidad.

Tú: Se nota. Si usted trabaja el año próximo para mi (7. bono / empresa / sueldo), tendrá que trabajar una jornada completa por cuatro meses. También, por ser internado, no recibirá un (8. puesto / sueldo / trabajo) ni beneficios; todo es solamente para ganar experiencia. ¿Está usted satisfecho con esto?

Jason: Claro que sí, señor. Me gustaría mucho tener la experiencia de trabajar para usted en Argentina.

Tú: Bueno, uno no puede trabajar todo el tiempo. Tiene que visitar mi estancia. ¿Le gustan los caballos?

Jason: Pues, mi hermana es veterinaria. A ella le encantan los caballos.

8-16 Un internado. Como sabes, Jason solicita un internado, no un trabajo, en Argentina. Mira la lista de palabras del vocabulario, y escoge las palabras más apropiadas para un internado sin salario.

el bono	la solicitud	entrevistar
la destreza	ascender	renunciar
la meta	contratar	tener experiencia
el sueldo	entrenar	

Nombre: _____ Fecha: _____

Repaso

Los adjetivos demostrativos (Textbook p. 324)

8-17 ¿Qué debo llevar? La entrevista para el internado de Jason es mañana. Rafaela y tú lo ayudan a escoger lo que debe llevar. Completa las oraciones con el adjetivo demostrativo correcto. La primera sirve como modelo.

Jason: Yo quiero llevar _____ *este* _____ traje aquí. Es mi favorito.

Rafaela: Pero (1) _____ traje que quieres llevar no es azul marino;

es gris.

Jason: No tengo un traje azul marino. Pero tengo (2) _____

corbatas aquí que son de color azul marino. ¿Qué les parecen?

Rafaela: (3) _____ corbata que tienes en la mano derecha es mejor. Es más

conservadora. ¿Y los zapatos?

Jason: Pienso llevar (4) _____ zapatos aquí a mi lado que son cafés.

Rafaela: No, no, no. ¿Zapatos cafés con un traje gris? ¡Por favor! Debes llevar

(5) _____ zapatos negros que veo allá en el fondo del armario.

Jason: Entonces, ¿debo llevar (6) _____ camisa que tengo en las

manos, o (7) _____ camisa que está en la cama?

Rafaela: Creo que (8) _____ camisa que está en el armario parece mejor.

Jason: Sí, pero está un poco sucia; tengo que lavarla. Y ¿(9) _____

calcetines aquí? ¿Qué les parecen?

Rafaela: Sí, creo que debes llevarlos.

224 ¡Anda! Curso intermedio Student Activities Manual © 2010 Pearson Education, Inc.

Nombre: _____   Fecha: _____

8-18 Otra vez. Ahora, lee la conversación entre Rafaela y Jason otra vez, y reemplaza el adjetivo demostrativo con un pronombre demostrativo. El primero sirve como modelo.

Jason: Yo quiero llevar este traje aquí. Es mi favorito.

Rafaela: Pero (ese traje) _____*ése*_____ no es azul marino; es gris.

Jason: No tengo un traje azul marino. Pero tengo estas corbatas aquí que son de color azul marino. ¿Qué les parecen?

Rafaela: (1. esa corbata) _____ que tienes en la mano derecha es mejor. Es más conservadora. ¿Y los zapatos?

Jason: Pienso llevar (2. estos zapatos) _____ aquí a mi lado que son cafés.

Rafaela: No, no, no. ¿Zapatos cafés con un traje gris? ¡Por favor! Debes llevar (3. aquellos zapatos) _____ que veo allá en el fondo del armario.

Jason: Entonces, ¿debo llevar esta camisa que tengo en las manos, o (4. esa camisa) _____ que está en la cama?

Rafaela: Creo que (5. aquella camisa) _____ que está en el armario parece mejor.

Jason: Sí, pero está un poco sucia; tengo que lavarla. Y ¿estos calcetines aquí? ¿Qué les parecen?

Rafaela: Sí, creo que debes llevar (6. esos calcetines) _____.

6. El futuro perfecto (TEXTBOOK P. 326)

8-19 Las metas de Rafaela. Rafaela, como buena estudiante graduada, tiene muchas metas para el futuro. Tú y Jason escuchan mientras ella les cuenta sobre sus metas. Completa las oraciones con el futuro perfecto de los verbos entre paréntesis.

Para el año que viene, yo (1. defender) _____ la tesis. En dos años, una universidad

muy grande me (2. aceptar) _____ para su programa doctoral. Mis padres

(3. acostumbrarse) _____ a la idea de que viviré en los Estados Unidos

permanentemente. Mi novio (4. mudarse) _____ a la ciudad donde yo estudiaré

para el doctorado. Nosotros (5. decidir) _____ si nos casaremos o no. En cinco

años, yo (6. graduarse) _____ con el doctorado y también yo (7. conseguir)

_____ el trabajo de mis sueños.

8-20 Tus metas. Después de escuchar las metas de Rafaela, piensas en las tuyas. Escribe sobre lo que habrán hecho tú y las personas importantes en tu vida para los períodos mencionados abajo.

En un año:

_____

_____

_____

_____

En cinco años:

_____

_____

_____

_____

En diez años:

_____

_____

_____

_____

7. El mundo de los negocios (TEXTBOOK P. 328)

8-21 El buscapalabras. Hoy es el día de la entrevista de Jason. Rafaela y tú lo esperan en el café para saber cómo le fue. Mientras esperas, haces un buscapalabras. El tema es "El mundo de los negocios".

```
a  g  e  n  c  i  a  h  b  o  r  r  o  s  v  i  n  a  v
n  e  g  o  a  m  e  r  a  l  o  c  t  a  o  e  a  g  e
c  a  n  b  r  e  c  d  n  s  t  a  v  o  c  r  n  e  n
a  c  c  a  l  r  a  e  c  a  r  b  c  a  e  n  c  t  l
r  u  i  n  a  u  d  o  a  g  e  o  c  o  s  a  d  e  a
r  e  a  c  c  i  c  a  r  e  a  l  e  r  a  g  e  v  h
o  r  v  a  r  o  t  r  r  n  c  s  r  d  o  r  o  e  v
l  d  o  l  u  n  t  a  o  l  s  a  h  o  r  o  r  b  o
s  o  c  r  e  j  u  n  t  u  m  e  r  c  a  d  e  a  c
a  h  o  r  r  o  t  l  a  b  o  l  s  i  l  u  r  c  e
g  o  r  o  t  a  c  u  e  r  d  e  n  c  a  r  r  a  r
e  r  o  l  u  c  r  e  m  e  r  c  a  d  e  o  l  s  o
n  c  a  r  o  t  a  v  o  c  e  r  t  a  g  e  n  c  l
j  u  n  t  a  g  e  n  c  r  r  c  d  e  o  r  r  o  s
```

acuerdo	junta
agencia	lucro
ahorro	mercadeo
bancarrota	venta
bolsa	vocero

8-22 Más vocabulario. Rafaela te ayuda a repasar aun más vocabulario mientras esperan a Jason. Asocia la palabra en español con la palabra en inglés que corresponde.

1. _____ actual   a. to advertise

2. _____ ahorrar   b. current

3. _____ apropiarse   c. financial

4. _____ despedir   d. to fire (from a job)

5. _____ fabricar   e. to invest

6. _____ financiero   f. to manufacture

7. _____ hacer publicidad   g. to retire

8. _____ hacer una huelga h. to save

9. _____ invertir   i. to strike

10. _____ jubilarse   j. to take over

8. El condicional perfecto (TEXTBOOK P. 330)

8-23 ¿Qué tal la entrevista? Jason te cuenta sobre la entrevista. Escucha lo que dice y luego contesta las preguntas.

1. ¿Quién le presentó a Jason al Sr. Martín?
   a. su consejero
   b. el director del programa
   c. Jason se presentó a sí mismo.
   d. Nadie; el Sr. Martín canceló.

2. ¿De qué hablaron al principio?
   a. los detalles del internado
   b. la empresa del Sr. Martín
   c. las familias
   d. los zapatos del Sr. Martín

3. ¿Qué idioma usaron durante la entrevista?
   a. inglés
   b. español
   c. italiano
   d. *a* y *b*

4. ¿Qué le pasó a Jason durante la entrevista?
   a. Estaba nervioso.
   b. Se le olvidó hablar de una manera formal.
   c. Se le cayó un vaso de agua.
   d. *a, b* y *c*

5. ¿Cuál fue el resultado de la entrevista?
   a. No se sabe todavía.
   b. Jason recibió el internado.
   c. Jason no recibió el internado.
   d. El Sr. Martín se enojó con Jason.

8-24 Lo que habría hecho. Jason refleja sobre lo que habría hecho diferente durante la entrevista. Completa las oraciones con la forma correcta del verbo en el condicional perfecto.

Primero, yo (1. estudiar) _____ más la forma de *usted*. Normalmente hablo español

con mis amigos, y es difícil recordar. También me (2. tranquilizar) _____ un poco;

los nervios no sirven para nada. Además, yo no (3. beber) _____ el vaso de agua,

y mis pantalones no se me (4. romper) _____. En el lugar del Sr. Martín, yo no

(5. ser) _____ tan simpático, pero afortunadamente parece ser un hombre muy

comprensivo.

8-25 Una situación vergonzosa. Piensa en una situación vergonzosa que te ha pasado. ¿Qué habrías hecho diferente? Escribe un párrafo donde describes lo que pasó y lo que habrías cambiado.

_____

_____

_____

_____

_____

_____

_____

_____

_____

Perfiles (TEXTBOOK P. 332)

8-26 Perfiles. Para distraer a Jason, hablas con él y con Rafaela sobre lo que aprendiste en la sección *Perfiles* del libro de texto. Indica cuál de las personas mencionadas mejor corresponde al dato *(fact)* o a la descripción presentada.

1. telecomunicaciones	László Bíró	Carlos Slim	las hermanas Koplowitz
2. el bolígrafo	László Bíró	Carlos Slim	las hermanas Koplowitz
3. la construcción	László Bíró	Carlos Slim	las hermanas Koplowitz
4. Fomento de Construcciones y Contratas	László Bíró	Carlos Slim	las hermanas Koplowitz
5. la ingeniería	László Bíró	Carlos Slim	las hermanas Koplowitz
6. el periodismo	László Bíró	Carlos Slim	las hermanas Koplowitz
7. de España	László Bíró	Carlos Slim	las hermanas Koplowitz
8. de México	László Bíró	Carlos Slim	las hermanas Koplowitz
9. de Argentina	László Bíró	Carlos Slim	las hermanas Koplowitz
10. un/a billonario/a	László Bíró	Carlos Slim	las hermanas Koplowitz

8-27 ¿A quién te gustaría conocer? De las personas mencionadas en la sección *Perfiles,* ¿a quién te gustaría conocer más? ¿Por qué? Responde oralmente.

¡Conversemos!

Expressing good wishes, regret, comfort, or sympathy (TEXTBOOK P. 334)

8-28 Una persona optimista. Aunque Jason no cree que le vayan a dar el internado, tú decides ser optimista. Quieres practicar algunas expresiones positivas para el momento en que Jason sepa que tiene el internado. Selecciona todas las expresiones apropiadas para la ocasión de la lista de abajo.

¡Ánimo!	Lo siento.	¡Qué maravilloso!
Esto pasará pronto.	Mi más sentido pésame.	¡Qué pena!
¡Felicidades!	No te preocupes.	¡Sensacional!
¡Fenomenal!	¡Qué extraordinario!	

8-29 Más situaciones. Quieres practicar aun más con el vocabulario. Lee las siguientes situaciones y escoge una respuesta apropiada para cada una del banco de palabras.

| Lo siento. | Mis más sinceras condolencias. | Te felicito. | Tranquilo. |

1. Se te cae un vaso de jugo en los pantalones de tu compañero/a de cuarto.

   _____

2. Una de tus amigas gana una beca para el año próximo.

   _____

3. Tu amigo Brandon está muy enojado con su hermano. Está gritando.

   _____

4. El abuelo de tu amiga acaba de morir.

   _____

Escribe

Greetings and closings in letters (TEXTBOOK P. 336)

8-30 Una carta. Jason necesita escribir una carta comercial en español, pero no entiende bien los términos. Indica si los siguientes saludos y despedidas son para una **Carta comercial** o una **Carta personal.**

1. Abrazos,   Carta comercial   Carta personal

2. Apreciado señor García: Carta comercial   Carta personal

3. A quien corresponda: Carta comercial   Carta personal

4. Atentamente,   Carta comercial   Carta personal

5. Con cariño,   Carta comercial   Carta personal

6. Cordialmente,   Carta comercial   Carta personal

7. Les saluda atentamente,   Carta comercial   Carta personal

8. Muy atentamente,   Carta comercial   Carta personal

9. Muy respetuosamente,   Carta comercial   Carta personal

10. Muy señora mía:	Carta comercial	Carta personal
11. Querida Pilar:	Carta comercial	Carta personal
12. Un afectuoso saludo,	Carta comercial	Carta personal

8-31 Antes de escribir. Ahora Jason quiere escribirle una carta comercial al Sr. Martín para darle las gracias por la entrevista. Necesita tu ayuda. Haz una lista de cinco cosas que Jason debe mencionar en la carta. También escoge un saludo y una despedida.

_____

_____

_____

_____

_____

8-32 Una carta para el Sr. Martín. Ahora ayuda a Jason a escribir la carta. Debes usar el futuro y el condicional y escribir por lo menos **siete** oraciones. No te olvides del saludo y de la despedida.

_____

_____

_____

_____

_____

_____

_____

_____

_____

_____

_____

Vistazo cultural (TEXTBOOK P. 338)

8-33 Uruguay y Argentina. Como Rafaela es de Uruguay y Jason quiere trabajar en Argentina, te fascina la información en la sección *Vistazo cultural* en el libro de texto. Asocia la información que mejor corresponda con los siguientes datos, y luego indica si es una cosa/persona argentina (**A**), uruguaya (**U**) o si pertenece a las dos (**LD**).

1. _____ Aeromás   A   U   LD   a. Carlos Gardel

2. _____ Alfajores Havanna   A   U   LD   b. Es como un vaso.

3. _____ el gaucho   A   U   LD   c. Recibió un Emmy.

4. _____ la industria de vinos   A   U   LD   d. un negocio de transporte

5. _____ el mate   A   U   LD   e. un vaquero

6. _____ Pedro Sevcec   A   U   LD   f. unas galletas

7. _____ el tango   A   U   LD   g. la viticultura

8-34 ¿Cuál prefieres? Después de estudiar sobre Argentina y Uruguay, ¿qué país te gusta más? ¿Por qué? Usa la información del texto y responde oralmente.

Jason acaba de recibir una carta del Sr. Martín con buenas noticias: ¡Le dieron el internado para el año próximo! Ahora él quiere celebrar, y te invita a ti y a Rafaela a cenar. Como siempre, ¡eres super amable!

Laberinto peligroso

Episodio 8

8-35 Estrategia. En esta sección del libro de texto, aprendiste que en ciertas situaciones uno lee lentamente y en otras lee rápidamente. Mira la lista de situaciones de abajo e indica si leerías **lentamente** o **rápidamente** en cada situación, según lo que aprendiste en el libro de texto.

1. una novela romántica   lentamente   rápidamente

2. el libro de texto de tu clase de biología   lentamente   rápidamente

3. una receta para un plato nuevo   lentamente   rápidamente

4. unas instrucciones importantes   lentamente   rápidamente

5. el blog de tu mejor amigo/a   lentamente   rápidamente

8-36 Después de mirar. Después de mirar el episodio, lee las siguientes oraciones e indica si son **Ciertas** o **Falsas,** o si **No se dice** en el video.

1. Cisco estaba fuera de la ciudad cuando el laboratorio se cerró.   Cierto   Falso   No se dice.

2. Javier cree que Cisco es culpable.   Cierto   Falso   No se dice.

3. El detective pregunta sobre una persona llamada "Rodolfo".   Cierto   Falso   No se dice.

4. La madre de Cisco y el padre de Celia tienen la misma profesión.   Cierto   Falso   No se dice.

5. La sobrina de Cisco es empresaria.   Cierto   Falso   No se dice.

6. La base de los criminales está lejos de la ciudad de Celia y de Cisco.   Cierto   Falso   No se dice.

7. La mujer en el teléfono amenaza a Celia.   Cierto   Falso   No se dice.

8. Es posible que Cisco esté en peligro.   Cierto   Falso   No se dice.

9. La policía está siguiendo a Cisco.   Cierto   Falso   No se dice.

10. Celia y Javier van con Cisco a la biblioteca.   Cierto   Falso   No se dice.

8-37 ¿Qué harías tú? Si tú fueras (*were*) Cisco, ¿cómo te sentirías durante la llamada telefónica? ¿Cómo reaccionarías? ¿Irías a la biblioteca? ¿Llamarías a la policía, a Celia o a Javier? Escribe un párrafo donde contestas estas preguntas. Usa el condicional cuando sea necesario.

_____

_____

_____

_____

_____

_____

_____

Experiential Learning Activities

8-38 Un anuncio de trabajo. Escribe un anuncio de trabajo para un/a torero/a, un/a bailaor/a (*flamenco dancer*), un/a artesano/a de cestos (*baskets*) o un/a obrero/a en una plantación de café.

_____

_____

_____

_____

8-39 El trabajo ideal. Escribe un anuncio para un puesto que utilice bien tu título académico y tus talentos.

_____

_____

_____

_____

Service Learning Activity

8-40 Un informe. Imagina que eres representante de un café y que viajas con frecuencia a Centroamérica o Suramérica para hablar del comercio justo (*fair trade*) con los dueños de las plantaciones de café. Prepara un informe sobre el comercio justo y ofrécelo a un café local.

Native Speaker Ancillary

Lectura

8-41 Puestos de trabajo. A continuación se presentan descripciones para dos trabajos distintos que se publican en el diario electrónico argentino *Clarín*. Después de leerlas, contesta las preguntas y luego comparte tus respuestas con tus compañeros de clase.

Jefe de Recursos Humanos (Río Grande)

Datos de la Vacante:
- Industria: Electrodomésticos
- Lugar de trabajo: Tierra del Fuego
- Tipo de trabajo: Turno completo
- Vacantes: 1
- Edad: Entre 30 y 50 años
- Responsabilidades: Coordinar las áreas de Administración de Personal y Relaciones Laborales

Descripción del puesto:
Estamos buscando profesionales graduados de las carreras de Relaciones Laborales, Abogacía y Afines. La misión de la posición será desarrollar estrategias de Recursos Humanos que se alineen a la política corporativa, con la meta de propiciar el crecimiento tanto del capital humano como del negocio. Enviar CV por correo sin omitir remuneración pretendida.

Diseñadora
Datos de la Vacante:
- Industria: Textil
- Lugar de trabajo: Capital Federal (Zona sur)
- Tipo de contrato: Turno completo; Disponibilidad horaria de 8 a 17 hs.
- Vacantes: 1
- Perfil: Mujeres

Descripción del puesto:
Diseñadora de indumentaria junior con conocimientos de costura y manejo de Corel Draw para la realización de fichas técnicas y diagramas de operaciones.

1. ¿Qué formación académica será necesaria para ambas vacantes?

   _____

   _____

2. ¿Cómo se diferencian los dos puestos? Nombra tres diferencias.

   _____

   _____

3. ¿Qué características personales serán importantes para los interesados?

   _____

   _____

4. ¿Por qué no se publicará el salario para la vacante de Jefe de Recursos Humanos?

   _____

   _____

5. ¿Qué diferencias hay entre estas descripciones y las de empleos similares en tu propia ciudad?

   _____

   _____

Escritura

8-42 Tu carta de presentación. Ahora escribe una carta de presentación para una de las descripciones anteriormente descritas. En tu carta, explica porqué eres el/la mejor candidato/a para el trabajo y cómo reúnes todos los criterios descritos.

_____

_____

_____

_____

_____

_____

Un paso más

En el **Capítulo 8** aprendimos cómo se puede formar sustantivos con la fórmula **lo** + adjetivo. Por ejemplo, para **lo** más **difícil** tenemos **lo difícil**, que significa "la cosa difícil" o "la dificultad", y **lo** más **negativo** sería **lo negativo**, que significa "la cosa negativa". Esta estrategia se emplea tanto en el habla como en lo escrito. También existen otras fórmulas parecidas para describir cómo está alguien. Por ejemplo, una mujer puede decir, "No podrás adivinar **lo contenta** que estoy con este resultado". El artículo determinado **lo** queda invariable, pero el adjetivo se ajusta según el género y el número de la/s persona/s descrita/s. Entonces, para un grupo de personas, se diría "No podrás adivinar **lo contentos** que estamos con este resultado". ¿Has escuchado esta construcción en alguna ocasión?

Refranes

8-43 Más refranes. Lee los dos refranes que siguen, y explica tanto el significado como la relevancia que conlleva cada uno en cuanto al tema del capítulo.

1. "Comerse los huevos antes de comprar la gallina"

_____

_____

2. "No se puede vender la leche antes de comprar la vaca."

_____

_____

Nombre: _____ Fecha: _____

Activities for *Letras:* **Literary Reader for** *¡Anda! Curso intermedio*

8-44 Sergio Vodanovic. Después de leer la biografía de Sergio Vodanovic, selecciona la respuesta que complete cada oración.

1. Sergio Vodanovic nació en
   a. Argentina. b. Chile. c. Croacia. d. Estados Unidos.

2. ¿Qué profesión o profesiones practicó?
   a. abogado a. periodista c. profesor d. *a, b y c*

3. ¿Qué escribía en los años cincuenta y sesenta?
   a. dramas b. cuentos c. novelas d. poemas

4. ¿Cuántas teleseries escribió en total?
   a. una b. cuatro c. cinco d. siete

5. ¿En qué se concentra en las teleseries?
   a. crear personajes complejos b. comentar sobre la situación actual de Chile c. tener una trama (*plot*) emocionante y frívola d. *a y b*

8-45 Términos literarios. Después de leer sobre los términos literarios, contesta las siguientes preguntas.

1. ¿Cuál es la diferencia entre la sátira y la ironía? ¿Cómo son similares?

_____

_____

2. ¿Cuál es un ejemplo de una obra satírica que hayas leído o mirado? ¿Por qué es satírica?

_____

_____

3. Describe una situación irónica que hayas experimentado u observado en tu vida.

_____

_____

4. ¿Crees que la verosimilitud es importante en una obra? ¿Por qué?

_____

_____

Nombre: _____ Fecha: _____

8-46 Después de leer. Después de leer *El delantal blanco*, indica si las siguientes oraciones son **Ciertas** o **Falsas,** o si **No se dice** en la lectura.

1. La señora dice que lo más importante para una persona   Cierto Falso No se dice.
es tener clase.

2. La señora quiere el delantal de la empleada porque se rompió   Cierto Falso No se dice.
su traje.

3. La empleada tiene un traje de baño.   Cierto Falso No se dice.

4. La empleada no quiere casarse.   Cierto Falso No se dice.

5. La empleada empieza a actuar como la señora.   Cierto Falso No se dice.

6. La señora no empieza a actuar como la empleada.   Cierto Falso No se dice.

7. La empleada les dice a las otras personas que la señora está loca.   Cierto Falso No se dice.

8. Eventualmente, el esposo de la señora llega y rescata a   Cierto Falso No se dice.
su mujer.

9. Alvarito cree que la empleada es su madre.   Cierto Falso No se dice.

10. El caballero dice que el comunismo es el problema de   Cierto Falso No se dice.
la sociedad.

9

¿Es arte?

En este capítulo, vas a visitar una exhibición de arte que hay en tu universidad por dos semanas. El padre de tu amiga Carolina es un artista boliviano y es parte de la exhibición. El novio de Carolina, Michael, quiere impresionar a Carolina y a su padre durante la exhibición, pero necesita ayuda con su español. Cómo eres tan amable, lo ayudas a prepararse para la exhibición.

1. El arte visual (Textbook p. 348)

9-1 Vocabulario sobre el arte visual. Primero, Michael necesita repasar y aprender algunas palabras que tienen que ver con el arte visual. Ayúdalo a completar este ejercicio asociando la palabra correcta en español con la palabra en inglés.

1. _____ la acuarela   a. landscape

2. _____ el arte dramático   b. mural

3. _____ el autorretrato   c. oil painting

4. _____ el mural   d. performance art

5. _____ la naturaleza muerta   e. painter

6. _____ el óleo   f. portrait

7. _____ el paisaje   g. self-portrait

8. _____ el/la pintor/a   h. still life

9. _____ el retrato   i. studio

10. _____ el taller   j. watercolor

9-2 Más práctica. Michael necesita saber cómo describir varias formas de arte. Mira los dibujos de abajo y escribe cinco palabras del vocabulario sobre el arte visual para describirlos. Incluye por lo menos un verbo, un adjetivo y una palabra útil.

1. _____

   _____

   _____

   _____

   _____

2. _____

   _____

   _____

   _____

   _____

3. _____

   _____

   _____

   _____

   _____

Repaso

Las comparaciones de igualdad y desigualdad (TEXTBOOK P. 349)

9-3 Las opiniones. Michael está haciendo unas comparaciones, pero necesita tu ayuda. Escribe las comparaciones que él quiere hacer. Haz todos los cambios que sean necesarios.

MODELO   El arte de Picasso / + estético / el arte de Dalí

El arte de Picasso es más estético que el arte de Dalí.

1. La escultura / + técnico / la pintura

   _____

2. La naturaleza muerta / – innovador / el paisaje

   _____

3. El mural / = llamativo / la acuarela

   _____

4. El pintor / = talentoso / el escultor

   _____

5. La naturaleza muerta / + cotidiano / el autorretrato

   _____

6. Las pinturas del padre de Carolina / + bueno / las mías

   _____

9-4 El dibujo de Michael. Michael te muestra un dibujo que él hizo de sí mismo, de Carolina y del padre de Carolina, Esteban. Haz cinco comparaciones de las personas en el dibujo. Responde oralmente.

2. Repaso del subjuntivo: en cláusulas sustantivas, adjetivales y adverbiales (TEXTBOOK P. 352)

9-5 Unos consejos. Durante la exhibición, Michael va a conocer al padre de Carolina por primera vez. Michael, Carolina y Esteban van a cenar juntos el primer día de la exhibición, y Michael te pide consejos. Completa su diálogo usando el presente del indicativo o el presente del subjuntivo.

Michael: Estoy muy nervioso. Quiero que la cena con el padre de Carolina (1. ir)

_____ bien.

Tú: No te preocupes. Dudo que el padre de Carolina (2. ser) _____

un hombre antipático. Sin embargo, recomiendo que tú no (3. hablar)

_____ de la política. A veces, puede causar tensión.

Michael: Buena idea. Ojalá que yo no (4. olvidarse) _____ de cómo decir

algunas cosas en español. No creo que el padre de Carolina (5. poder)

_____ hablar muy bien el inglés.

Tú: Es importante que tú (6. tranquilizarse) _____; si estás muy

nervioso, no vas a hablar bien. Sugiero que (7. practicar) _____

mucho con Carolina antes de la cena. Es bueno que ella no (8. tener)

_____ clases ese día por la tarde. Así, tienen mucho tiempo para

practicar. Espero que les (9. gustar) _____ el restaurante que

recomendé.

Michael: Sí, pienso que el restaurante (10. ser) _____ perfecto. La

comida es muy buena y tiene un ambiente tranquilo también. Gracias.

9-6 ¡Ay, mi vida! Carolina y Michael tienen una conversación romántica. Escoge la forma correcta del verbo en el presente de subjuntivo o el presente de indicativo.

Carolina: Michael, no hay nadie en el mundo que me (1. entiende / entienda) como tú.

Michael: Carolina, tú eres la chica que más me (2. comprende / comprenda) también.

Carolina: Mis amigas siempre buscan un novio que (3. es / sea) tan sensible como tú, pero no lo pueden encontrar. Eres único.

Michael: No tengo que buscar a ninguna persona que (4. es / sea) mejor que tú, porque tú eres perfecta. Quiero conocer al hombre que te (5. ha cuidado / haya cuidado) toda tu vida, porque quiero agradecerle por tener una hija tan maravillosa.

Nombre: _____   Fecha: _____

9-7 La exhibición. Michael habla de la exhibición de arte. Completa las oraciones con la forma correcta del verbo en el presente del indicativo o el presente del subjuntivo.

Tan pronto como Carolina (1. llegar) _____ a mi apartamento, podemos salir.

Tenemos que esperarla, puesto que ella (2. tener) _____ las entradas. Nosotros

esperaremos en frente del museo, a menos que (3. poder) _____ entrar

temprano por el padre de Carolina. Carolina quiere que yo (4. ver) _____ la

exposición de Esteban antes de ver las otras. Ella dice que es fenomenal. Me siento mucho más

cómodo hablando con Esteban ahora que nos (5. conocer) _____. Es muy

amable y talentoso.

3. La artesanía (TEXTBOOK P. 358)

9-8 La familia de Carolina. Carolina habla de los talentos que tienen algunos miembros de su familia. Escucha lo que dice, y luego contesta las preguntas.

1. En la familia de Carolina, ¿quién es alfarera?
   a. su madre
   b. su abuela paterna
   c. su abuela materna
   d. su prima

2. En la familia de Carolina, ¿quién(es) era(n) tejedora(s)?
   a. su madre
   b. su abuela paterna
   c. su abuela materna
   d. sus dos abuelas

3. ¿Qué tipo de artesanía hizo su madre?
   a. la alfarería
   b. la cerámica
   c. la escultura
   d. la talla

4. ¿Dónde se puede ver un ejemplo del arte de su abuela materna?
   a. en el dormitorio de Carolina
   b. el la sala de Carolina
   c. en el escritorio de Carolina
   d. en el taller

5. ¿Qué hizo el tío de Carolina?
   a. una talla
   b. un tapiz
   c. un tejido
   d. ninguna de estas cosas

9-9 La artesanía. Michael necesita más práctica con el vocabulario sobre la artesanía. Asocia la palabra en español con la palabra en inglés que corresponde.

1. _____ la alfarería
2. _____ el/la artesano/a
3. _____ las artes aplicadas
4. _____ el barro
5. _____ la cerámica
6. _____ la cestería
7. _____ la escultura
8. _____ la talla
9. _____ el tapiz
10. _____ el tejido

a. artisan
b. basketry
c. carving
d. ceramics
e. clay
f. decorative arts
g. pottery
h. sculpture
i. tapestry
j. weaving

Notas culturales

El Museo del Oro en Bogotá, Colombia (TEXTBOOK P. 360)

9-10 El Museo del Oro. Quieres hablar con Carolina y Esteban sobre el Museo del Oro, que ellos han visitado, pero necesitas verificar que comprendes todo lo que aprendiste en la sección *Notas culturales* en el libro de texto. Indica si las oraciones son **Ciertas** o **Falsas,** o si **No se dice** en la lectura.

1. El museo está en Bogotá, Colombia.   Cierto   Falso   No se dice.

2. El museo no ha cambiado desde que se abrió en el año 1968.   Cierto   Falso   No se dice.

3. El contexto histórico de los objetos no se considera en el museo.   Cierto   Falso   No se dice.

4. Hay un anillo de Moctezuma en el museo.   Cierto   Falso   No se dice.

5. El museo tiene objetos precolombinos que son primitivos.   Cierto   Falso   No se dice.

9-11 ¿Una visita? ¿Te gustaría visitar el Museo del Oro? Explica por qué, y responde oralmente.

Nombre: _____   Fecha: _____

Escucha (TEXTBOOK P. 361)

9-12 Unas inferencias. Escucha la conversación entre Carolina y su amigo Isidro sobre la exhibición de arte. Luego escoge la respuesta que complete las oraciones.

1. Isidro no puede ir a la exhibición mañana porque…
   a. tiene que estudiar.
   b. tiene que trabajar.
   c. tiene que empezar a escribir un ensayo.
   d. *b* y *c*

2. Isidro no puede ir la exhibición durante el fin de semana porque…
   a. tiene que estudiar.
   b. tiene que trabajar.
   c. tiene que empezar a escribir un ensayo.
   d. *b* y *c*

3. Carolina quiere que él vaya a la exhibición para…
   a. mejorar su conocimiento sobre el arte.
   b. conocer a su padre.
   c. conocer a algunos de sus amigos que son artistas.
   d. ver una obra de arte específica.

4. Isidro _____ a la exhibición.
   a. va pasado mañana
   b. va la semana que viene
   c. va el último día de la exhibición
   d. no puede ir nunca

5. Ahora Isidro va…
   a. a clase.
   b. a la exhibición de arte.
   c. a reunirse con Jacquie.
   d. a casa.

9-13 Una vez más. Escucha el diálogo otra vez. ¿Por qué piensas que Isidro no va a la exhibición de arte? Escribe tres razones posibles.

_____

_____

_____

_____

_____

_____

9-14 El resto de la historia. Isidro le escribe un e-mail a Carolina más tarde en el que le explica por qué no puede ir a la exhibición. Lee el mensaje y luego escríbele una respuesta a Isidro desde el punto de vista de Carolina. Usa el subjuntivo en tu respuesta, y escribe por lo menos **siete** oraciones.

Carolina:

Siento mucho lo que pasó antes, pero no podía explicarte nada en la cafetería porque había tanta gente. Es que Jacquie es muy celosa, y si yo fuera contigo a la exhibición, a ella no le gustaría. He querido salir con ella desde hace mucho tiempo, y no quería arriesgar nada por aceptar tu invitación delante de todo el mundo. Tengo una idea. Quizás podamos ir en una cita doble a la exhibición; tú y Michael, y Jacquie y yo juntos. ¿Qué te parece? Espero que no estés muy enojada conmigo.

Contéstame pronto, y yo hablaré con Jacquie.

Isidro

Isidro:

_____

_____

_____

_____

_____

_____

_____

_____

_____

_____

Carolina

4. La música y el teatro (TEXTBOOK P. 362)

9-15 La música. A Esteban, el padre de Carolina, no sólo le interesa el arte, sino que le encanta la música. Michael quiere hablar con Esteban sobre la música y te pide ayuda. Escribe la palabra del vocabulario representada en cada dibujo, y usa el artículo definido apropiado.

1. _____

5. _____

2. _____

6. _____

3. _____

7. _____

4. _____

9-16 Esteban habla sobre la música. Esteban habla con Michael y contigo sobre la música. Escucha lo que dice, y luego indica si las oraciones son **Ciertas** o **Falsas,** o si **No se dice.**

1. A Esteban le gustan muchos tipos de música.	Cierto	Falso	No se dice.
2. Le gusta la música flamenca.	Cierto	Falso	No se dice.
3. El músico favorito de Esteban es Juan Luis Guerra.	Cierto	Falso	No se dice.
4. Le gusta mucho la música de mariachis.	Cierto	Falso	No se dice.
5. Hace muchos años, Esteban tocaba el trombón.	Cierto	Falso	No se dice.

9-17 El teatro. Michael quiere ir con Carolina y su padre a ver un drama que representa el departamento de teatro en la universidad, pero no tiene ni idea de cómo hablar sobre el teatro en español. Ayúdalo, asociando la palabra en español con la palabra en inglés que corresponde.

1. _____ el decorado   a. playwright

2. _____ el/la director/a de escena   b. production

3. _____ el/la dramaturgo/a   c. set

4. _____ el escenario   d. stage

5. _____ la función   e. stage fright

6. _____ el miedo a salir en escena   f. stage manager

7. _____ el vestuario   g. wardrobe

Repaso

El superlativo (TEXTBOOK P. 364)

9-18 Un drama magnífico. Carolina te llama después de ir al teatro para decirte cómo estuvo el drama que vieron. Ella está tan emocionada que usa mucho el superlativo. Completa las oraciones con la expresión superlativa correcta, y sigue el modelo. ¡OJO! Algunos son irregulares (el/la mejor, el/la peor, etc.).

No puedo expresarme muy bien, pero el drama fue _____ *el mejor* _____ que la

universidad ha hecho. Creo que fue (1) _____ (buena) representación de una

obra de Shakespeare que jamás he visto. Fue un poquito difícil para mi padre, porque no entiende

mucho inglés, pero claro que conoce la obra —es (2) _____ famosa de sus obras,

y ha leído una traducción en español. (3) _____ (mala) cosa fue que había una

mujer que estaba resfriada (*had a cold*) al lado de nosotros, y estornudaba durante todo el primer acto.

Entonces, ella salió. Pobrecita. El decorado también fue (4) _____ raro

que he visto—creo que fue demasiado moderno. Pues, los actores eran fenomenales.

(5) _____ (viejo) de ellos fue maravilloso en su representación. Me imagino que

es debido a toda su experiencia. Bueno, debes ir a ver el drama antes de que termine. ¡Es estupendo!

9-19 Los mejores y los peores. Estás hablando con Carolina y Michael sobre los artistas, los músicos y los actores. Indica quién, en tu opinión, es el/la mejor artista, el/la mejor músico/a y el/la mejor actor/actriz y por qué. También indica quién, en tu opinión, es el/la peor artista, el/la peor músico/a y el/la peor actor/actriz y por qué. Responde oralmente.

5. Cláusulas condicionales de *si* (Parte 1) (TEXTBOOK P. 366)

9-20 Si... Michael, Carolina y Esteban hablan de posibilidades. Completa sus oraciones con la forma correcta de los verbos, usando el presente y el futuro.

1. **Michael:** Si yo _____ (trabajar) mucho, _____ (poder)

    terminar mi proyecto de arte después de la exhibición.

2. **Carolina:** Si yo _____ (tomar) dos clases de escultura este verano,

    _____ (graduarse) temprano.

3. **Esteban:** Si yo _____ (hacer) muchos contactos nuevos en la exhibición,

    _____ (vender) más obras de arte.

4. **Michael:** Carolina, si tú _____ (planear) llegar a la exhibición cuando abra,

    _____ (salir) de tu apartamento ahora mismo.

5. **Carolina:** Isidro, si tú _____ (ser) mi amigo, _____ (ir) a

    la exhibición.

6. **Esteban:** Si ustedes _____ (querer), yo los _____

    (presentar) a los otros artistas de la exhibición.

9-21 Más posibilidades. Completa las siguientes oraciones sobre algunas posibilidades, desde tu punto de vista.

1. Si yo puedo viajar este verano,

    _____.

2. Si tengo bastante dinero,

    _____.

3. Si mis amigos quieren salir el sábado que viene,

    _____.

4. Si mi mejor amigo/a quiere visitarme,

    _____.

5. Si ustedes quieren ir al cine conmigo,

    _____.

Nombre: _____   Fecha: _____

6. El cine y la televisión (TEXTBOOK P. 369)

9-22 El crucigrama. Mientras esperas a Carolina y a Michael para ir a la exhibición, haces el crucigrama en el periódico. El tema es "El cine y la televisión". Para los nombres, debes usar el artículo definido correcto.

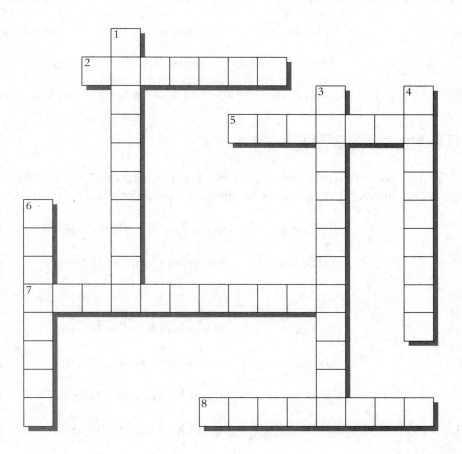

1. Uno puede ganar dinero y regalos fabulosos en uno de estos.

2. Lo que memorizan los actores.

3. Es romántica y dramática.

4. Es solamente una obra, pero tiene muchas imágenes diferentes.

5. Uno cambia esto para ver una programación diferente.

6. Lo que dice el director antes de filmar.

7. Lo que miras en la televisión para saber las noticias.

8. Para los niños: los dibujos _____.

9-23 El invasor. Michael quiere practicar más vocabulario contigo. Ayúdalo a escoger la palabra que no pertenece en cada lista de abajo.

1. el concurso	el guión	el noticiero	la telenovela
2. el equipo de cámara	el director	el actor	el televidente
3. actuar	aplaudir	ensayar	hacer el papel
4. editar	filmar	improvisar	rodar
5. informar	actuar	ensayar	representar

Perfiles (TEXTBOOK P. 371)

9-24 Perfiles. Hablas con Esteban sobre las personas mencionadas en la sección *Perfiles* en el libro de texto. Escoge la persona mejor descrita por las siguientes palabras.

1. el cine	Julio Bocca	Alejandro González Iñárritu	Paco de Lucía
2. el baile	Julio Bocca	Alejandro González Iñárritu	Paco de Lucía
3. la música	Julio Bocca	Alejandro González Iñárritu	Paco de Lucía
4. español	Julio Bocca	Alejandro González Iñárritu	Paco de Lucía
5. mexicano	Julio Bocca	Alejandro González Iñárritu	Paco de Lucía
6. argentino	Julio Bocca	Alejandro González Iñárritu	Paco de Lucía
7. el Ballet Argentino	Julio Bocca	Alejandro González Iñárritu	Paco de Lucía
8. *Amores Perros*	Julio Bocca	Alejandro González Iñárritu	Paco de Lucía
9. el cajón	Julio Bocca	Alejandro González Iñárritu	Paco de Lucía
10. el flamenco	Julio Bocca	Alejandro González Iñárritu	Paco de Lucía

9-25 Unas reacciones. Usa el subjuntivo para reaccionar a la información presentada en la sección *Perfiles* en el libro de texto. Escribe por lo menos **cinco** oraciones, y sigue el modelo.

MODELO *Es interesante que Julio Bocca baile con el Ballet Argentino.*

_____

_____

_____

_____

_____

¡Conversemos!

Clarifying and using circumlocution (TEXTBOOK P. 372)

9-26 Meter la pata (*Put your foot in your mouth*). Isidro y Jacquie asisten a la exhibición con Carolina y Michael. Isidro comenta que no le gusta una de las obras de arte. Luego, ¡descubre que es una de las obras de Esteban! No puede pensar bien, y tiene que "clarificar" su opinión para Carolina. Completa sus oraciones con la expresión apropiada en español.

Bueno, (1) _____ (*the fact is that*) no me gusta el tema de la obra. Es muy

difícil representar la guerra. (2) _____ (*What I mean*) es que tu padre lo ha

representado bien, pero es deprimente. (3) _____ (*That is*), es una obra

brillante y llamativa, pero el tema me deprime. (4) _____ (*That's to say*),

que la obra es magnífica en sí, pero el tema es triste. (5) _____ (*In other*

words), me encanta la obra de tu padre.

Nombre: _____ Fecha: _____

Escribe

Introductions and conclusions in writing (TEXTBOOK P. 374)

9-27 Unos ensayos. Antes de ir a la exhibición, tienes que hacer tu tarea. Hay una serie de ensayos que tienes que escribir para tu clase de español. Para cada tema de abajo, escribe una oración introductoria y una oración que resuma tus ideas principales.

1. El arte moderno y abstracto

_____

_____

2. La violencia en las películas de hoy en día

_____

_____

3. Las artesanías: ¿Son arte?

_____

_____

4. Los efectos especiales en el teatro y en el cine

_____

_____

5. La programación que se enseña durante el día en la televisión

_____

_____

Vistazo cultural (Textbook p. 376)

9-28 ¿De dónde son? Ahora hablas con Esteban sobre la cultura andina. Selecciona el país de origen de las siguientes cosas y personas.

1. Alonso Alegría   Bolivia   Ecuador   Perú

2. El cajón   Bolivia   Ecuador   Perú

3. Los Kjarkas   Bolivia   Ecuador   Perú

4. El mercado de Otavalo   Bolivia   Ecuador   Perú

5. Carla Ortiz   Bolivia   Ecuador   Perú

6. Mario Vargas Llosa   Bolivia   Ecuador   Perú

9-29 Si te interesa... Tú y Esteban continúan su conversación sobre la cultura andina. Indica cuál de las personas del *Vistazo cultural* te va a interesar, según los siguientes intereses.

Alonso Alegría	Oswaldo Guayasamín	Los Kjarkas	Carla Ortiz	Mario Vargas Llosa

1. Si te interesa la música andina, te va a interesar _____.

2. Si te interesan las telenovelas, te va a interesar _____.

3. Si te interesan el teatro y el periodismo, te va a interesar _____.

4. Si te interesa el arte visual, te va a interesar _____.

5. Si te interesan el teatro y la política, te va a interesar _____.

La exhibición de arte fue muy exitosa. Gracias a tu ayuda, Michael pudo comunicarse mejor con Esteban, el padre de Carolina. Ahora Michael le cae muy bien a Esteban. Michael piensa visitar Bolivia durante las vacaciones. Te lo agradece mucho porque, sin ti, no le hubiera resultado tan bien. ¡Qué buena persona eres!

Laberinto peligroso

Episodio 9

9-30 Estrategia. Lee el siguiente párrafo de la lectura del libro de texto. Luego, haz tres inferencias basadas en la lectura y en los otros episodios.

Celia tenía ganas de ver la comedia que se había estrenado en el teatro. Según los críticos, era la mejor obra de la temporada. Había pensado en ir sola, pero mientras esperaba a comprar su entrada, cambió de idea. Pensó, "Aunque no me importa ir sola, prefiero que otra persona vaya conmigo. Quizás invite a Javier o a Cisco. Dudo que a Javier le guste el teatro tanto como le gusta a Cisco. Javier prefiere el cine". Inmediatamente decidió llamar Cisco para ver si le gustaría acompañarla a la función. Cuando no contestó el teléfono de casa, intentó llamarlo a su celular. Tampoco lo contestó. Celia se dijo, "¡Qué extraño que haya salido sin el celular! Nunca va a ninguna parte sin ese teléfono. ¿Por qué no ha contestado? ¿Qué estará haciendo?".

Inferencia 1: _____

Inferencia 2: _____

Inferencia 3: _____

9-31 Después de mirar. Después de mirar el video, contesta las siguientes preguntas.

1. ¿Quién está fuera del apartamento de Celia al principio del episodio?
   a. Cisco
   b. el Dr. Huesos
   c. Javier
   d. un hombre misterioso

2. ¿Por qué vinieron los policías al apartamento de Celia?
   a. Querían arrestarla.
   b. Había un ladrón afuera.
   c. Cisco ha desaparecido.
   d. Celia los llamó.

3. ¿Qué le pasó al Dr. Huesos?
   a. Fue arrestado.
   b. Fue asesinado.
   c. Murió a causa del volcán.
   d. Ganó un premio por su trabajo con las plantas.

4. De acuerdo a Celia, ¿por qué tiene la llave de Cisco?
   a. Cisco anda despistado.
   b. Cisco es su novio.
   c. Cisco la dejó en su apartamento.
   d. Cisco quería que regara las plantas.

5. ¿Qué encuentran Celia y los policías en el museo?
   a. a Cisco
   b. una pista que Cisco dejó
   c. a un hombre misterioso
   d. nada

9-32 Comparaciones de Celia. Mira las siguientes fotos de Celia de este episodio, y haz **cinco** comparaciones entre ellas.

1. _____

2. _____

3. _____

4. _____

5. _____

Experiential Learning Activities

9-33 Dos artistas. Haz una comparación entre dos artistas o escultores, uno/a de México y otro/a de Perú o Costa Rica. Luego escoge a uno/a de los artistas y escribe una guía con una descripción de su trabajo.

9-34 Obras maestras. Imagina que tu clase va a tener un remate (*auction/sale*) de unas obras de los artistas estudiados en el **Capítulo 9.** Usando las obras maestras que has estudiado, representa el remate con una actuación con unos compañeros de clase.

9-35 Una obra de teatro. Escribe y representa una obra de teatro que tenga lugar en Costa Rica. En esta actividad, puedes representar la vida de uno/a de los artistas estudiados en el **Capítulo 9.**

Native Speaker Ancillary

Lectura

9-36 La arpillera: obra de arte con doble objetivo. Lee la siguiente lectura con cuidado. Contesta las preguntas individualmente, y luego comparte tus respuestas con tus compañeros de clase.

Según su definición literal, la arpillera es un tejido tosco o una tela ruda que sirve para limpiar o confeccionar sacos de harina. En realidad, las arpilleras son representaciones y documentaciones vívidas de la vida e historia de la gente. Sobre esta tela, las mujeres de escasos recursos, con trocitos de tela, lanas y otros materiales, bordan escenas y acontecimientos históricos que ha experimentado la población rural. A pesar de su apariencia placentera, la arpillera no es simplemente un elemento decorativo; es una documentación histórica y política.

La arpillera tiene sus orígenes en Chile a partir de 1973, cuando las madres, hermanas y esposas de los detenidos o desaparecidos políticos relataban su incesante búsqueda de sus queridos por medio de estos tejidos. Muchas veces las arpilleras incorporaban trocitos de alguna prenda de ropa de las personas queridas para proporcionarle más autenticidad. Las mujeres exportaban sus arpilleras al extranjero para ganarse unos pocos ingresos para mantener su hogar. Sin embargo, la práctica y la popularidad de confeccionar arpilleras se esparcieron a otros países, como Perú y Bolivia. En estos países también se montaron organizaciones y talleres de arpilleras con el mismo objetivo —de expresar la realidad y mostrar la dedicación y esperanza hacia los queridos desaparecidos. Para subrayar esta esperanza, se borda marcadamente en el fondo de cada arpillera un hermoso sol. Aunque el tema de cada arpillera es diferente, el elemento uniforme es la presencia del sol, que representa la esperanza.

La cuestión de las arpilleras ha tenido tanto impacto que hay muchas publicaciones, tanto libros como artículos, sobre este movimiento de solidaridad hoy en día.

1. Según la definición oficial, ¿qué es una arpillera?

_____

_____

2. ¿Cómo y dónde empezó el movimiento de la arpillera?

_____

_____

3. ¿Quiénes son las personas que tejen arpilleras, y con qué fin trabajan?

_____

_____

4. ¿Cuál es el elemento común en cada arpillera? ¿Qué representa?

_____

_____

5. ¿Por qué se dice que la arpillera tiene un doble objetivo? Explica.

_____

_____

Escritura

9-37 El resumen. Un buen resumen incorpora todos los datos importantes de la lectura sin redundancias y transiciones innecesarias. Vuelve a leer la lectura sobre las arpilleras, y resume en un párrafo todos los datos esenciales.

_____
_____
_____
_____
_____

Un paso más

En 1965 en La Paz, se formó uno de los grupos musicales más conocidos de Bolivia, Los Jairas, con el pretexto de renovar la música autóctona. Incorporaban muchos instrumentos de la cultura indígena como el charango, el ronroco, la zampoña, la quena, el bombo y la huancara, entre otros. Estos instrumentos eran integrales para tocar música de índole folclórica tal como *la cueca*, el baile andino nacional. Tradicionalmente, los grupos musicales se componían solamente de hombres porque, según una leyenda indígena, si la mujer tocaba la zampoña quedaría estéril, y no pariría jamás. Sin embargo, hoy en día hay grupos musicales compuestos solamente de mujeres pese a la advertencia folclórica.

Refranes

9-38 Dos refranes. Lee los dos refranes que siguen, y explica tanto el significado como la relevancia que conlleva cada uno en cuanto al tema del engaño sobre el aspecto físico.

1. "Aunque la mona se vista de seda, mona se queda."

_____
_____

2. "El lobo cambia de pelo, pero no de mañas."

_____
_____

Activities for *Letras:* **Literary Reader for** *¡Anda! Curso intermedio*

9-39 Gustavo Adolfo Bécquer. Después de leer la biografía de Bécquer, indica si las siguientes oraciones son **Ciertas** o **Falsas,** o si **No se dice.**

1. Bécquer era español.   Cierto   Falso   No se dice.

2. Bécquer se quedó huérfano (*orphan*) cuando tenía 10 años.   Cierto   Falso   No se dice.

3. Su padre y su hermano eran artistas.   Cierto   Falso   No se dice.

4. Se casó con Elisa Guillén.   Cierto   Falso   No se dice.

5. No tenía hijos.   Cierto   Falso   No se dice.

6. Murió en el año 1868.   Cierto   Falso   No se dice.

7. Sufrió de cáncer.   Cierto   Falso   No se dice.

8. Sus pinturas son tan famosas como sus poemas.   Cierto   Falso   No se dice.

9-40 Temas literarios. Lee el siguiente poema, y luego da ejemplos del hipérbaton, la sinécdoque y la metapoesía que ves. Explica tus ejemplos.

Una rima de los "Rimas"

Mientras hay clases de español
que los poetas famosos cubrirán,
Mientras se estudia el romanticismo,
a Bécquer estudiarán.

De mujeres, la luna y la naturaleza,
de amores no correspondidos,
Todos los temas que usan los poetas
en Bécquer están florecidos.

En un sinfín de números romanos
expresó su melancolía
Siempre buscaba su fantasma de oro:
¡Una palabra que rima!

Shakespeare y Byron y todos los otros
que leemos nos dan alegría
Pero mientras a Bécquer se puede leer,
siempre habrá poesía.

_____

_____

_____

_____

_____

_____

_____

9-41 Rima IV. Después de leer Rima IV, contesta las siguientes preguntas.

1. Según Bécquer, ¿qué puede destruir la poesía?

    a. el amor

    b. la ciencia

    c. la naturaleza

    d. nada

2. Según Bécquer, siempre habrá poesía si hay…

    a. el invierno.

    b. el otoño.

    c. la primavera.

    d. el verano.

3. ¿Qué parte del cuerpo no menciona Bécquer?

    a. el corazón

    b. la mano

    c. el ojo

    d. la pupila

4. ¿Qué parte de la naturaleza no menciona Bécquer?

    a. el aire

    b. el mar

    c. las montañas

    d. el sol

5. Según Bécquer, ¿qué se necesita para tener poesía?

    a. esperanzas y recuerdos

    b. una mujer hermosa

    c. un poeta

    d. *a* y *b*

10

Un planeta para todos

En este capítulo, vas a ayudar a tu amiga, Keisha, que estudia ciencias medioambientales (*environmental science*). Este semestre, ella tiene un profesor que está visitando de Colombia, el Dr. Reyes. Keisha quiere poder hablar con él en español, pero no ha tomado una clase de español desde la escuela secundaria. Por eso, ¡necesita tu ayuda!

1. El medio ambiente (Textbook p. 386)

10-1 Repaso de vocabulario. Para ayudar bien a Keisha, necesitas repasar un poco el vocabulario. Asocia la palabra en español con la palabra en inglés que corresponde.

1. _____ el combustible   a. container

2. _____ el daño   b. danger

3. _____ el desperdicio   c. drought

4. _____ el efecto invernadero   d. fuel

5. _____ el envase   e. greenhouse effect

6. _____ la escasez   f. harm

7. _____ el humo   g. scarcity

8. _____ el peligro   h. smoke

9. _____ el riesgo   i. risk

10. _____ la sequía   j. waste

10-2 Para mejorar el medio ambiente. Practica con Keisha para hablar del medio ambiente, escogiendo los adjetivos más lógicos para completar las oraciones.

1. Durante una sequía, la tierra está muy (árida / renovable).

2. Muchos pesticidas e insecticidas son (biodegradables / tóxicos); pueden causarles daño a las personas y a los animales.

3. El efecto invernadero puede causar cambios (climáticos / exterminados).

4. Para evitar el súper-consumo, necesitamos encontrar recursos (exterminados / renovables).

5. El papel es un ejemplo de una sustancia (biodegradable / tóxica).

10-3 ¿Cuál no pertenece? Ayuda a Keisha a escoger el verbo que no corresponde con los otros verbos de cada lista.

1. amenazar	conservar	dañar	desperdiciar
2. desaparecer	fabricar	preservar	rescatar
3. destruir	preservar	rescatar	sostener
4. cosechar	descongelar	fabricar	reemplazar
5. mejorar	preservar	hacer ruido	sostener

Repaso

Las preposiciones y los pronombres preposicionales (TEXTBOOK P. 387)

10-4 Una descripción. El Dr. Reyes describe el campus de su universidad en Colombia. Tú y Keisha escuchan lo que dice. Ayuda a Keisha a indicar si las oraciones son **Ciertas** o **Falsas,** o si **No se dice.**

1. La Facultad de Ciencias está al lado del observatorio.   Cierto   Falso   No se dice.

2. El museo está detrás del teatro.   Cierto   Falso   No se dice.

3. La cafetería está cerca de la oficina del profesor.   Cierto   Falso   No se dice.

4. La Facultad de Arte está al lado del museo.   Cierto   Falso   No se dice.

5. El estadio está cerca de la oficina del profesor.   Cierto   Falso   No se dice.

10-5 El campus del Dr. Reyes. Mira el dibujo del campus de la universidad del Dr. Reyes, y escribe una descripción de la localización de los siguientes edificios. Sigue el modelo con cuidado.

MODELO   la Facultad de Arte/el museo

La Facultad de Arte está al lado del museo.

1. la cafetería / el gimnasio

_____.

2. el observatorio / el museo

_____.

3. la biblioteca / la Facultad de Medicina

_____.

4. el teatro / el estadio

_____.

5. la Facultad de Ciencias / el gimnasio

_____.

2. El imperfecto de subjuntivo (TEXTBOOK P. 391)

10-6 Una carta. El Dr. Reyes le ha escrito una carta al director del periódico local en español para informar a la comunidad hispana sobre la importancia de conservar el medio ambiente. Keisha quiere leerla, pero su copia del periódico está rota (*torn*) y no puede leer muchos de los verbos. Ayúdala a completar las oraciones con el imperfecto de subjuntivo.

Estimados ciudadanos:

Recientemente, aprendimos que era necesario que todos nosotros (1. conservar)

_____ el medio ambiente. Y de verdad, la conservación está en nuestra sangre.

Nuestros antepasados, los indígenas, comprendían este hecho. Era importante que ellos no

(2. desperdiciar) _____ sus recursos para sobrevivir. Era bueno que no (3. dañar)

_____ su tierra. Sin embargo, los que vinieron después hicieron mucho daño.

En los años recientes, no era importante que nosotros (4. preservar) _____ la

herencia de nuestros antepasados, pero hoy en día, todo ha cambiado. Por años, los gobiernos de

muchos países no querían que nosotros (5. saber) _____ lo que pasaba con el

medio ambiente, pero hoy sabemos que es necesario tomar acciones contra amenazas como el efecto

invernadero. Hoy no tenemos excusas, sino que tenemos la responsabilidad de conservar los recursos

de nuestro planeta.

Atentamente,

Dr. Jaime Reyes

10-7 Unas observaciones. Keisha ha observado ciertas cosas en el campus que pueden dañar el medio ambiente. El Dr. Reyes responde a estas observaciones. Completa las oraciones con el imperfecto del subjuntivo.

MODELO   **Keisha:** Mi profesor de historia conducía un vehículo utilitario deportivo.

Dr. Reyes: (Era una lástima que / conducirlo)

Era una lástima que lo condujera.

1. **Keisha:** La cafetería no usaba envases biodegradables.

   Dr. Reyes: (Era una lástima que / no usarlos)

   _____

2. **Keisha:** Los jardineros ponían insecticidas en el cuadrángulo.

   Dr. Reyes: (Era malo que / ponerlos)

   _____

3. **Keisha:** Los autobuses del campus no podían usar el combustible alternativo.

   Dr. Reyes: (Era sorprendente que / no poder usarlo)

   _____

4. **Keisha:** Las personas en las residencias hacían mucho ruido.

   Dr. Reyes: (No me gustaba que / hacerlo)

   _____

5. **Keisha:** Mi mejor amiga quería reducir la cantidad de recursos que usa.

   Dr. Reyes: (Ojalá que / reducirla)

   _____

3. El pasado perfecto de subjuntivo (TEXTBOOK P. 394)

10-8 Unos acontecimientos del Dr. Reyes. Keisha prepara respuestas a unos acontecimientos que el Dr. Reyes le ha contado. Complétalas con el pasado perfecto de subjuntivo.

MODELO   **Dr. Reyes:** Cuándo tenía 12 años, ya me había preocupado mucho por el medio ambiente.

Keisha: Es raro que un niño tan joven *se hubiera preocupado* (preocuparse) por el medio ambiente.

1. **Dr. Reyes:** Cuando tenía 18 años, ya me había graduado de la universidad.

   Keisha: Es raro que usted ya _____ (graduarse) a los 18 años.

2. **Dr. Reyes:** Cuando tenía 25 años, ya había terminado el doctorado.

   Keisha: Me sorprende que ya lo _____ (terminar) tan jóven.

3. **Dr. Reyes:** Cuando tenía 30 años, mi esposa y yo habíamos celebrado nuestro séptimo aniversario.

   Keisha: Es bueno que ustedes lo _____ (celebrar).

4. **Dr. Reyes:** Cuando tenía 35 años, la universidad me había ofrecido una promoción.

   Keisha: Me alegra oír que le _____ (ofrecer) una promoción.

5. **Dr. Reyes:** Cuando tenía 40 años, los miembros de la Asociación de Estudios Medioambientales me habían elegido presidente.

   Keisha: Es impresionante que los miembros lo _____ (elegir) presidente.

10-9 La vida de Keisha. Ahora, Keisha te cuenta sobre algunos acontecimientos en su vida. Reacciona usando el pasado perfecto de subjuntivo.

MODELO   **Keisha:** Cuando tenía 16 años, había decidido estudiar ciencias medioambientales.

Tú: *Es bueno que hubieras decidido estudiar algo tan interesante.*

1. **Keisha:** Cuando tenía 19 años, ya había votado en las elecciones presidenciales.

   Tú: _____

2. **Keisha:** Cuando tenía 21 años, ya había trabajado como camarera, cocinera y dependiente.

   Tú: _____

3. **Keisha:** Cuando tenía 22 años, ya me había mudado a una ciudad nueva.

   Tú: _____

4. **Keisha:** Cuando tenía 23 años, ya había comprado mi primer coche —un híbrido.

   Tú: _____

5. **Keisha:** Cuando tenía 24 años, ya había ahorrado bastante dinero para ir a la universidad.

   Tú: _____

Notas culturales

Amigos del Medio Ambiente (TEXTBOOK P. 396)

10-10 *Amigos del Medio Ambiente* **(AMA).** Después de leer la sección *Notas culturales* en tu libro de texto, indica si las siguientes oraciones son **Ciertas** o **Falsas,** o si **No se dice.**

1. AMA es una organización que se formó durante los últimos 20 años. Cierto Falso No se dice.

2. AMA gana mucho dinero cada año. Cierto Falso No se dice.

3. La misión de AMA es preservar el medio ambiente. Cierto Falso No se dice.

4. AMA ha protestado con marchas y manifestaciones. Cierto Falso No se dice.

5. AMA quiere que la gente cambie sus hábitos de consumo. Cierto Falso No se dice.

10-11 ¿Qué te parece? Después de leer la sección *Notas culturales* en tu libro de texto, contesta las siguientes preguntas oralmente. ¿Quisieras unirte a un grupo como AMA? ¿Por qué?

Escucha (TEXTBOOK P. 397)

10-12 Primeras impresiones. El Sr. Ramón Sabemás quiere ser concejal (*alderman*) en la ciudad cerca de tu universidad. Keisha quiere que tú vayas con ella para escuchar una presentación que él va a dar mañana. El título de su presentación es "Sacrificios para sobrevivir: Lo que debemos hacer en nuestra comunidad". Aquí tienes un dibujo del Sr. Sabemás. Contesta las siguientes preguntas.

1. ¿Cuáles son tus primeras impresiones del Sr. Sabemás y de su presentación?

   _____

   _____

   _____

2. Como eres buen/a amigo/a, vas a acompañar a Keisha a la presentación. Sin embargo, ¿quieres ir? ¿Por qué?

   _____

   _____

   _____

3. ¿Cuáles son algunas palabras del vocabulario que piensas que te serían útiles para comprender bien la presentación? Haz una lista de por lo menos cinco palabras. ¿Por qué piensas que serían útiles?

   _____

   _____

   _____

   _____

10-13 La presentación. Escucha la presentación del Sr. Sabemás, y luego contesta las siguientes preguntas.

1. Según el Sr. Sabemás, ¿qué pasó con la ballena jorobada (*humpbacked whale*)?

   a. Desapareció.

   b. Está en peligro de extinción.

   c. Ha causado problemas medioambientales.

   d. Nada.

2. Según el Sr. Sabemás, ¿por qué son importantes los animales?

   a. Son parte del ciclo de la vida.

   b. Son mejores que los seres humanos.

   c. Su hábitat es importante.

   d. Muchos mueren cada año.

3. Según el Sr. Sabemás, ¿cuáles son algunas cosas que debemos hacer para proteger el medio ambiente?

   a. conducir coches

   b. usar productos biodegradables

   c. hacer ruido

   d. cosechar

4. Según el Sr. Sabemás, ¿cuándo estaremos en peligro?

   a. cuando les escribamos cartas a los representantes del gobierno

   b. cuando no rescatemos la ballena jorobada

   c. cuando no votemos por él

   d. cuando no hagamos sacrificios

5. ¿Para quiénes quiere salvar el planeta el Sr. Sabemás?

   a. nuestros hijos

   b. nuestros nietos

   c. la ballena jorobada

   d. *a, b y c*

4. Algunos animales (TEXTBOOK P. 398)

10-14 Los animales. A Keisha le interesan los animales y quiere aprender cómo se llaman en español. Ayúdala a completar el crucigrama con los nombres de los animales descritos. Debes incluir el artículo definido apropiado para cada palabra.

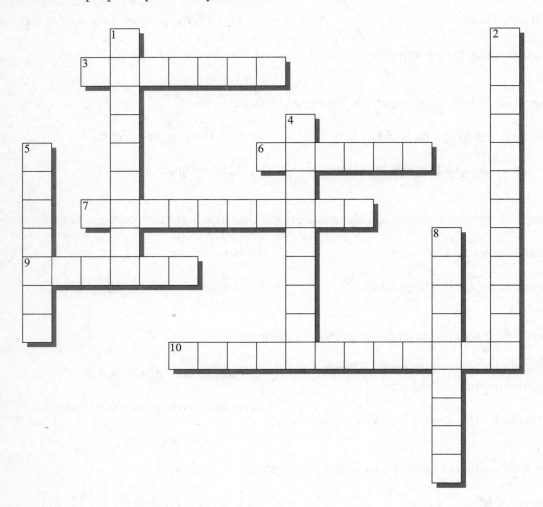

1. Te ayuda a cruzar el desierto y puede conservar el agua.

2. Puede ser vampiro.

3. Te despierta por la mañana.

4. Se le considera uno de los animales más peligrosos del océano.

5. Hace la miel.

6. Repite lo que dices.

7. Lleva un "traje de etiqueta".

8. Es muy lenta, pero siempre gana.

9. Intentó comer a los tres cerditos (*little pigs*).

10. Ya no existe.

10-15 Más animales. Ayuda a Keisha a escoger el animal que no pertenece a cada lista de abajo.

1. la cabra   la oveja   el pato   el pulpo

2. el cangrejo   la foca   la mariposa   el tiburón

3. el loro   el murciélago   el picaflor   la paloma

4. la jirafa   el gorila   el mono   el saltamontes

5. la ardilla   la mariposa   el loro   el murciélago

Repaso

El uso del infinitivo después de las preposiciones (TEXTBOOK P. 399)

10-16 ¿Cuándo? y ¿Para qué? Para practicar el español, Keisha te hace preguntas. Contéstalas con la expresión equivalente en español.

MODELO   **Keisha:** ¿Para qué quieres acostarte temprano?

           Tú: (*to sleep well*) *para dormir bien*

1. **Keisha:** ¿Para qué necesitas un teléfono celular?

    Tú: (*to speak with my friends*) _____

2. **Keisha:** ¿Para qué necesitas un nuevo cuaderno?

    Tú: (*to take notes*) _____

3. **Keisha:** ¿Para qué quieres estudiar tanto?

    Tú: (*to get good grades*) _____

4. **Keisha:** ¿Para qué necesitas reciclar?

    Tú: (*to preserve the environment*) _____

5. **Keisha:** ¿Cúando haces tu tarea?

    Tú: (*before eating lunch*) _____

5. Cláusulas de *si* (Parte 2) (TEXTBOOK P. 402)

10-17 Situaciones hipotéticas. Keisha quiere hablar sobre unas situaciones hipotéticas, pero necesita tu ayuda. Completa las oraciones con el imperfecto de subjuntivo o con el condicional, según el caso.

1. Si yo fuera el Dr. Reyes, _____ (dar) una presentación sobre el medio ambiente.

2. Si todo el mundo _____ (preservar) el ambiente, no habría tantos problemas.

3. Si mis padres _____ (entender) el peligro de no conservar, reciclarían más cosas.

4. Si no protegiéramos a los animales, muchos _____ (desaparecer).

5. Si nosotros no _____ (reducir) el consumo, habría más cambios climáticos.

10-18 Si tú fueras... Ahora, debido a Keisha, tú estás pensando en algunas situaciones. Escribe cinco oraciones hipotéticas, usando el imperfecto de subjuntivo o el pasado perfecto de subjuntivo y el condicional o el condicional perfecto.

1. _____

2. _____

3. _____

4. _____

5. _____

6. Algunos términos geográficos (TEXTBOOK P. 404)

10-19 El mar. Keisha te muestra una lista de palabras, y quiere saber cuáles tienen que ver con el mar. Selecciona todas las palabras apropiadas.

el arrecife	la llanura	la sierra
la bahía	el manatí	el valle
el ciervo	la playa	el zorro
el desierto	el pulpo	

10-20 A describir. Haz una descripción oral de las siguientes cosas para explicarle a Keisha qué significan.

MODELO   el valle

Es un lugar que normalmente está entre dos sierras. Es muy verde y hay muchas flores y muchos animales.

1. la llanura

2. el arrecife

3. el desierto

4. la sierra

5. el pantano

7. La secuencia de los tiempos verbales (TEXTBOOK P. 407)

10-21 Una explicación gramatical. Keisha quiere entender mejor cómo funciona el subjuntivo con otros tiempos verbales. Ayúdala a escoger el tiempo verbal correcto.

1. Cuando el verbo en la cláusula principal está en el presente del indicativo, el pretérito perfecto del indicativo, el futuro, o es un mandato, normalmente se usa el (a. presente del subjuntivo / b. imperfecto del subjuntivo / c. pasado perfecto del subjuntivo / d. pretérito perfecto del indicativo) en la cláusula subordinada.

2. Se usa el presente del subjuntivo cuando la acción de la cláusula subordinada ocurre (a. al mismo tiempo que / b. después de / c. antes de / d. *a* y *b*) la acción de la cláusula principal.

3. Se usa el pretérito perfecto del subjuntivo cuando la acción de la cláusula subordinada ocurre (a. al mismo tiempo que / b. después de / c. antes de / d. *a* y *b*) la acción de la cláusula principal.

4. Cuando el verbo en la cláusula principal está en el pretérito o en el imperfecto del indicativo, generalmente se usa el (a. imperfecto del subjuntivo / b. pretérito perfecto del subjuntivo / c. pasado perfecto del subjuntivo / d. *a* y *c*) en la cláusula subordinada.

5. Se usa el imperfecto del subjuntivo cuando la acción de la cláusula subordinada ocurre (a. después de / b. al mismo tiempo que / c. antes de / d. *a* y *b*) la acción de la cláusula principal.

6. Se usa el pasado perfecto del subjuntivo cuando la acción de la cláusula subordinada ocurre (a. después de / b. al mismo tiempo que / c. antes de / d. *a* y *b*) la acción de la cláusula principal.

Nombre: _____ Fecha: _____

10-22 Unos ejemplos. Keisha quiere que le des unos ejemplos más concretos. Indica la cláusula apropiada para terminar las siguientes oraciones.

1. Hoy pedimos que todos (a. reduzcan su consumo / b. redujeran su consumo).

2. Es necesario que todos (a. hayan reciclado / b. reciclen).

3. Era importante que los estudiantes ya (a. aprendieran / b. hubieran aprendido) sobre la conservación.

4. El año pasado, insistimos en que la clase (a. hiciera / b. hubiera hecho) un proyecto sobre los animales en peligro de extinción.

5. Será bueno que nosotros (a. hemos ido / b. vayamos) a visitar al Dr. Reyes en Colombia.

Perfiles (TEXTBOOK P. 410)

10-23 Perfiles. Quieres compartir alguna información sobre unos amigos del medio ambiente para que Keisha pueda hablar sobre ellos con el Dr. Reyes. Lee la sección *Perfiles* en el libro de texto, y luego indica si las oraciones son **Ciertas** o **Falsas,** o si **No se dice.**

1. Mario José Molina Henríquez ganó el Premio Nobel.   Cierto   Falso   No se dice.

2. A Félix Rodríguez de la Fuente le interesaron los halcones *(falcons)*.   Cierto   Falso   No se dice.

3. Rosa María Ruiz trabajó para salvar un parque nacional en México.   Cierto   Falso   No se dice.

4. De la Fuente ha hecho programas de televisión.   Cierto   Falso   No se dice.

5. Molina Henríquez es biólogo.   Cierto   Falso   No se dice.

6. Ruiz aparece en un anuncio para la preservación de los parques.   Cierto   Falso   No se dice.

7. De la Fuente era boliviano.   Cierto   Falso   No se dice.

8. Ruiz es de la ciudad de La Paz.   Cierto   Falso   No se dice.

9. Henríquez es español.   Cierto   Falso   No se dice.

10. Henríquez investigó la capa de ozono.   Cierto   Falso   No se dice.

10-24 ¿Quién te interesa más? Si tú pudieras conocer a una de las personas de la sección *Perfiles,* ¿a quién te interesaría conocer más? ¿Por qué? Responde oralmente.

¡Conversemos!

Expressing agreement, disagreement, or surprise (TEXTBOOK P. 412)

10-25 Unas expresiones. Keisha quiere aprender algunas expresiones para poder conversar mejor. Ayúdala a asociar la expresión en inglés que corresponda a la expresión en español.

1. _____ Al contrario.

2. _____ Claro que sí.

3. _____ De ninguna manera.

4. _____ Está bien.

5. _____ Eso es.

6. _____ ¡Imagínate!

7. _____ Me estás tomando el pelo.

8. _____ ¡Ni lo sueñes!

9. _____ No hay duda.

10. _____ No hay más remedio.

11. _____ ¡No me digas!

12. _____ Te digo.

a. Don't even think about it!

b. Imagine!

c. I'm telling you…

d. It's alright.

e. No way.

f. Of course.

g. On/To the contrary.

h. That's it.

i. There's no doubt.

j. There's no other way/solution.

k. You're kidding me.

l. You don't say!

10-26 Unas situaciones. Keisha quiere saber cómo reaccionar en ciertas situaciones. Ayúdala a escoger la expresión apropiada.

1. ¿Me acompañas a una presentación sobre el efecto invernadero?
   Claro que sí. / Eso es.

2. En una expedición encontré una iguana con dos cabezas.
   Me estás tomando el pelo. / ¡Ni lo sueñes!

3. Esta comunidad necesita reducir su consumo de productos no biodegradables.
   ¡Figúrate! / No hay más remedio.

4. En una excursión que hice, dormimos en el cráter de un volcán.
   ¡Imagínate! / No hay duda.

5. Necesitamos rescatar a los animales en peligro de extinción.
   En mi vida. / Precisamente.

Escribe (Textbook p. 414)

10-27 Enlaces. Para poder escribir mejor, es importante combinar tus oraciones para que sean más sofisticadas. Keisha quiere aprender cómo hacer esto porque quiere escribirle un correo electrónico a una de las personas mencionadas en la sección *Perfiles.* Ayúdala a asociar la palabra o expresión en inglés que corresponda a la palabra en español.

1. _____ además   a. besides

2. _____ por otro lado   b. but rather

3. _____ mientras   c. for this reason

4. _____ sin embargo   d. nevertheless

5. _____ no obstante   e. notwithstanding

6. _____ sino   f. on the other hand

7. _____ por eso   g. while

10-28 Un borrador. Keisha quiere escribirle un correo electrónico a una de las personas mencionadas en la sección *Perfiles* y presentarse a esta persona. Ella quiere saber más sobre su trabajo y por qué se hizo activista. También quiere expresar la admiración que siente por su trabajo. Además, quiere invitar a la persona a la universidad para que haga una presentación sobre cómo preservar el medio ambiente. Ayuda a Keisha a escoger una de las tres personas. Luego escribe **siete** oraciones simples sobre estos temas en preparación para escribir el correo electrónico. Finalmente, lee las oraciones para ver si es posible combinar algunas de ellas usando las expresiones de la actividad **10-27.** Si es posible, combínalas abajo.

1. _____

2. _____

3. _____

4. _____

5. _____

6. _____

7. _____

_____

_____

_____

_____

_____

10-29 El e-mail. Ahora, ayuda a Keisha a escribir el e-mail. No te olvides de usar las expresiones que aprendiste en el libro de texto, y escribe por lo menos **diez** oraciones.

_____

_____

_____

_____

_____

_____

_____

_____

_____

_____

_____

_____

_____

_____

Vistazo cultural (TEXTBOOK P. 416)

10-30 Colombia. El Dr. Reyes está hablando de su país, y como has leído la sección *Vistazo cultural,* puedes ayudar a Keisha con esta actividad. Escucha cada descripción, y luego identifica lo que se describe.

el desfile de los silleteros   el manatí amazónico
El Día sin Carro   ProAves
La Feria de las Flores

1. _____

2. _____

3. _____

4. _____

5. _____

10-31 Venezuela. Después de escuchar lo que dice el Dr. Reyes sobre Colombia, recuerdas lo que aprendiste sobre Venezuela. Contesta las siguientes preguntas oralmente.

1. Entre el Parque Nacional Archipiélago Los Roques y el Parque Nacional Canaima, ¿cuál te gustaría visitar más? ¿Por qué? ¿Qué actividades puedes hacer allí?

2. ¿Qué te parece la Misión árbol? ¿Es buena idea? ¿Debemos tener algo así en los Estados Unidos? ¿Por qué?

Pues, al final del semestre, el Dr. Reyes y su familia van a volver a Colombia, y Keisha los va a extrañar mucho. Pero debido a tu ayuda, ella pudo conocerlos mejor y piensa visitarlos en Colombia después de graduarse. Ella te lo agradece. ¡Bien hecho!

Laberinto peligroso

Episodio 10

10-32 Antes de leer. En el libro de texto, aprendiste mucho sobre la importancia de saber identificar el tipo de lectura antes de leerla. Lee las siguientes oraciones, e indica si son **Ciertas** o **Falsas,** según lo que aprendiste.

1. No hay muchas diferencias entre los textos.   Cierto   Falso

2. Si hay muchas secciones con letra negrita (*bold type*),
   es probable que el texto dé instrucciones.   Cierto   Falso

3. La puntuación no es importante al analizar un texto.   Cierto   Falso

4. Los dibujos pueden ayudar con la identificación de
   un texto.   Cierto   Falso

5. Si identificas el tipo de texto antes de leerlo, es
   posible que lo comprendas mejor.   Cierto   Falso

10-33 Después de mirar. Después de mirar el episodio de este capítulo, contesta las preguntas.

1. Al principio del episodio, ¿quién está esperando a Celia en el museo?
   a. la bibliotecaria
   b. Cisco
   c. Javier
   d. Antonio Menaza

2. ¿Quién robó los mapas y la crónica de la biblioteca?
   a. la bibliotecaria
   b. Cisco
   c. Javier
   d. Antonio Menaza

3. ¿Por qué ayudó la bibliotecaria a Antonio Menaza?
   a. porque él la amenazó
   b. porque él le dio dinero
   c. porque ella estaba enamorada de él
   d. porque ella es terrorista

4. ¿Por qué murió el Dr. Huesos?
   a. a causa de su investigación
   b. Era parte del grupo de terroristas.
   c. Hubo un accidente.
   d. No murió; es el álter ego de A. Menaza.

5. ¿Qué pasó a Cisco?
   a. Antonio Menaza lo mató.
   b. La bibliotecaria lo capturó.
   c. Se escapó.
   d. Fue arrestado.

10-34 La pobre bibliotecaria. Mira las fotos de la bibliotecaria y de Antonio Menaza y, usando la información del episodio, escribe **seis** oraciones usando cláusulas de **si** para expresar una hipótesis.

MODELO   *Si yo fuera la bibliotecaria, no habría creído a Antonio Menaza.*

1. _____

2. _____

3. _____

4. _____

5. _____

6. _____

Experiential Learning Activities

10-35 La conciencia medioambiental. Haz unas comparaciones entre la conciencia (*awareness*) medioambiental de los Estados Unidos y la de México, Centroamérica o Suramérica, especialmente con respecto a los bosques tropicales.

10-36 Tu campaña. Haz una campaña (*campaign*) para proteger el quetzal, el coquí o las mariposas. Investiga dónde están en peligro estos animales o insectos en los países hispanos, y dirige tu campaña a esas áreas geográficas.

Service Learning Activity

10-37 Un campus "verde". Imagina que tu universidad ha declarado este año como el "año del medio ambiente". Trabaja con los coordinadores de las organizaciones estudiantiles para discutir y planear proyectos para hacer el campus más "verde". Luego escribe la información en un folleto (*flyer*).

Native Speaker Ancillary

Lectura

10-38 La Coalición del Reciclaje de Puerto Rico (CRPR). Lee el siguiente artículo con cuidado, y luego contesta las preguntas que siguen. Finalmente, comparte tus respuestas con tus compañeros de clase.

La Coalición del Reciclaje de Puerto Rico (CRPR), que forma parte de la Coalición Nacional de Reciclaje, se fundó el 9 de enero de 2002 con el objetivo de educar a la gente en cuanto a la importancia de reciclar todos los residuos para preservar nuestro planeta y mejorar el acceso a los programas de reciclaje. Otra meta de la coalición es la de fomentar la participación activa de los miembros de la comunidad. En cada uno de los setenta y ocho municipios de Puerto Rico, hay una oficina dedicada a la difusión de información sobre la preservación del medio ambiente. El lema de la coalición es que no es suficiente sólo reciclar; o sea, hay que complementar esta acción con la de comprar productos reciclados. Además, la coalición pone en marcha actividades comunitarias y educativas para fortalecer sus programas de reciclaje.

La CRPR es una de las organizaciones que existen para mejorar el alcance a los programas de reciclaje; además cuenta con el apoyo de las otras coaliciones, puesto que cada año hay un congreso internacional en el cual participan todas las coaliciones de distintas naciones. Durante estos congresos, cada entidad puede compartir sus campañas exitosas al nivel internacional. También se celebra cada 17 de mayo el Día Mundial del Reciclaje, aunque se celebra el Día del Reciclaje en América el 15 de noviembre. El propósito de estos días festivos es el de educar a la gente a reciclar todos los productos, porque todo producto, o alguna parte por lo menos, es reciclable. Tal como indica la coalición, lo único no reciclable es el planeta mismo. Para asegurar la existencia del planeta, hay que proteger los recursos naturales y reciclar los residuos sólidos.

1. ¿Qué significa la sigla CRPR? ¿Cuándo se fundó la organización?

_____

_____

2. Nombra uno de los objetivos de la organización y explícalo.

_____

_____

3. ¿Qué se celebra el 17 de mayo? ¿Qué motivo conlleva el festejo?

_____

_____

4. ¿Cuántas oficinas tiene la CRPR? ¿Por qué?

_____

_____

5. ¿Por qué dicen que no es suficiente sólo reciclar?

_____

_____

Escritura

10-39 El reciclaje. Piensa en todas las excusas que la gente tiene para no reciclar, y anótalas a continuación. Después, piensa en una solución para cada una y anótala también. Con esta información, diseña un folleto para la comunidad.

_____

_____

_____

_____

_____

_____

Un paso más

En el **Capítulo 10** completamos un ejercicio sobre los símbolos que se asocian con los animales. A continuación se presentan algunas asociaciones entre los animales y sus características intrínsecas — éstas forman algunos refranes que se usan como analogía con los seres humanos. ¿Qué significan? ¿Puedes pensar en otros?

astuto como un lobo
tímido como un sapo
más pobre que un ratón

Refranes

10-40 Un refrán sobre el medio ambiente. Lee el refrán que sigue y explica tanto el significado como la relevancia que conlleva en cuanto al futuro de nuestro planeta. ¿En qué situaciones sería aplicable este dicho?

"Quien siembra cardos, cosecha cardos."

_____

_____

_____

Activities for *Letras:* Literary Reader for *¡Anda! Curso intermedio*

10-41 Alfonsina Storni. Después de leer la biografía de Alfonsina Storni, selecciona todas las palabras y los lugares de la lista que se relacionan con su vida.

la alegría	el hijo	el suicidio
Argentina	el mar	Suiza
la depresión	el matrimonio	el teatro
estable	los negocios	tranquila
Francia	la pedagogía	

10-42 Onomatopeya. Después de leer la sección de términos literarios, selecciona la respuesta que ilustra el sonido de los siguientes animales y otras cosas.

1. _____ una bomba   a. ¡bum!

2. _____ un gato   b. clic

3. _____ un pato   c. ¡crac!

4. _____ un perro   d. cuac

5. _____ un pez   e. glub

6. _____ un ratón de computadora   f. guau-guau

7. _____ un reloj   g. miau

8. _____ una silla rota   h. tic tac

Nombre: _____   Fecha: _____

10-43 Después de leer. Después de leer "Yo en el fondo del mar", contesta las siguientes preguntas.

1. ¿Cuál es tu reacción al poema, especialmente después de saber que Storni se ahogó en el mar?

_____

_____

_____

_____

2. "Yo en el fondo del mar" es un ejemplo de verso libre. ¿Cómo se compara el poema de Storni con el poema de Antonio Machado en el **Capítulo 5** y con el poema de Gustavo Adolfo Bécquer en el **Capítulo 9**?

_____

_____

_____

_____

3. ¿Prefieres poemas de verso libre o de forma tradicional? Explica tu respuesta.

_____

_____

_____

_____

11

Hay que cuidarnos

En este capítulo, vas a ayudar a Matthew, uno de tus amigos que quiere ser médico. Matthew va a trabajar como voluntario en una clínica donde hay muchos pacientes hispanos. Él va a tomar una clase de español el próximo semestre para los que quieren ser médicos, pero tiene que hacer mucho trabajo antes de tomar la clase. Por eso necesita tu ayuda.

1. La cara y el cuerpo humano (TEXTBOOK P. 442)

11-1 La cabeza. Ayuda a Matthew a aprender unas palabras que tienen que ver con el cuerpo humano. Selecciona todas las palabras de la lista que se relacionan con la cabeza o la cara.

la cadera	el cerebro	la frente	la muñeca	la pestaña
la ceja	la costilla	la lengua	el muslo	el trasero

11-2 Más partes del cuerpo. Mientras ayudas a Matthew, te das cuenta de que tú necesitas repasar las palabras también. Raúl, tu amigo de Cuba, te ayuda. Escribe la palabra que corresponde a la definición que Raúl te da.

los músculos	la piel	los pulmones	las uñas	las venas

1. Están en los dedos de la mano y en los dedos del pie. Tienes que cortarlas con frecuencia.

   _____

2. La sangre corre por el cuerpo a través de éstas.

   _____

3. Necesitas levantar pesas para hacer estos más fuertes.

_____

4. Cubre todo el cuerpo.

_____

5. Tienes dos, y los usas para respirar.

_____

Repaso

Los verbos reflexivos (TEXTBOOK P. 443)

11-3 El horario de Raúl. Matthew quiere practicar contigo y con Raúl este fin de semana, pero no sabe el horario de Raúl. Raúl te deja un mensaje que describe su horario para este sábado. Escucha lo que dice, y luego contesta las preguntas.

1. ¿A qué hora se levanta Raúl este sábado?
   a. a las siete y media
   b. a las ocho
   c. a las ocho y media
   d. a las nueve

2. ¿Qué dice que va a hacer primero después de volver del parque?
   a. acostarse
   b. almorzar
   c. ducharse
   d. reunirse

3. ¿Cuándo va a llamarte?
   a. antes de almorzar
   b. después de almorzar
   c. después de la cena
   d. antes de acostarse

4. Si ustedes no pueden reunirse a la una, ¿cuándo pueden reunirse?
   a. antes de cenar el sábado
   b. después de cenar el sábado
   c. por la mañana el domingo
   d. No pueden; Raúl simplemente no tiene tiempo.

5. ¿Qué tiene que hacer Raúl el domingo?
   a. estudiar
   b. ir a la iglesia
   c. jugar al básquetbol
   d. Raúl no lo dice.

Nombre: _____ Fecha: _____

11-4 Este sábado. Raúl te ha explicado su horario para este sábado. Ahora tú decides dejarle un mensaje en que hablas de tu horario. ¿Qué vas a hacer este fin de semana? ¿A qué hora? Usa por lo menos **cuatro** verbos reflexivos, y responde oralmente.

2. *Se* impersonal (Textbook p. 446)

11-5 Unas preguntas. Matthew quiere preguntarle unas cosas a Raúl para prepararse para trabajar en la clínica. Ayúdalo a escribir las preguntas, y usa el **se** impersonal. Sigue el modelo con cuidado.

MODELO   poder / decirles "buenos días" a los pacientes

¿Se puede decirles "buenos días" a los pacientes?

1. poder / decir "más despacio" si el paciente habla muy rápido

_____

2. permitir / usar la forma de "tú" con los pacientes

_____

3. prohibir / pedirles información sobre su familia

_____

4. decir / "¡Qué te mejores pronto!"

_____

5. necesitar / usar los títulos cómo "señor" y "señora"

_____

11-6 Más preguntas. El Dr. Heath quiere que Matthew ponga un póster en la sala de espera para los pacientes hispanos. Matthew te muestra las oraciones que quiere usar. Escribe las oraciones de nuevo, usando el **se** impersonal. Sigue el modelo con cuidado.

MODELO   Todos tienen el derecho a pedir una traductora.

Se tiene el derecho a pedir una traductora.

1. Toda la gente necesita lavar las manos con frecuencia para evitar la gripe.

_____

2. Todos los pacientes necesitan mostrar una identificación.

_____

3. Ninguno de los pacientes puede fumar en la sala de espera.

_____

4. Todo el mundo debe llenar el formulario que tiene la recepcionista.

_____

5. Está prohibido dejar a los niños solos en la sala de espera.

_____

3. Las construcciones recíprocas: *nos* y *se* (TEXTBOOK P. 450)

11-7 Unas notas. Matthew tiene que observar por un día antes de empezar su trabajo como voluntario en la clínica, y te muestra sus notas después de hacer las observaciones. Asocia la oración que corresponde con cada observación.

1. _____ Un niño mira a otro niño, y el otro niño lo mira también.

2. _____ Un doctor habla con una doctora, y ella responde a lo que él dice.

3. _____ Una mujer embarazada abraza a un hombre, y el hombre la abraza también.

4. _____ Una enfermera escribe una nota para un doctor, y el doctor escribe una nota para la enfermera también.

5. _____ Una madre toma la mano de su hija, y la hija toma la mano de su madre.

a. El hombre y la mujer se abrazan.

b. El doctor y la enfermera se escriben.

c. Los doctores se hablan.

d. Los niños se miran.

e. La madre y la hija se toman la mano.

11-8 Un plan. Matthew quiere que tú y Raúl lo ayuden, pero sabe que ustedes no tienen mucho tiempo. Por eso, sugiere un plan de comunicación. Escribe los verbos en el presente de indicativo, el presente de subjuntivo o el infinitivo, usando el **nos** o el **se** recíproco.

Es probable que nosotros no (1. poder) _____ hablar cada día; yo tengo un

horario loco. Por eso, creo que debemos (2. escribir) _____ un correo

electrónico cada día. Yo sé que tú y Raúl (3. ver) _____ mucho durante el día.

¿Es posible que (4. hablar) _____ de mi dilema entonces? Nosotros podemos

(5. dejar) _____ mensajes por correo de voz también.

¡Gracias!

Notas culturales

La medicina tradicional o alternativa (TEXTBOOK P. 453)

11-9 La medicina tradicional o alternativa. Después de leer la sección *Notas culturales* en el libro de texto, quieres hablar con Matthew y Raúl sobre lo que dice. Indica si las siguientes oraciones son **Ciertas** o **Falsas**, o si **No se dice.**

1. Según la OMS, la mayoría de la población del mundo normalmente usa la medicina tradicional.   Cierto   Falso   No se dice.

2. Los países hispanos no tienen recursos medicinales modernos.   Cierto   Falso   No se dice.

3. Se usan los remedios alternativos más en las ciudades.   Cierto   Falso   No se dice.

4. Uno de los remedios caseros usa el vapor *(steam)* para curar la gripe.   Cierto   Falso   No se dice.

5. El curanderismo tiene un aspecto espiritual.   Cierto   Falso   No se dice.

11-10 Un debate. Matthew cree que la medicina alternativa es peligrosa. Sin embargo, Raúl dice que hay beneficios en los remedios caseros, y que su madre ha tenido buenos resultados después de visitar a una curandera. Escribe tres oraciones a favor y tres oraciones en contra de la medicina alternativa.

A FAVOR   EN CONTRA
1. _____   1. _____

2. _____   2. _____

3. _____   3. _____

Escucha (TEXTBOOK P. 454)

11-11 Médicos Sin Fronteras. Matthew no sólo quiere ser médico, sino que también quiere ayudar a las personas que no tienen acceso a tratamientos médicos. Raúl te habla un poco sobre Médicos Sin Fronteras y sobre su primo Emilio, un médico que ha trabajado para esta organización. Escucha lo que dice, y luego decide si las oraciones son **Ciertas** o **Falsas**, o si **No se dice.**

1. Médicos Sin Fronteras es una organización política.   Cierto   Falso   No se dice.

2. Médicos Sin Fronteras ganó el Premio Nobel de la Paz.   Cierto   Falso   No se dice.

3. Médicos Sin Fronteras fue fundada en Francia.   Cierto   Falso   No se dice.

4. Los médicos que trabajan para Médicos Sin Fronteras no reciben dinero por su trabajo.   Cierto   Falso   No se dice.

5. Según Raúl, Médicos Sin Fronteras ha tenido un proyecto en la República Dominicana.   Cierto   Falso   No se dice.

11-12 Tu reacción. Escucha otra vez lo que dice Raúl, y haz unos comentarios sobre Médicos Sin Fronteras. ¿Qué opinas tú de la organización? ¿Por qué? Responde oralmente, y usa el subjuntivo y el **se** impersonal.

4. La atención médica (TEXTBOOK P. 456)

11-13 Unos términos útiles. Matthew ha empezado a ser voluntario en la clínica, y necesita tu ayuda para aprender más términos que puede usar con los pacientes. Asocia la palabra en inglés que corresponda a la palabra en español.

1. _____ las alergias   a. allergies

2. _____ la camilla   b. crutches

3. _____ la penicilina   c. dosage

4. _____ la dosis   d. to draw blood

5. _____ los medicamentos   e. medicines

6. _____ las muletas   f. to operate

7. _____ operar   g. penicillin

8. _____ la radiografía   h. stretcher

9. _____ sacar sangre   i. vaccination

10. _____ la vacuna   j. X-ray

11-14 Una pierna rota. Matthew habla con un paciente que se ha roto la pierna, y quiere saber qué términos son útiles para hablar con él. Selecciona las palabras útiles que lo van a ayudar a comunicarse.

el antihistamínico	enyesar	hacer gárgaras	la radiografía
la enfermedad	fracturarse	las muletas	el termómetro

Repaso

Las expresiones afirmativas y negativas (TEXTBOOK P. 457)

11-15 El pesimista. Uno de los pacientes en la clínica se siente muy pesimista hoy. Matthew quiere darle más ánimo. Cambia las oraciones del paciente para que sean positivas en vez de negativas. Sigue el modelo con cuidado.

MODELO   No hay ningún remedio para mi condición.

Hay algún remedio para tu condición.

1. Nadie me entiende.

   _____

2. Ninguno de estos doctores puede curarme.

   _____

3. Ni mi espalda ni mi rodilla se mejorará.

   _____

4. No hay nada que pueda hacer para ayudarme.

   _____

5. Jamás me sentiré bien.

   _____

11-16 Unos consejos. Uno de los pacientes mayores le da consejos a Matthew para vivir una vida larga. Escucha lo que dice, y luego indica si se deben hacer las siguientes cosas **siempre, a veces** o **nunca,** según lo que dice el señor.

1. fumar cigarrillos	siempre	nunca	a veces
2. comer una dieta equilibrada	siempre	nunca	a veces
3. comer helado	siempre	nunca	a veces
4. beber vino	siempre	nunca	a veces
5. acostarse temprano	siempre	nunca	a veces
6. pasar tiempo con gente pesimista	siempre	nunca	a veces

Nombre: _____   Fecha: _____

5. El *se* inocente (*Se* for unplanned occurrences) (TEXTBOOK P. 461)

11-17 Unas excusas. Matthew está tan ocupado que ahora está un poco despistado (*absentminded*). Escribe unas excusas para Matthew usando el **se** inocente y el pretérito. Sigue el modelo.

MODELO   No tengo mis libros. (olvidar)

Se me olvidaron.

1. Necesito comprar unos lentes nuevos. (romper)

_____

2. No tengo mis llaves. (perder)

_____

3. No hice mi tarea. (olvidar)

_____

4. No llamé a mis padres. (no ocurrir)

_____

5. Mi teléfono celular no está en mi bolsillo. (quedar en casa)

_____

11-18 Un día fatal. Matthew acaba de tener un día horrible. ¿Has experimentado un día malísimo cuando nada resultó como querías? Escribe un párrafo de **siete** oraciones que describa tu peor día. Usa el pretérito, el imperfecto y el **se** inocente para describirlo. ¡OJO! Si tienes la suerte de no haber tenido un día terrible, sé creativo/a e invéntalo.

_____

_____

_____

_____

_____

_____

_____

_____

6. Algunos síntomas, condiciones y enfermedades (Textbook p. 464)

11-19 Unas enfermedades. A causa de su trabajo en la clínica, Matthew ahora conoce a muchas personas con varias enfermedades. Ayúdalo a identificar la enfermedad, según cada descripción.

el alcoholismo	el ataque al corazón	la bronquitis	el cáncer
la hipertensión	la narcomanía	la obesidad	

1. Esto puede ocurrir cuando hay un bloqueo en las arterias. Puede ser fatal.

   _____

2. Es la condición que ocurre cuando una persona tiene la presión de sangre alta.

   _____

3. Si una persona es drogadicta, sufre de esto. _____

4. Si una persona bebe demasiadas bebidas alcohólicas y tiene una dependencia al alcohol, puede

   resultar en esta condición. _____

5. Cuando las células de una parte del cuerpo crecen de una manera anormal, puede resultar en esta

   enfermedad. _____

6. Cuando una persona tiene una tos fuerte y problemas con la respiración, puede ser a causa de esta

   condición. _____

7. Cuando una persona sigue subiendo de peso hasta que pesa demasiado para mantener la buena

   salud, normalmente sufre de esta condición. _____

11-20 Más condiciones. Raúl le muestra unos dibujos a Matthew para ayudarlo a aprender más vocabulario. Asocia la condición que corresponde a cada dibujo.

a. desmayarse

b. la depresión

c. la jaqueca

d. las náuseas

e. torcerse

1. _____

4. _____

2. _____

5. _____

3. _____

7. La voz pasiva (Textbook p. 469)

11-21 Más observaciones de Matthew. Matthew ha escrito más notas sobre sus observaciones de las personas en la clínica y quiere aprender cómo usar la voz pasiva. Ayúdalo a escribir sus oraciones de nuevo usando la voz pasiva con **ser.** Sigue el modelo con cuidado.

MODELO   El Dr. Hamilton escribió las recetas.

Las recetas fueron escritas por el Dr. Hamilton.

1. El Dr. Sánchez hizo un examen físico.

_____

2. La enfermera sacó la sangre.

_____

3. La recepcionista hizo unas citas.

_____

4. Los pacientes rellenaron unos formularios.

_____

5. El Dr. Heath analizó los síntomas.

_____

11-22 Más ejemplos. Ahora, escribe de nuevo las oraciones que escribiste en la actividad **11-21,** usando el **se** pasivo en lugar de la voz pasiva con **ser.**

MODELO   Las recetas fueron escritas por el Dr. Hamilton.

Se escribieron las recetas.

1. _____

2. _____

3. _____

4. _____

5. _____

Perfiles (TEXTBOOK P. 473)

11-23 Unos médicos. Después de leer sobre las tres personas en la sección *Perfiles,* les mencionas sus nombres a Raúl y Matthew. Estás sorprendido/a de que ellos sepan quiénes son. Escucha lo que dicen Matthew y Raúl, y luego indica a qué se refieren.

1. a. Dr. José Barraquer   b. Dr. Baruj Benacerraf   c. Dr. René Favaloro

2. a. Dr. José Barraquer   b. Dr. Baruj Benacerraf   c. Dr. René Favaloro

3. a. Dr. José Barraquer   b. Dr. Baruj Benacerraf   c. Dr. René Favaloro

4. a. Dr. José Barraquer   b. Dr. Baruj Benacerraf   c. Dr. René Favaloro

5. a. Dr. José Barraquer   b. Dr. Baruj Benacerraf   c. Dr. René Favaloro

6. a. Dr. José Barraquer   b. Dr. Baruj Benacerraf   c. Dr. René Favaloro

7. a. Dr. José Barraquer   b. Dr. Baruj Benacerraf   c. Dr. René Favaloro

11-24 ¿El más importante? De los tres médicos en la sección *Perfiles,* ¿quién ha hecho el trabajo más importante para mejorar la salud? ¿Es posible juzgar (*judge*) los adelantos médicos? ¿Qué te parece? Contesta oralmente.

¡Conversemos!

Pausing, suggesting an alternative, and expressing disbelief (TEXTBOOK P. 474)

11-25 Unas pausas. Matthew quiere aprender unas pausas que puede usar mientras habla con los pacientes en la clínica. Ayúdalo, asociando la pausa en inglés que corresponde a la pausa en español.

1. _____ A ver...   a. Let's see...

2. _____ Bueno...   b. That is...

3. _____ Eh...   c. The truth is...

4. _____ La verdad es que...   d. Um...

5. _____ O sea...   e. Um.../well...

6. _____ Pues...   f. Well.../OK...

7. _____ Sabes...   g. You know...

11-26 Un crucigrama. Matthew te muestra un crucigrama que encuentra. El título es "¡Increíble!". Ayúdalo a completar el crucigrama con las expresiones de incredulidad.

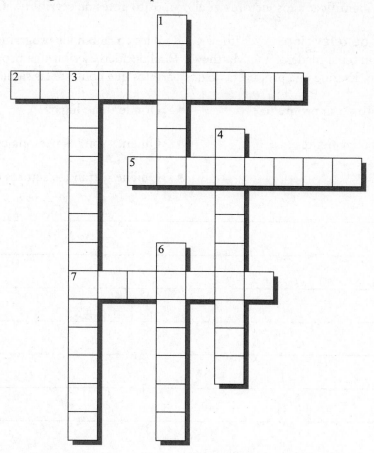

1. I doubt it.

2. It can't be!

3. It's hard to believe.

4. You don't say! (familiar)

5. I don't believe it.

6. Really?

7. Seriously?

Escribe

Determining audience and purpose (TEXTBOOK P. 478)

11-27 Estrategia. Después de leer la sección *Estrategia,* indica si las siguientes oraciones son **Ciertas** o **Falsas.**

1. Cada cosa escrita tiene un propósito.   Cierto   Falso

2. No es importante tener en cuenta a los lectores de tus escritos.   Cierto   Falso

3. Hay varios géneros *(genres)* de escrituras.   Cierto   Falso

4. El tono de un trabajo escrito es diferente al de un cuento.   Cierto   Falso

5. No es importante identificar a los lectores ni el propósito antes de escribir.   Cierto   Falso

11-28 Un programa de televisión. A Matthew y a Raúl les encantan los programas populares de televisión que tienen un tema médico. Tú, Matthew y Raúl deciden escribir una propuesta para su propio programa de televisión. Escribe una propuesta de dos párrafos que conteste las siguientes preguntas:

- ¿Cuál es el propósito de su programa?
- ¿Quiénes serán los televidentes?
- ¿Cómo se titula?

- ¿Dónde tiene lugar?
- ¿Quiénes son los personajes principales?
- ¿Quiénes serán los actores que los representen?

_____

_____

_____

_____

_____

_____

_____

_____

_____

_____

_____

_____

_____

_____

_____

_____

Nombre: _____   Fecha: _____

Vistazo cultural (Textbook p. 480)

11-29 Personas importantes. Después de leer la sección *Vistazo cultural* en el libro de texto, indica la persona que corresponda con las cosas en la lista de abajo.

1. ex-Cirujano General   Richard Carmona   Carlos Juan Finlay   Ilka Tanya Payán

2. La República Dominicana   Richard Carmona   Carlos Juan Finlay   Ilka Tanya Payán

3. Cuba   Richard Carmona   Carlos Juan Finlay   Ilka Tanya Payán

4. la fiebre amarilla   Richard Carmona   Carlos Juan Finlay   Ilka Tanya Payán

5. el SIDA   Richard Carmona   Carlos Juan Finlay   Ilka Tanya Payán

6. el Harlem hispano   Richard Carmona   Carlos Juan Finlay   Ilka Tanya Payán

7. un parque en Nueva York   Richard Carmona   Carlos Juan Finlay   Ilka Tanya Payán

8. una controversia médica   Richard Carmona   Carlos Juan Finlay   Ilka Tanya Payán

11-30 Unas preguntas para Raúl. Como Raúl es cubano, Matthew quiere hacerle unas preguntas sobre la práctica de medicina en el Caribe, especialmente el sistema de salud de Cuba. Desafortunadamente, Matthew no sabe hacer preguntas bien. Escribe cinco preguntas para Raúl, basadas en la información que leíste en *Vistazo cultural*. Debes preguntar sobre cada país representado, porque Raúl sabe un poco de todos, pero puedes enfocarte más en Cuba. Usa el **se** impersonal y el **se** pasivo.

1. _____

2. _____

3. _____

4. _____

5. _____

¡Gracias por ayudar a tu amigo Matthew! Ha tenido una experiencia muy buena trabajando en la clínica. También, por tus esfuerzos, Matthew ha conocido a un nuevo amigo, Raúl. ¡Fenomenal!

Laberinto peligroso

Episodio 11

11-31 Estrategia. Como repaso y para practicar la estrategia de esta sección del libro de texto, lee otra vez la sección que aparece en el **Capítulo 9.** Luego, escribe dos ideas u opiniones de la lectura con las cuales estás de acuerdo y dos con las cuales no estás de acuerdo. Explica tus reacciones.

Al llegar a casa, Celia se puso a trabajar inmediatamente. Después de empezar a leer un artículo interesante, empezó a sentirse más motivada. La información que había encontrado Cisco sobre el tráfico de artefactos precolombinos los había llevado a investigar más sobre el arte de diferentes grupos indígenas. Lo más llamativo de lo que descubría era la variedad de la artesanía de las culturas. Trabajaban en la alfarería, la cestería y la cerámica; creaban tapices, tejidos, esculturas de barro y figuras y objetos tallados en madera. Había todavía más diversidad en los temas de sus obras: en algunas representaban paisajes, otras eran retratos. En algunos dibujos y esculturas se centraban más en plantas y animales, para otras obras creaban diseños con figuras abstractas. Muchas obras reflejaban la vida cotidiana de la gente.

Aunque le fascinaba lo que aprendía sobre la artesanía de los indígenas, pronto se dio cuenta de que esos datos no eran tan importantes como otros. Por eso, se puso a leer artículos sobre las sustancias extraídas de las plantas. Lo que le pareció más llamativo de esos documentos eran las numerosas referencias al Dr. Huesos y su trabajo con las plantas. Por lo visto era uno de los máximos expertos en el tema de las sustancias venenosas que se encuentran en las selvas tropicales. El artículo más reciente indicaba que el profesor había desaparecido durante un viaje a una selva en Guatemala, justo antes de la erupción de un volcán. Mientras Celia buscaba más información sobre el Dr. Huesos, alguien llamó a la puerta. Celia se levantó para ver quién era. Vio que era el hombre misterioso del café. Lo que no sabía era que el hombre llevaba un cuchillo.

Estoy de acuerdo:

1. _____

_____

_____

2. _____

_____

_____

No estoy de acuerdo:

1. _____

_____

_____

2. _____

_____

_____

11-32 Resoluciones. Al final del episodio, todos los problemas deben quedar resueltos. Lee las oraciones, y luego indica si son **Ciertas** o **Falsas,** o si **No se dice.**

1. Celia fue envenenada por el Sr. A. Menaza.   Cierto   Falso   No se dice.

2. El Dr. Huesos le mandó a Celia la nota que decía
   "Te estoy vigilando".   Cierto   Falso   No se dice.

3. El Dr. Huesos fue asesinado por el Sr. A. Menaza.   Cierto   Falso   No se dice.

4. El Sr. A. Menaza tenía el cuchillo para recortar los
   mapas de los libros.   Cierto   Falso   No se dice.

5. El laboratorio donde trabajaba Cisco fue el centro
   de operación del Sr. A. Menaza.   Cierto   Falso   No se dice.

6. La bibliotecaria va a estar en la cárcel cinco años
   por estar involucrada con la Red de contrabando
   del Sr. A. Menaza.   Cierto   Falso   No se dice.

7. Un año después de estos eventos, Celia y Cisco
   piensan casarse.   Cierto   Falso   No se dice.

8. El Sr. A. Menaza no fue arrestado.   Cierto   Falso   No se dice.

11-33 El señor A. Menaza. La policía todavía no ha capturado al Sr. A. Menaza. ¿Estará en tu comunidad? Escribe los detalles para un póster de buscados (*wanted poster*) para el Sr. Menaza. Usa la información que ves en las siguientes fotos, el **se** pasivo y el **se** impersonal para crear el póster. Debes hacer una descripción muy buena y creativa de él.

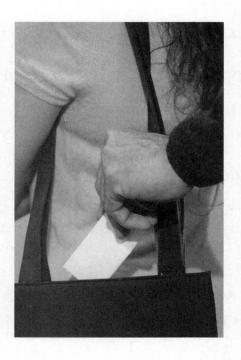

_____

_____

_____

_____

_____

_____

_____

Experiential Learning Activity

11-34 La salud dental. Haz una lista de cosas que se deben hacer para mantener la buena salud dental, y preséntasela a tus compañeros de clase.

Service Learning Activities

11-35 Tu salud. Haz una lista de cosas que se deben hacer para mantener la buena salud en general. Escríbela en español, y preséntasela primero a tus compañeros de clase, y luego a una clase de escuela primaria. También debes incluir material visual para que los niños de la escuela primaria entiendan lo que dices.

11-36 El trabajo de voluntario/a. Visita un hogar para ancianos local donde puedes trabajar como voluntario/a, y enséñales a los ancianos en la residencia unas palabras de vocabulario en español. Si algunas personas hablan español, puedes conversar con ellos.

Native Speaker Ancillary

Lectura

11-37 El Instituto Centroamericano de la Salud (ICAS). Lee el siguiente artículo con cuidado.
Luego, contesta las preguntas individualmente y comparte tus respuestas con tus compañeros de clase.

El acceso a programas e iniciativas médicas nunca ha sido un problema para los de los estratos
socioeconómicos medio y alto. Sin embargo, para las poblaciones marginadas y los de escasos
recursos, los programas médicos están por lo general fuera de su alcance. Por ende, se fundó en
1992 el Instituto Centroamericano de la Salud (ICAS), una organización no gubernamental (ONG)
dedicada a mejorar la calidad de vida de las poblaciones vulnerables de Centroamérica. Por
medio de la colaboración internacional y sin fines de lucro, el Instituto lucha para mejorar la salud
del pueblo y trabaja a favor de los derechos de los de extrema pobreza. La meta de esta
organización es, entre otras, poner en marcha iniciativas para atraer a poblaciones de difícil
alcance para después proporcionarles la asistencia médica a bajo costo o gratis para la
prevención de enfermedades graves. La población meta es la de las zonas más pobres de
Centroamérica, especialmente los barrios del centro, del oeste y del suroeste de Nicaragua:
Managua, Matagalpa, Boaco, Chinandega, Rivas y Frontera sur. El departamento de Rivas es uno
de los más pobres de Nicaragua, también conocido por sus problemas de drogas y prostitución
infantil.

Para responder a estos problemas, el ICAS crea redes de apoyo y desarrolla materiales
educativos para las poblaciones pobres. A partir del año 2000, se montaron programas dirigidos
a adolescentes y jóvenes para la prevención de enfermedades como el SIDA. También, a partir del
año 2008, agregaron el objetivo de enseñar a las mujeres adultas sobre la prevención del cáncer.
El ICAS es conocido mundialmente por su lucha inquebrantable por los derechos de los
marginados de las comunidades centroamericanas.

1. ¿Qué tipo de organización es ICAS? ¿En qué año se fundó?

   _____

   _____

2. ¿Qué es una ONG?

   _____

   _____

3. Describe una de las metas principales del ICAS.

   _____

   _____

4. ¿Cuáles son las zonas de intervención principales del ICAS? ¿Por qué son vulnerables?

_____

_____

5. Describe las dos iniciativas más recientes del ICAS.

_____

_____

Escritura

11-38 Más sobre el ICAS. Vuelve a leer la lectura sobre ICAS, y documenta las metas principales de la organización. Luego diseña un póster que capte el interés de las poblaciones marginadas y las atraiga para que acudan a las clínicas. Incluye información sobre sus materiales educativos.

_____

_____

_____

_____

_____

Un paso más

En el libro de texto, aprendimos las partes del cuerpo humano y también los vocablos que se usan para los animales, como *el pico*, *la pata* y *la garra*. Para introducir sarcasmo o familiaridad, existen refranes o dichos que incorporan el vocabulario para los animales y los emplean en el contexto del ser humano. Por ejemplo, un amigo puede decirle a otro: "cierra el pico", para indicar "cállate". Se dice también que uno "mete la pata" cuando se hace o se dice algo inoportuno o equivocado. Además, usamos la frase "echarle la garra", que significa agarrar o conseguir algo. Probablemente has escuchado estas frases, pero sólo se emplean entre personas de confianza.

Refranes

11-39 Refranes sobre la salud. Lee los dos refranes que siguen, y explica tanto el significado como la relevancia que conlleva cada uno en cuanto al tema de la salud.

1. "Más vale prevenir que curar."

_____

_____

2. "Zurcir bien es más que tejer."

_____

_____

Activities for *Letras:* **Literary Reader for** *¡Anda! Curso intermedio*

11-40 Horacio Quiroga. Después de leer la sección biográfica sobre Horacio Quiroga, indica si las oraciones siguientes son **Ciertas** o **Falsas,** o si **No se dice.**

1. Quiroga era uruguayo.	Cierto	Falso	No se dice.
2. Quiroga solamente escribió cuentos.	Cierto	Falso	No se dice.
3. Quiroga tenía una vida trágica.	Cierto	Falso	No se dice.
4. Su esposa se suicidó porque estaba enferma.	Cierto	Falso	No se dice.
5. Quiroga solamente se casó una vez.	Cierto	Falso	No se dice.
6. Quiroga se murió de cáncer.	Cierto	Falso	No se dice.
7. Quiroga era aficionado de Poe.	Cierto	Falso	No se dice.
8. Quiroga tenía dos hijos.	Cierto	Falso	No se dice.

11-41 Términos literarios. Después de leer la sección de términos literarios, lee las siguientes descripciones y selecciona el término apropiado.

1. Sabe todo lo que pasa.   el desenlace   el narrador omnisciente   el punto de vista

2. Indica de quién es la perspectiva
   presentada.   el desenlace   el narrador omnisciente   el punto de vista

3. Ocurre al final de una historia.   el desenlace   el narrador omnisciente   el punto de vista

4. Siempre es en tercera persona.   el desenlace   el narrador omnisciente   el punto de vista

5. Puede ser abierto o cerrado.   el desenlace   el narrador omnisciente   el punto de vista

6. Hay tres tipos de esto.   el desenlace   el narrador omnisciente   el punto de vista

11-42 Después de leer. Después de leer "La tortuga gigante", contesta las siguientes preguntas.

1. ¿Cuál es el tema principal del cuento? ¿Por qué salvó el hombre a la tortuga? ¿Por qué salvó la tortuga al hombre?

   _____

   _____

   _____

   _____

2. ¿Conoces otro cuento que sea semejante a "La tortuga gigante"? ¿Cuál es? ¿Cómo es semejante? ¿Cómo es diferente?

   _____

   _____

   _____

   _____

3. ¿Cómo sería diferente el cuento si el animal no fuera una tortuga? ¿Terminaría de una manera diferente si fuera un mono, una iguana o una ardilla? ¿Por qué?

   _____

   _____

   _____

   _____

12

Y por fin, ¡lo sé!

Has aprendido mucho este semestre, y has ayudado a muchas personas. Ahora, les toca a ellos ayudarte a repasar lo que has aprendido para el examen final. En este capítulo, vas a repasar muchos conceptos gramaticales y culturales. ¡Buena suerte!

Capítulo 7 (TEXTBOOK P. 492)

12-1 La ciudad. Gloria, la jefa de tu amiga Natalie, quiere ayudarte a repasar el vocabulario de la ciudad. Por eso, ha hecho unas listas de palabras para ti. Escoge la palabra que no pertenece en cada lista de abajo.

1. la carnicería   el consultorio   la farmacia   el hospital

2. la catedral   la fábrica   la iglesia   la mezquita

3. la ferretería   la frutería   la heladería   la pastelería

4. la catedral   la carnicería   la ferretería   la juguetería

5. la zapatería   la tintorería   la tienda de ropa   la panadería

12-2 Un e-mail de Manuel. Manuel, tu compañero de laboratorio, te escribe un correo electrónico para saber si puede ayudarte de alguna manera. Completa las oraciones con la forma correcta de **ser** o **estar** en el presente, según el caso.

¡Hola! Espero que tú (1) _____ bien. Tengo que estudiar, pero

(2) _____ tomando un descanso. Yo sé que tienes mucho que hacer para prepararte

para el final del semestre. Para mí los exámenes (3) _____ un poco estresantes

(*stressful*) también. Como tú me ayudas mucho con la biología, quiero ayudarte a ti con el español. Yo

(4) _____ en casa después de las cinco esta semana si necesitas algo. Sabes

que mi apartamento (5) _____ en la calle Locust. El edificio

(6) _____ de ladrillos y hay una fuente. También, yo

(7) _____ disponible (*available*) mañana por la tarde porque mi clase de historia se

canceló. ¿En qué edificio (8) _____ tu última clase? Yo puedo esperarte, y

podemos reunirnos para repasar el vocabulario o los verbos, o cualquier cosa. Dime cómo te puedo

ayudar.

¡Nos vemos!

Manuel

12-3 A esperar. Tú decides reunirte con Manuel después de su última clase. Ahora, tú lo esperas en el pasillo. Describe la escena oralmente, usando el presente progresivo para decir qué **está pasando** y qué **están haciendo** las personas en el pasillo. Describe por lo menos **cinco** cosas.

12-4 Una llamada de Julián. Julián, el sobrino de Gloria, te llama para ver cómo estás. Julián quiere darte ánimo (*encourage you*) porque estás muy estresado/a. Escoge los verbos correctos, según el contexto.

¿Qué tal? Hace mucho tiempo que no hablamos. La tía Gloria me dice que estudias para los exámenes finales. Estoy seguro de que terminarás el semestre con buenas notas. He notado que tú no (1) (a. andas buscando / b. vas buscando) tus apuntes, libros y materiales; estás muy bien organizado/a. Me parece que eres una persona que (2) (a. anda trabajando / b. va trabajando) hasta que hayas hecho todo lo posible para prepararte bien. Es bueno que tú (3) (a. andes estudiando / b. sigas estudiando) con Manuel; es muy buen amigo y sabe mucho. Pero la tía Gloria y yo también te podemos ayudar, si quieres. Hace muchos meses que (4) (a. nos vas visitando / b. nos vienes visitando) en la tienda, y tu habilidad para hablar español (5) (a. continúa mejorando / b. viene mejorando). Bueno, como te dije, llámanos si necesitas algo. Hasta pronto.

12-5 Una reunión con Julián y Gloria. Decides ir a la tienda una tarde para hablar con Julián y Gloria y quizás practicar el español un poco con ellos. Completa las oraciones con la forma correcta del presente del subjuntivo o el presente del indicativo.

Gloria: ¡Entra, entra! ¿Cómo estás? Acabo de llamar a Natalie para preguntar por ti, pero ya que (1. estar) _____ aquí, no tengo que preocuparme.

Siéntate y descansa un poco, con tal de que tú (2. tener)

_____ tiempo; Julián me dijo que estudias mucho.

Julián: ¡Hola! Es un gusto verte. ¿Qué tal la preparación? La tía Gloria y yo decidimos no

hablar contigo en inglés para que (3. poder) _____ practicar.

¿Qué te parece?

Gloria: ¡Qué pregunta! Julián, es obvio que es buena idea. Ahora que Natalie (4. hablar)

_____ mejor el español, no necesitamos tanta ayuda. Pero

queremos pagar nuestras deudas (*debts*) y ayudarte.

Julián: Y antes de que tú (5. salir) _____, tenemos algo para ti.

Gloria: Sí. Te hemos comprado un nuevo diccionario de español. Aquí está. Y cuando

(6. terminar) _____ con los exámenes, todos podemos

celebrar juntos.

Capítulo 8 (Textbook p. 496)

12-6 Una conversación con Rafaela. Rafaela quiere ayudarte a repasar el vocabulario de las profesiones. Escucha lo que dice, y luego indica qué profesión describe.

| amo/a de casa | granjero/a | político/a | psicólogo/a | reportero/a |

1. _____

2. _____

3. _____

4. _____

5. _____

12-7 Después de los exámenes. Para darte un poco más de ánimo, Rafaela quiere que pienses en lo que harás después de terminar con los exámenes finales. Responde oralmente con **siete** oraciones, por lo menos, y usa el futuro.

12-8 Un mundo sin exámenes. Mientras tomas un descanso, piensas en lo que harías si no tuvieras exámenes finales. Escribe una entrada de siete oraciones en tu blog, en la cual describes hipotéticamente lo que harías. Usa el condicional.

Si no tuviera exámenes finales, yo...

_____

_____

_____

_____

_____

_____

_____

_____

_____

12-9 La graduación. Rafaela quiere que pienses en tu graduación y en todas las cosas que habrán hecho tú, Jason y tus amigos para entonces. Completa las siguientes oraciones con la forma correcta del verbo en el futuro perfecto.

1. Yo _____ (terminar) con los exámenes finales.

2. Jason _____ (decidir) en qué país trabajar.

3. La familia de Jason _____ (aceptar) la profesión que él quiere seguir.

4. Jason y yo _____ (hacer) muchos planes para el futuro.

5. Nuestros amigos locos _____ (violar) todas las reglas de la universidad.

12-10 Arrepentirse (Regret). Tú has decidido dejar de estudiar, pero Rafaela te cuenta sobre su ex-novio y lo que le pasó por no aplicarse. Completa las siguientes oraciones usando el condicional perfecto.

Si Lionel hubiera estudiado lo suficiente, él no (1. tener) _____ tantos problemas en su vida. Si se hubiera graduado de la universidad, él (2. conseguir) _____ un trabajo mejor. También, si sus padres lo hubieran apresurado, Lionel (3. ser) _____ un poco más diligente. Pero honestamente, no fue la culpa de sus padres. Si Lionel hubiera aceptado la responsabilidad por sus acciones, nosotros (4. casarse) _____. Si nosotros nos hubiéramos casado, yo nunca (5. poder) _____ realizar mis sueños, porque yo (6. tener) _____ que mantenernos económicamente. ¡Qué barbaridad!

Bueno, no quieres ser como Lionel, ¿verdad? ¡Estudia!

Capítulo 9 (TEXTBOOK P. 501)

12-11 ¡No uses el subjuntivo! Tu amigo Michael quiere ayudarte a repasar el uso del subjuntivo. Selecciona todos los verbos o las expresiones con los cuales **no** usas el subjuntivo.

Es bueno que | Pienso que | Recomiendo que
Me alegro de que | Antes de que | Quiero que
Creo que | Con tal de que | Es verdad que
Dudo que | Ahora que | Sugiero que
No dudo que | Es seguro que

12-12 Los consejos de Carolina. Carolina te da unos consejos sobre cómo estudiar. Completa las oraciones con el presente del indicativo o el presente del subjuntivo, según el caso.

Bueno, primero recomiendo que tú (1. buscar) _____ un lugar bueno para estudiar. Es importante que tú (2. poder) _____ concentrarte bien. Creo que el primer piso de la biblioteca (3. estar) _____ demasiado ocupado; siempre hay mucha gente. Sugiero que (4. ir) _____ al tercer o cuarto piso porque allí no hay tanto ruido. También propongo que (5. estudiar) _____ con Michael y conmigo en el café un día. No hay ruido, y hay conexión al Internet. Es necesario que nosotros (6. comer) _____ y (7. dormir) _____ bastante para no enfermarnos antes de los exámenes. Es verdad que los exámenes (8. ser) _____ difíciles. Por eso, tenemos que prepararnos bien.

12-13 Las necesidades. Necesitas muchas cosas para poder estudiar. Completa las oraciones usando el presente del subjuntivo o el presente del indicativo, según el caso, y responde oralmente.

1. Necesito un tutor que…

2. Busco el libro que…

3. Quiero un lugar para estudiar que…

4. Busco una persona que…

5. Necesito el archivo que…

6. Quiero ir a la sesión de repaso que…

12-14 Repaso de arte. Mientras estudias con Carolina y Michael, Carolina te ayuda a repasar el subjuntivo y el vocabulario del **Capítulo 9.** Escoge la forma correcta de cada verbo.

Antes de que el pintor (1) (a. pinta / b. pinte), necesita pensar bien en el motivo que quiere comunicar. Sin embargo, muchas veces el escultor sabe lo que quiere esculpir tan pronto como (2) (a. ve / b. vea) el barro, a menos que un cliente (3) (a. pide / b. pida) algo específico. En este caso, puede ser difícil, ya que la materia (4) (a. está / b. esté) escogida. A muchos artistas no les gusta crear arte así, pero cuando una persona no (5) (a. tiene / b. tenga) el dinero con que pagar las cuentas, no puede ser tan particular (*picky*).

12-15 El problema de Esteban. Mientras tú, Carolina y Michael toman un descanso del estudio, Carolina te cuenta sobre un problema que tiene su padre, Esteban. Escucha lo que dice, y luego contesta las preguntas.

1. ¿Cuál es el problema de Esteban?
   a. No puede vender una de sus obras.
   b. No tiene inspiración para pintar.
   c. Alguien robó una de sus obras.
   d. No puede pagar el alquiler de su taller.

2. ¿Qué tipo de obra menciona Carolina?
   a. una acuarela
   b. un mural
   c. un grabado
   d. un óleo

3. ¿Por qué era importante la obra?
   a. Era una obra maestra.
   b. Tenía un valor muy alto.
   c. Esteban no tenía seguro.
   d. *a* y *b*

4. ¿A quién sospecha Esteban?
   a. a un artista que conoce
   b. al dueño de su edificio
   c. a uno de sus vecinos
   d. No sospecha de nadie.

5. ¿Qué va a hacer Esteban ahora?
   a. llamar a la policía
   b. pintar otra obra
   c. buscar la obra en la casa del sospechoso
   d. No sabe.

12-16 Un e-mail para Esteban. Como Esteban es uno de tus amigos ahora, decides escribirle un e-mail para lamentar el robo de su obra y para darle consejos. Así puedes practicar el subjuntivo también. Escribe un e-mail de **diez** oraciones, y usa por lo menos tres ejemplos del subjuntivo en cláusulas sustantivales, dos ejemplos del subjuntivo con antecedentes indefinidos o que no existen y dos ejemplos del subjuntivo en cláusulas adverbiales.

Querido Esteban:

_____

_____

_____

_____

_____

_____

_____

_____

_____

_____

_____

_____

_____

_____

_____

Sinceramente,

_____

Capítulo 10 (TEXTBOOK P. 504)

12-17 Para eliminar el estrés. En la cafetería, te encuentras con el Dr. Reyes, el profesor de tu amiga Keisha. El profesor observa que estás un poco preocupado/a, y por eso te recomienda una técnica para relajarte. Escucha lo que dice el profesor, y luego indica si las oraciones son **Ciertas** o **Falsas,** o si **No se dice.**

1. El lugar especial del Dr. Reyes está en la playa.   Cierto   Falso   No se dice.

2. En el valle que el Dr. Reyes describe, también hay muchos pájaros.   Cierto   Falso   No se dice.

3. En la descripción del Dr. Reyes, hay cataratas en la distancia.   Cierto   Falso   No se dice.

4. Los volcanes y los tiburones relajan al Dr. Reyes.   Cierto   Falso   No se dice.

5. El Dr. Reyes dice que una persona sólo debe imaginar las
   montañas para relajarse.   Cierto   Falso   No se dice.

12-18 El consejero. El Dr. Reyes te dice que puedes venir durante sus horas de consulta para practicar el español, si quieres. Él te cuenta sobre su trabajo para proteger el medio ambiente. Completa el párrafo con la forma correcta del verbo en el imperfecto del subjuntivo o el imperfecto del indicativo.

Era bueno que yo (1. trabajar) _____ mucho durante mi juventud para

proteger el medio ambiente, pero también había aspectos no muy buenos. Muchos activistas habían

pasado tiempo en la cárcel por organizar protestas violentas o que violaron las leyes. Mi consejero

siempre recomendaba que mis compañeros de clase y yo (2. tener) _____

cuidado con nuestras palabras y acciones. "Hay que ser prudentes", nos decía. Yo pensaba que el

profesor (3. estar) _____ loco. Los animales (4. desaparecer)

_____ y la capa de ozono se dañaba y ¿debíamos tener cuidado? Pero ahora

entiendo. Antes de que (5. morirse) _____ el profesor, yo le escribí una carta

en la que le di las gracias por lo que me había enseñado. El activismo tiene su lugar, pero los extremos

no sirven para nada.

12-19 Si pudiera cambiar el pasado... El Dr. Reyes te habla también sobre algunas cosas que él quisiera cambiar del pasado. Completa las oraciones usando el pasado perfecto del subjuntivo y el condicional perfecto.

MODELO   Debía reciclar más.

          Si yo *hubiera reciclado* (reciclar) más, *habría salvado* (salvar) muchos árboles.

1. Debía conservar más en mi juventud.

   Si yo _____ (conservar) más, _____ (poder)

   ayudar más al medio ambiente.

2. Debía educar a mis padres sobre las amenazas al medio ambiente.

   Si ellos _____ (entender), ellos no _____

   (desperdiciar) tanto sus recursos.

3. No debía participar en una manifestación con mi novia.

   Si nosotros no _____ (participar) en la manifestación, no

   _____ (ser) arrestados.

4. Debía reducir el uso de mi coche.

   Si yo lo _____ (reducir), _____ (preservar) la

   capa de ozono.

5. Debía informar mejor a mis amigos.

   Si ellos _____ (saber) más, _____ (cambiar)

   sus hábitos.

Nombre: _____   Fecha: _____

12-20 Tu pasado. ¿Hay algunas cosas en tu pasado que te gustaría cambiar? Escribe una entrada para tu blog en la cual las describes. Usa el imperfecto del subjuntivo, el pasado perfecto del subjuntivo, el condicional y el condicional perfecto donde sean apropiados.

_____

_____

_____

_____

_____

_____

_____

_____

_____

_____

Capítulo 11 (TEXTBOOK P. 506)

12-21 Para no enfermarse. Raúl y Matthew quieren ayudarte a repasar el español y a no enfermarte. Escoge los verbos apropiados para completar las oraciones con el **se** impersonal.

Se necesita comer   Se necesita dormir   Se necesita hacer ejercicio
Se necesita lavar las manos   Se necesita leer   Se necesita tomar

1. _____ ocho horas cada noche.

2. _____ tres comidas saludables al día.

3. _____ con bastante luz para no dañar los ojos.

4. _____ un descanso después de estudiar por dos horas.

5. _____ tres veces por semana. Ser activo/a es importante.

6. _____ después de usar el laboratorio de computadoras. ¡Está sucio!

12-22 Una fiesta de estudiar. Raúl hizo una fiesta en su casa para estudiar con los compañeros de la clase de historia. Haz una lista de las personas que hicieron las preparaciones para la fiesta. Raúl te asegura que es buena práctica para la voz pasiva. Sigue el modelo.

MODELO   mandar un e-mail para anunciar la fiesta / Raúl

Un e-mail fue mandado por Raúl.

1. llevar unas frutas para comer / Matthew

   _____

2. traer las botellas de agua / Gabi

   _____

3. organizar los apuntes / Martha

   _____

4. escoger la música / Justin

   _____

5. pedir la pizza / Michelle

   _____

12-23 ¡Caramba! Dormiste tarde y te olvidaste de hacer la tarea para la clase de español. No puedes encontrar tu libro. Además, faltaste a la clase. Raúl te ayuda a hacer excusas. Usa el **se** *inocente* y sigue el modelo con cuidado.

MODELO   Perder / el libro

　　　　　　Se me perdió el libro.

1. Romper / el despertador

_____

2. Olvidar / la tarea

_____

3. No ocurrir / acostarme temprano

_____

4. Acabar / las ausencias (*absences*) permitidas

_____

5. Ir / todas las buenas intenciones

_____

12-24 Para repasar. Matthew te ayuda a repasar el vocabulario de la salud mostrándote el siguiente dibujo. Mira el dibujo, y describe por lo menos **diez** cosas que ocurren en la escena. Usa el vocabulario del **Capítulo 11,** y responde oralmente con oraciones completas.

12-25 La emergencia de Raúl. Durante uno de sus exámenes, Raúl se desmayó y lo llevaron al hospital. Escucha lo que dice Raúl de su experiencia, y luego contesta las preguntas.

1. ¿Cuál es la primera cosa que Raúl recuerda después de desmayarse?
   a. tomar el examen
   b. estar en la ambulancia
   c. estar en la sala de urgencias
   d. No recuerda nada.

2. ¿Qué no le hicieron en la ambulancia?
   a. tomarle la temperatura
   b. tomarle la presión arterial
   c. tomarle el pulso
   d. sacarle sangre

3. ¿Quién/es le hizo/hicieron muchas preguntas?
   a. la enfermera
   b. los médicos
   c. los paramédicos
   d. nadie

4. ¿Por qué se desmayó Raúl?
   a. porque estaba nervioso
   b. porque no había comido
   c. porque era alérgico a un medicamento
   d. porque no había tomado su medicamento

5. ¿Cómo se siente Raúl ahora?
   a. agradecido
   b. avergonzado
   c. comprensivo
   d. *a* y *b*

12-26 Otra vez. Lee las siguientes oraciones sobre la situación de Raúl. Todas están en la voz activa. Cámbialas a la voz pasiva con **se,** y sigue el modelo con cuidado.

MODELO   Los paramédicos no dijeron nada sobre el pulso y la presión arterial.

No se dijo nada sobre el pulso y la presión arterial.

1. "… uno de ellos buscó el termómetro."

_____

2. "Nadie mencionó pruebas de sangre…"

_____

3. "Una enfermera me hizo muchas preguntas…"

_____

4. "… un médico hizo un examen físico."

_____

5. "Otro médico pidió algunas pruebas."

_____

Un poco de todo (Textbook p. 508)

12-27 ¿De dónde es? Asocia las siguientes cosas y personas con su país de origen.

1. _____ el Anamú   a. Argentina

2. _____ el arpa   b. Bolivia

3. _____ las fábricas farmacéuticas   c. Chile

4. _____ Falabella   d. Colombia

5. _____ Carlos Juan Finley   e. Cuba

6. _____ el gaucho   f. Ecuador

7. _____ los Kjarkas   g. Paraguay

8. _____ el manatí amazónico   h. Perú

9. _____ el mate   i. Puerto Rico

10. _____ los tejidos de Otavalo   j. La República Dominicana

11. _____ el tepuy   k. Uruguay

12. _____ Mario Vargas Llosa   l. Venezuela

Nombre: _____   Fecha: _____

12-28 ¿Te gustaría visitar? Recibes invitaciones de tus amigos para visitar sus países. Contesta las invitaciones con cortesía, y describe qué te gustaría hacer si visitaras el país. Usa el imperfecto del subjuntivo, el condicional y la información cultural del libro de texto.

1. **Julián:** Te invito a ir conmigo la próxima vez que viaje a Paraguay. ¿Te gustaría ir?

_____

_____

_____

2. **Rafaela:** Pienso visitar a mi familia en Uruguay durante las vacaciones. ¿Te gustaría acompañarme?

_____

_____

_____

3. **Esteban:** Oye, tú debes viajar con Carolina la próxima vez que ella me visite en Bolivia. ¿Qué te parece?

_____

_____

_____

4. **Dr. Reyes:** A mi familia y a mí nos gustaría mucho mostrarte nuestro pueblo en Colombia. Keisha viene a visitarnos el próximo verano. ¿Te gustaría venir con ella?

_____

_____

_____

5. **Raúl:** Pues, no es fácil para los estadounidenses ir a Cuba, pero está bien; mi familia nuclear está aquí en los Estados Unidos. Sin embargo, conozco muy bien la República Dominicana, y quiero viajar allí para las próximas vacaciones de primavera. ¿Quieres venir conmigo? Podemos invitar a Matthew también.

_____

_____

_____

12-29 Laberinto peligroso: ¿Quién lo dijo? Keisha no entiende bien quienes son los personajes de *Laberinto peligroso;* siempre está confundida. Lee las siguientes citas (*quotes*), e identifica el personaje que habla.

1. "Desde que ocurrió el robo, he estado en contacto con agentes del gobierno. Me informaron más sobre los planes de una organización corrupta que está traficando con sustancias químicas extraídas de algunas plantas de las selvas tropicales."
   a. Celia
   b. Cisco
   c. Javier
   d. El Dr. Huesos

2. "Es mi buen amigo Rodolfo. Dice que ha tenido una videoconferencia con la policía y la CIA."
   a. La bibliotecaria
   b. Celia
   c. Cisco
   d. Javier

3. "No lo he visto desde hace unos días... Ayer por la mañana hablé con él por teléfono... estaba a punto de salir para la estación... Estuvo allí, ¿no es cierto?"
   a. Celia
   b. Cisco
   c. el detective
   d. Javier

4. "Increíble pero cierto... más tarde descubrí que todo era una mentira y no había nada que pudiera hacer... Me di cuenta de que él estaba involucrado en una red de terrorismo que negociaba con ciertas plantas medicinales procedentes de las regiones indígenas de América Central..."
   a. La bibliotecaria
   b. Celia
   c. El Dr. Huesos
   d. Javier

5. "En el **Capítulo 8,** interrogué a Cisco acerca de su trabajo en el laboratorio para ver si tuvo un papel en el cierre de éste. Cisco mantuvo su inocencia en todo momento."
   a. Antonio Menaza
   b. Celia
   c. el detective
   d. Javier

Nombre: _____ Fecha: _____

12-30 ¿Qué pasó? Matthew y Raúl miran algunos episodios de *Laberinto peligroso* contigo para repasar. Explícales lo que estaba pasando en las escenas representadas en las fotos de a bajo. Usa el pretérito y el imperfecto.

1.

_____
_____
_____
_____
_____
_____

2.

_____
_____
_____
_____
_____
_____

3.

_____
_____
_____
_____
_____

12-31 Hollywood te llama. Hay unos cineastas (*filmmakers*) que planean representar *Laberinto peligroso* en la pantalla grande. Imagina que tú eres uno/a de los cineastas. ¿Qué actores representarían a los personajes principales? ¿Qué detalles añadirías para hacer más larga la película? ¿Qué cambios harías en cuanto a la trama? Escribe una entrada en tu blog en la cual hablas de estas cosas. Usa el imperfecto del subjuntivo y el condicional para hablar de esta situación hipotética.

_____

_____

_____

_____

_____

_____

_____

_____

_____

_____

_____

_____

_____

_____

_____

_____

Experiential Learning Activity

12-32 Un nuevo trabajo. Busca en el periódico unos anuncios de trabajos para gente bilingüe, y llévalos a clase. Luego, representa unas "entrevistas" con algunos compañeros de clase.

Service Learning Activity

12-33 Un programa de estudios en Panamá. Organiza un programa de estudios en Panamá con un grupo de compañeros de clase. Los estudiantes que participan en el programa asistirán a algunas clases en la universidad, y también visitarán el Canal de Panamá. Prepárate para hablar de las clases que los estudiantes van a tomar, y también del viaje por el canal y la historia de la construcción del canal. Luego ponte en contacto con el Club Ruritan local o con otra organización, y pregúntales a los miembros del grupo si puedes hacerles una presentación.

Native Speaker Ancillary

Lectura

12-34 El español: una lengua, muchos dialectos. Lee el siguiente artículo con cuidado, y contesta las preguntas. Luego comparte tus respuestas con tus compañeros de clase.

Hemos llegado al último capítulo, y a lo largo de este programa se ha establecido una perspectiva global del español en términos de la lengua y sus culturas. Por lo general, el español, a diferencia de otras lenguas, se clasifica como una lengua homogénea, aunque se habla en muchos países diferentes. Es decir, hay una base uniforme aunque hay diferencias regionales. Aunque se denomina el español, o el castellano, como la lengua oficial, no todos hablamos el mismo dialecto del español.

El dialecto se define como una variante de un idioma. Aparte de algunos vocablos diferentes, en el habla se realizan todavía más diferencias, especialmente en términos de pronunciación. En las Américas y las Antillas, el español es la lengua oficial de diecinueve países. En la forma escrita, no hay tantas dificultades porque todos contamos con una ortografía bastante uniforme. La forma hablada, sin embargo, es otro asunto, puesto que hay muchos factores que impactan las pronunciaciones. Aunque existe un alto nivel de comprensión mutua entre los hablantes —es decir, que nos entendemos sin mucho esfuerzo— muchas veces hay vocablos diferentes y pronunciaciones que se desvían de la articulación normativa, y esto puede complicar la comunicación. Los factores más impactantes son los de región geográfica (montañosa, costeña, llanera, entre otras) y de estrato socioeconómico (clase alta, media o baja). El habla rústica (de la gente del pueblo) se nota fácilmente porque en ella se realiza la mayor cantidad de pronunciaciones marcadas: por ejemplo, la "s" en posición final de la sílaba se aspira muchas veces, dando una articulación como la "j". En lugar de decir "los niños", se escucha "loj niñoj". Hay algunos escritores famosos que escriben en "dialecto"; o sea, escriben de la misma manera como habla la gente. El chileno Oscar Castro es uno de los escritores que escribe así. Muchas veces, el lector tiene que leer estos cuentos en voz alta para poder entender a qué se refieren las palabras, porque se desvían tanto de la ortografía normativa. Un ejemplo sería "mijo" para "mi hijo" o "pa mí" en lugar de "para mí".

De todos modos, ahora tenemos una base muy completa para poder entender varios dialectos del español. Se espera que sigas con tu interés en la lengua y en sus diferentes modos de expresión.

1. ¿Qué significa el término *dialecto*? ¿Cómo se diferencian los términos *lengua* y *dialecto*?

   _____

   _____

2. ¿A qué se refiere *comprensión mutua*? ¿Qué importancia tiene?

   _____

   _____

3. Nombra dos factores que impactan el habla.

   _____

   _____

4. ¿A qué se refiere *el habla rústica*? ¿Qué características tiene?

   _____

   _____

5. ¿A qué dialecto del español pertenece tu forma de hablar?

   _____

   _____

Escritura

12-35 Diferencias. En el espacio de abajo, recopila en dos listas todas las diferencias en el habla del español que has notado: una para todos los términos diferentes y otra para las pronunciaciones diferentes. Luego describe en tus propias palabras las tendencias, si las hay, que habrás notado.

_____

_____

_____

_____

_____

_____

Un paso más

En cuanto al tema de la dialectología que se planteó en la lectura, se notará que en el habla, en algunas regiones donde hay una fuerte influencia indígena, las pronunciaciones sólo comprenden tres vocales: "a, i, u". Esta reducción vocálica se debe al sustrato (la lengua indígena) y la transferencia de este sistema vocálico al español. En algunas regiones de Perú, donde se habla el quechua (quichua), se dirá "piru" en lugar de "pero" o "lichi" para "leche", porque las dos vocales "e, o" no forman parte del inventario del quechua.

Refranes

12-36 Refranes sobre el habla. Lee los dos refranes que siguen y explica tanto el significado como la relevancia que conlleva cada uno en cuanto a la importancia de saber callarse en algunos contextos.

1. "Tenemos dos orejas y una sola boca, para hablar menos y oír más."

_____

_____

2. "Bueno es saber hablar; mejor es saber callar."

_____

_____

Regular Verbs: Simple Tenses

Infinitive Present Participle Past Participle	Indicative					Subjunctive		Imperative
	Present	Imperfect	Preterit	Future	Conditional	Present	Imperfect	
hablar hablando hablado	hablo hablas habla hablamos habláis hablan	hablaba hablabas hablaba hablábamos hablabais hablaban	hablé hablaste habló hablamos hablasteis hablaron	hablaré hablarás hablará hablaremos hablaréis hablarán	hablaría hablarías hablaría hablaríamos hablaríais hablarían	hable hables hable hablemos habléis hablen	hablara hablaras hablara habláramos hablarais hablaran	habla (tú), no hables hable (usted) hablemos hablen (Uds.)
comer comiendo comido	como comes come comemos coméis comen	comía comías comía comíamos comíais comían	comí comiste comió comimos comisteis comieron	comeré comerás comerá comeremos comeréis comerán	comería comerías comería comeríamos comeríais comerían	coma comas coma comamos comáis coman	comiera comieras comiera comiéramos comierais comieran	come (tú), no comas coma (usted) comamos coman (Uds.)
vivir viviendo vivido	vivo vives vive vivimos vivís viven	vivía vivías vivía vivíamos vivíais vivían	viví viviste vivió vivimos vivisteis vivieron	viviré vivirás vivirá viviremos viviréis vivirán	viviría vivirías viviría viviríamos viviríais vivirían	viva vivas viva vivamos viváis vivan	viviera vivieras viviera viviéramos vivierais vivieran	vive (tú), no vivas viva (usted) vivamos vivan (Uds.)

Vosotros Commands

hablar	comer	vivir
hablad, no habléis	comed, no comáis	vivid, no viváis

Regular Verbs: Perfect Tenses

Indicative

	Present Perfect		Past Perfect		Preterit Perfect		Future Perfect		Conditional Perfect	
he	hablado	había	hablado	hube	hablado	habré	hablado	habría	hablado
has	comido	habías	comido	hubiste	comido	habrás	comido	habrías	comido
ha	vivido	había	vivido	hubo	vivido	habrá	vivido	habría	vivido
hemos		habíamos		hubimos		habremos		habríamos	
habéis		habíais		hubisteis		habréis		habríais	
han		habían		hubieron		habrán		habrían	

Subjunctive

	Present Perfect		Past Perfect	
haya	hablado	hubiera	hablado
hayas	comido	hubieras	comido
haya	vivido	hubiera	vivido
hayamos		hubiéramos	
hayáis		hubierais	
hayan		hubieran	

Irregular Verbs

Infinitive / Present Participle / Past Participle	Indicative Present	Imperfect	Preterit	Future	Conditional	Subjunctive Present	Imperfect	Imperative
andar / andando / andado	ando	andaba	anduve	andaré	andaría	ande	anduviera	
	andas	andabas	anduviste	andarás	andarías	andes	anduvieras	anda (tú),
	anda	andaba	anduvo	andará	andaría	ande	anduviera	no andes
	andamos	andábamos	anduvimos	andaremos	andaríamos	andemos	anduviéramos	ande (usted)
	andáis	andabais	anduvisteis	andaréis	andaríais	andéis	anduvierais	andemos
	andan	andaban	anduvieron	andarán	andarían	anden	anduvieran	anden (Uds.)
caer / cayendo / caído	caigo	caía	caí	caeré	caería	caiga	cayera	
	caes	caías	caíste	caerás	caerías	caigas	cayeras	cae (tú),
	cae	caía	cayó	caerá	caería	caiga	cayera	no caigas
	caemos	caíamos	caímos	caeremos	caeríamos	caigamos	cayéramos	caiga (usted)
	caéis	caíais	caísteis	caeréis	caeríais	caigáis	cayerais	caigamos
	caen	caían	cayeron	caerán	caerían	caigan	cayeran	caigan (Uds.)
dar / dando / dado	doy	daba	di	daré	daría	dé	diera	
	das	dabas	diste	darás	darías	des	dieras	da (tú),
	da	daba	dio	dará	daría	dé	diera	no des
	damos	dábamos	dimos	daremos	daríamos	demos	diéramos	dé (usted)
	dais	dabais	disteis	daréis	daríais	deis	dierais	demos
	dan	daban	dieron	darán	darían	den	dieran	den (Uds.)

Irregular Verbs (continued)

Infinitive / Present Participle / Past Participle	Indicative — Present	Indicative — Imperfect	Indicative — Preterit	Indicative — Future	Indicative — Conditional	Subjunctive — Present	Subjunctive — Imperfect	Imperative
decir diciendo dicho	digo dices dice decimos decís dicen	decía decías decía decíamos decíais decían	dije dijiste dijo dijimos dijisteis dijeron	diré dirás dirá diremos diréis dirán	diría dirías diría diríamos diríais dirían	diga digas diga digamos digáis digan	dijera dijeras dijera dijéramos dijerais dijeran	di (tú), no digas diga (usted) digamos decid (vosotros), no digáis digan (Uds.)
estar estando estado	estoy estás está estamos estáis están	estaba estabas estaba estábamos estabais estaban	estuve estuviste estuvo estuvimos estuvisteis estuvieron	estaré estarás estará estaremos estaréis estarán	estaría estarías estaría estaríamos estaríais estarían	esté estés esté estemos estéis estén	estuviera estuvieras estuviera estuviéramos estuvierais estuvieran	está (tú), no estés esté (usted) estemos estad (vosotros), no estéis estén (Uds.)
haber habiendo habido	he has ha hemos habéis han	había habías había habíamos habíais habían	hube hubiste hubo hubimos hubisteis hubieron	habré habrás habrá habremos habréis habrán	habría habrías habría habríamos habríais habrían	haya hayas haya hayamos hayáis hayan	hubiera hubieras hubiera hubiéramos hubierais hubieran	
hacer haciendo hecho	hago haces hace hacemos hacéis hacen	hacía hacías hacía hacíamos hacíais hacían	hice hiciste hizo hicimos hicisteis hicieron	haré harás hará haremos haréis harán	haría harías haría haríamos haríais harían	haga hagas haga hagamos hagáis hagan	hiciera hicieras hiciera hiciéramos hicierais hicieran	haz (tú), no hagas haga (usted) hagamos haced (vosotros), no hagáis hagan (Uds.)
ir yendo ido	voy vas va vamos vais van	iba ibas iba íbamos ibais iban	fui fuiste fue fuimos fuisteis fueron	iré irás irá iremos iréis irán	iría irías iría iríamos iríais irían	vaya vayas vaya vayamos vayáis vayan	fuera fueras fuera fuéramos fuerais fueran	ve (tú), no vayas vaya (usted) vamos, no vayamos id (vosotros), no vayáis vayan (Uds.)

Irregular Verbs (continued)

Infinitive Present Participle Past Participle	Indicative					Subjunctive		Imperative
	Present	Imperfect	Preterit	Future	Conditional	Present	Imperfect	
oír oyendo oído	oigo oyes oye oímos oís oyen	oía oías oía oíamos oíais oían	oí oíste oyó oímos oísteis oyeron	oiré oirás oirá oiremos oiréis oirán	oiría oirías oiría oiríamos oiríais oirían	oiga oigas oiga oigamos oigáis oigan	oyera oyeras oyera oyéramos oyerais oyeran	oye (tú), no oigas oiga (usted) oigamos oigan (Uds.)
poder pudiendo podido	puedo puedes puede podemos podéis pueden	podía podías podía podíamos podíais podían	pude pudiste pudo pudimos pudisteis pudieron	podré podrás podrá podremos podréis podrán	podría podrías podría podríamos podríais podrían	pueda puedas pueda podamos podáis puedan	pudiera pudieras pudiera pudiéramos pudierais pudieran	
poner poniendo puesto	pongo pones pone ponemos ponéis ponen	ponía ponías ponía poníamos poníais ponían	puse pusiste puso pusimos pusisteis pusieron	pondré pondrás pondrá pondremos pondréis pondrán	pondría pondrías pondría pondríamos pondríais pondrían	ponga pongas ponga pongamos pongáis pongan	pusiera pusieras pusiera pusiéramos pusierais pusieran	pon (tú), no pongas ponga (usted) pongamos pongan (Uds.)
querer queriendo querido	quiero quieres quiere queremos queréis quieren	quería querías quería queríamos queríais querían	quise quisiste quiso quisimos quisisteis quisieron	querré querrás querrá querremos querréis querrán	querría querrías querría querríamos querríais querrían	quiera quieras quiera queramos queráis quieran	quisiera quisieras quisiera quisiéramos quisierais quisieran	quiere (tú), no quieras quiera (usted) queramos quieran (Uds.)
saber sabiendo sabido	sé sabes sabe sabemos sabéis saben	sabía sabías sabía sabíamos sabíais sabían	supe supiste supo supimos supisteis supieron	sabré sabrás sabrá sabremos sabréis sabrán	sabría sabrías sabría sabríamos sabríais sabrían	sepa sepas sepa sepamos sepáis sepan	supiera supieras supiera supiéramos supiérais supieran	sabe (tú), no sepas sepa (usted) sepamos sepan (Uds.)

Irregular Verbs (continued)

Infinitive Present Participle Past Participle	Indicative					Subjunctive		Imperative
	Present	Imperfect	Preterit	Future	Conditional	Present	Imperfect	
salir saliendo salido	salgo sales sale salimos salís salen	salía salías salía salíamos salíais salían	salí saliste salió salimos salisteis salieron	saldré saldrás saldrá saldremos saldréis saldrán	saldría saldrías saldría saldríamos saldríais saldrían	salga salgas salga salgamos salgáis salgan	saliera salieras saliera saliéramos salierais salieran	sal (tú), no salgas salga (usted) salgamos salgan (Uds.)
ser siendo sido	soy eres es somos sois son	era eras era éramos erais eran	fui fuiste fue fuimos fuisteis fueron	seré serás será seremos seréis serán	sería serías sería seríamos seríais serían	sea seas sea seamos seáis sean	fuera fueras fuera fuéramos fuerais fueran	sé (tú), no seas sea (usted) seamos sed (vosotros), no seáis (Uds.)
tener teniendo tenido	tengo tienes tiene tenemos tenéis tienen	tenía tenías tenía teníamos teníais tenían	tuve tuviste tuvo tuvimos tuvisteis tuvieron	tendré tendrás tendrá tendremos tendréis tendrán	tendría tendrías tendría tendríamos tendríais tendrían	tenga tengas tenga tengamos tengáis tengan	tuviera tuvieras tuviera tuviéramos tuvierais tuvieran	ten (tú), no tengas tenga (usted) tengamos tened (vosotros), no tengáis tengan (Uds.)
traer trayendo traído	traigo traes trae traemos traéis traen	traía traías traía traíamos traíais traían	traje trajiste trajo trajimos trajisteis trajeron	traeré traerás traerá traeremos traeréis traerán	traería traerías traería traeríamos traeríais traerían	traiga traigas traiga traigamos traigáis traigan	trajera trajeras trajera trajéramos trajerais trajeran	trae (tú), no traigas traiga (usted) traigamos traed (vosotros), no traigáis traigan (Uds.)
venir viniendo venido	vengo vienes viene venimos venís vienen	venía venías venía veníamos veníais venían	vine viniste vino vinimos vinisteis vinieron	vendré vendrás vendrá vendremos vendréis vendrán	vendría vendrías vendría vendríamos vendríais vendrían	venga vengas venga vengamos vengáis vengan	viniera vinieras viniera viniéramos vinierais vinieran	ven (tú), no vengas venga (usted) vengamos venid (vosotros), no vengáis vengan (Uds.)

Infinitive / Present Participle / Past Participle	Indicative					Subjunctive		Imperative
	Present	Imperfect	Preterit	Future	Conditional	Present	Imperfect	
ver viendo visto	veo ves ve vemos véis ven	veía veías veía veíamos veíais veían	vi viste vio vimos visteis vieron	veré verás verá veremos veréis verán	vería verías vería veríamos veríais verían	vea veas vea veamos veáis vean	viera vieras viera viéramos vierais vieran	ve (tú), no veas vea (usted) veamos ved (vosotros), no veáis vean (Uds.)

Stem-Changing and Orthographic-Changing Verbs

Infinitive / Present Participle / Past Participle	Indicative					Subjunctive		Imperative
	Present	Imperfect	Preterit	Future	Conditional	Present	Imperfect	
almorzar (z, c) almorzando almorzado	almuerzo almuerzas almuerza almorzamos almorzáis almuerzan	almorzaba almorzabas almorzaba almorzábamos almorzabais almorzaban	almorcé almorzaste almorzó almorzamos almorzasteis almorzaron	almorzaré almorzarás almorzará almorzaremos almorzaréis almorzarán	almorzaría almorzarías almorzaría almorzaríamos almorzaríais almorzarían	almuerce almuerces almuerce almorcemos almorcéis almuercen	almorzara almorzaras almorzara almorzáramos almorzarais almorzaran	almuerza (tú) no almuerces almuerce (usted) almorcemos almorzad (vosotros) no almorcéis almuercen (Uds.)
buscar (c, qu) buscando buscado	busco buscas busca buscamos buscáis buscan	buscaba buscabas buscaba buscábamos buscabais buscaban	busqué buscaste buscó buscamos buscasteis buscaron	buscaré buscarás buscará buscaremos buscaréis buscarán	buscaría buscarías buscaría buscaríamos buscaríais buscarían	busque busques busque busquemos busquéis busquen	buscara buscaras buscara buscáramos buscarais buscaran	busca (tú) no busques busque (usted) busquemos buscad (vosotros) no busquéis busquen (Uds.)

Stem-Changing and Orthographic-Changing Verbs (continued)

Infinitive / Present Participle / Past Participle	Indicative					Subjunctive		Imperative
	Present	Imperfect	Preterit	Future	Conditional	Present	Imperfect	
corregir (g, j) corrigiendo corregido	corrijo corriges corrige corregimos corregís corrigen	corregía corregías corregía corregíamos corregíais corregían	corregí corregiste corrigió corregimos corregisteis corrigieron	corregiré corregirás corregirá corregiremos corregiréis corregirán	corregiría corregirías corregiría corregiríamos corregiríais corregirían	corrija corrijas corrija corrijamos corrijáis corrijan	corrigiera corrigieras corrigiera corrigiéramos corrigierais corrigieran	corrige (tú) no corrijas corrija (usted) corrijamos corregid (vosotros) no corrijáis corrijan (Uds.)
dormir (ue, u) durmiendo dormido	duermo duermes duerme dormimos dormís duermen	dormía dormías dormía dormíamos dormíais dormían	dormí dormiste durmió dormimos dormisteis durmieron	dormiré dormirás dormirá dormiremos dormiréis dormirán	dormiría dormirías dormiría dormiríamos dormiríais dormirían	duerma duermas duerma durmamos durmáis duerman	durmiera durmieras durmiera durmiéramos durmierais durmieran	duerme (tú), no duermas duerma (usted) durmamos dormid (vosotros), no durmáis duerman (Uds.)
incluir (y) incluyendo incluido	incluyo incluyes incluye incluimos incluís incluyen	incluía incluías incluía incluíamos incluíais incluían	incluí incluiste incluyó incluimos incluisteis incluyeron	incluiré incluirás incluirá incluiremos incluiréis incluirán	incluiría incluirías incluiría incluiríamos incluiríais incluirían	incluya incluyas incluya incluyamos incluyáis incluyan	incluyera incluyeras incluyera incluyéramos incluyerais incluyeran	incluye (tú), no incluyas incluya (usted) incluyamos incluid (vosotros), no incluyáis incluyan (Uds.)
llegar (g, gu) llegando llegado	llego llegas llega llegamos llegáis llegan	llegaba llegabas llegaba llegábamos llegabais llegaban	llegué llegaste llegó llegamos llegasteis llegaron	llegaré llegarás llegará llegaremos llegaréis llegarán	llegaría llegarías llegaría llegaríamos llegaríais llegarían	llegue llegues llegue lleguemos lleguéis lleguen	llegara llegaras llegara llegáramos llegareis llegaran	llega (tú) no llegues llegue (usted) lleguemos llegad (vosotros) no lleguéis lleguen (Uds.)
pedir (i, i) pidiendo pedido	pido pides pide pedimos pedís piden	pedía pedías pedía pedíamos pedíais pedían	pedí pediste pidió pedimos pedisteis pidieron	pediré pedirás pedirá pediremos pediréis pedirán	pediría pedirías pediría pediríamos pediríais pedirían	pida pidas pida pidamos pidáis pidan	pidiera pidieras pidiera pidiéramos pidierais pidieran	pide (tú), no pidas pida (usted) pidamos pedid (vosotros), no pidáis pidan (Uds.)

Stem-Changing and Orthographic-Changing Verbs (continued)

Infinitive / Present Participle / Past Participle	Indicative					Subjunctive		Imperative
	Present	Imperfect	Preterit	Future	Conditional	Present	Imperfect	
pensar (ie) / pensando / pensado	pienso / piensas / piensa / pensamos / pensáis / piensan	pensaba / pensabas / pensaba / pensábamos / pensabais / pensaban	pensé / pensaste / pensó / pensamos / pensasteis / pensaron	pensaré / pensarás / pensará / pensaremos / pensaréis / pensarán	pensaría / pensarías / pensaría / pensaríamos / pensaríais / pensarían	piense / pienses / piense / pensemos / penséis / piensen	pensara / pensaras / pensara / pensáramos / pensarais / pensaran	piensa (tú), no pienses / piense (usted) / pensemos / pensad (vosotros), no penséis / piensen (Uds.)
producir (zc) / produciendo / producido	produzco / produces / produce / producimos / producís / producen	producía / producías / producía / producíamos / producíais / producían	produje / produjiste / produjo / produjimos / produjisteis / produjeron	produciré / producirás / producirá / produciremos / produciréis / producirán	produciría / producirías / produciría / produciríamos / produciríais / producirían	produzca / produzcas / produzca / produzcamos / produzcáis / produzcan	produjera / produjeras / produjera / produjéramos / produjerais / produjeran	produce (tú), no produzcas / produzca (usted) / produzcamos / producid (vosotros), no produzcáis / produzcan (Uds.)
reír (i, i) / riendo / reído	río / ríes / ríe / reímos / reís / ríen	reía / reías / reía / reíamos / reíais / reían	reí / reíste / rio / reímos / reísteis / rieron	reiré / reirás / reirá / reiremos / reiréis / reirán	reiría / reirías / reiría / reiríamos / reiríais / reirían	ría / rías / ría / riamos / riáis / rían	riera / rieras / riera / riéramos / rierais / rieran	ríe (tú), no rías / ría (usted) / riamos / reíd (vosotros), no riáis / rían (Uds.)
seguir (i, i) (ga) / siguiendo / seguido	sigo / sigues / sigue / seguimos / seguís / siguen	seguía / seguías / seguía / seguíamos / seguíais / seguían	seguí / seguiste / siguió / seguimos / seguisteis / siguieron	seguiré / seguirás / seguirá / seguiremos / seguiréis / seguirán	seguiría / seguirías / seguiría / seguiríamos / seguiríais / seguirían	siga / sigas / siga / sigamos / sigáis / sigan	siguiera / siguieras / siguiera / siguiéramos / siguierais / siguieran	sigue (tú), no sigas / siga (usted) / sigamos / seguid (vosotros), no sigáis / sigan (Uds.)
sentir (ie, i) / sintiendo / sentido	siento / sientes / siente / sentimos / sentís / sienten	sentía / sentías / sentía / sentíamos / sentíais / sentían	sentí / sentiste / sintió / sentimos / sentisteis / sintieron	sentiré / sentirás / sentirá / sentiremos / sentiréis / sentirán	sentiría / sentirías / sentiría / sentiríamos / sentiríais / sentirían	sienta / sientas / sienta / sintamos / sintáis / sientan	sintiera / sintieras / sintiera / sintiéramos / sintierais / sintieran	siente (tú), no sientas / sienta (usted) / sintamos / sentid (vosotros), no sintáis / sientan (Uds.)

Stem-Changing and Orthographic-Changing Verbs (continued)

Infinitive Present Participle Past Participle	Indicative					Subjunctive		Imperative
	Present	Imperfect	Preterit	Future	Conditional	Present	Imperfect	
volver (ue) volviendo vuelto	vuelvo vuelves vuelve volvemos volvéis vuelven	volvía volvías volvía volvíamos volvíais volvían	volví volviste volvió volvimos volvisteis volvieron	volveré volverás volverá volveremos volveréis volverán	volvería volverías volvería volveríamos volveríais volverían	vuelva vuelvas vuelva volvamos volváis vuelvan	volviera volvieras volviera volviéramos volvierais volvieran	vuelve (tú), no vuelvas vuelva (usted) volvamos volved (vosotros), no volváis vuelvan (Uds.)

NOTAS

NOTAS

NOTAS

NOTAS

NOTAS

NOTAS

NOTAS

NOTAS

NOTAS

NOTAS

NOTAS